浙江现象·旅游创新系列丛书

浙江城市旅游目的地
发展与创新

◎孙优萍 著

北京大学出版社
PEKING UNIVERSITY PRESS

内容简介

本著作以休闲时代为背景，对城市旅游的内涵进行了全面深入的分析，廓清了相关概念及其相互关系，全面梳理了国内外城市旅游的发展与演进，以及浙江城市旅游的发展现状，总结了浙江城市旅游发展的先进经验与理念。具体有：国际化、城市化、生态化、品牌化等；国内外城市利用城市经济社会文化资源的开发对城市旅游发展的作用；为浙江进一步发展城市旅游提出的相关对策和建议等。

本书适合各省市地方旅游管理部门官员，以及旅游产品策划和旅游市场推广人员阅读，也可作为各院校旅游专业学生的课外辅助读物。

图书在版编目（CIP）数据

浙江城市旅游目的地发展与创新/孙优萍著. —北京：北京大学出版社，2009.3
（浙江现象·旅游创新系列丛书）
ISBN 978-7-301-14960-7

I. 浙… II. 孙… III. 城市—旅游经济—经济发展—研究—浙江省
IV. F592.755

中国版本图书馆 CIP 数据核字（2009）第 021331 号

书　　名：浙江城市旅游目的地发展与创新
著作责任者：孙优萍　著
责 任 编 辑：胡伟晔　钟　艳
标 准 书 号：ISBN 978-7-301-14960-7/F·2129
出　版　者：北京大学出版社
地　　址：北京市海淀区成府路 205 号　100871
电　　话：邮购部 62752015　发行部 62750672　编辑部 62765126　出版部 62754962
网　　址：http://www.pup.cn
电 子 信 箱：xxjs@pup.pku.edu.cn　hwy@pup.pku.edu.cn
印　刷　者：北京汇林印务有限公司
发　行　者：北京大学出版社
经　销　者：新华书店
730 毫米×980 毫米　16 开本　14.75 印张　231 千字
2009 年 3 月第 1 版　2009 年 3 月第 1 次印刷
定　　价：29.00 元

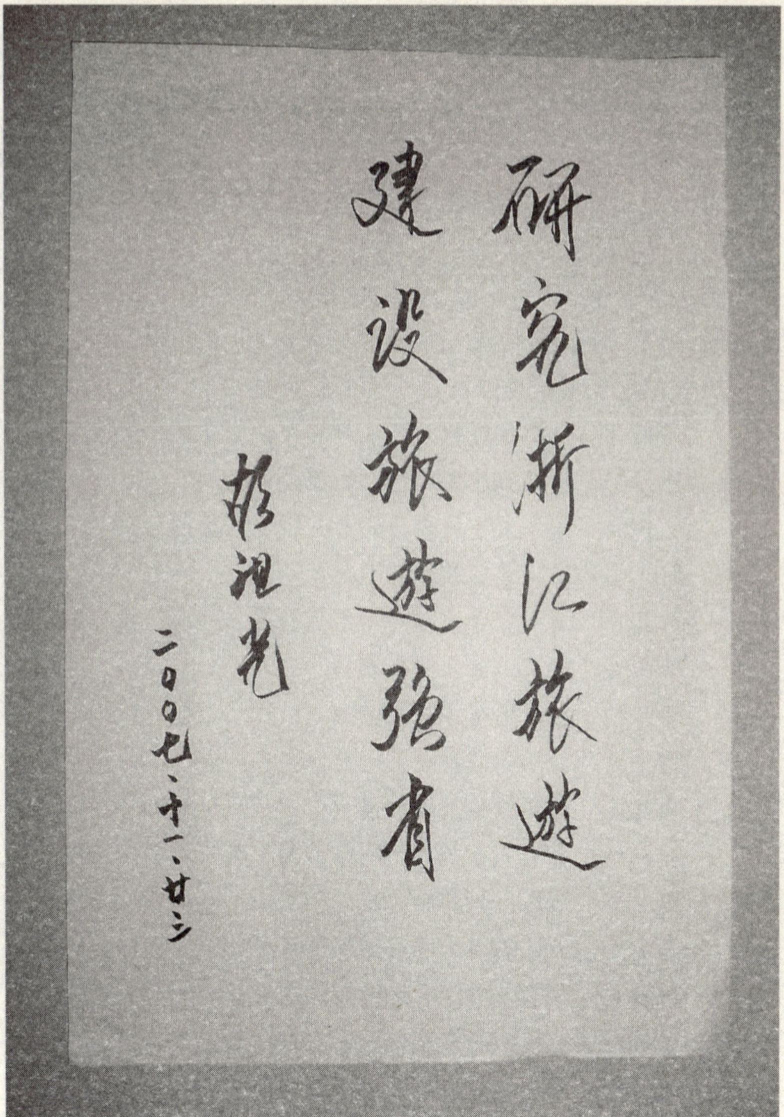

浙江省社会科学界联合会主席，浙江工商大学党委书记、博士生导师胡祖光教授的题字

《浙江现象·旅游创新系列丛书》

编纂委员会委员名单

主　任： 赵金勇

副主任： 许　澎　陈仙波　张跃西

委　员（以姓氏笔画为序）：

丁萍萍　浙江经贸职业技术学院人文旅游系主任、副教授

王建平　浙江省旅游局行业管理处处长

王婉飞　浙江大学旅游研究所副所长、教授

许　澎　浙江省旅游局副巡视员

孙优萍　浙江工业大学之江学院经贸分院副院长、副教授

沈国斐　浙江工业大学副教授

李松柏　湖州师范学院副教授

陈仙波　浙江省旅游经济研究会会长、浙江工商大学教授

张建国　浙江林学院副教授

张跃西　金华职业技术学院旅游学院院长、教授

赵金勇　浙江省旅游局局长

郭鲁芳　浙江工商大学旅游管理系主任、教授

麻益兵　丽水市景宁县委宣传部副部长

曾毓琳　《横店影视旅游》杂志社总编辑

谢利根　浙江省社会科学界联合会学会处处长

蒋宝华　舟山市普陀山风景名胜区管理委员会党委书记

詹世龙　浙江省旅游协会副秘书长

主　编： 陈仙波　张跃西

副主编： 郭鲁芳　丁萍萍

序

浙江省旅游局局长　赵金勇

改革开放近三十年来，浙江省坚持以人为本，以全民创业为重要实现手段，在体制、机制、市场、产业、科技等诸多领域进行了异常活跃的创新，由于积极营造宽松良好的创新环境，最大限度地发挥人民群众创新的主动性和积极性，大力鼓励和引导民营经济健康发展，使“敢为天下先”的浙江人的艰苦创业取得了丰硕成果。据统计，2006年度全国500强民营企业中，浙江占了203席，总数居全国第一位；全国民营企业自主创新50强中，浙江占了19席。“浙江现象”本质就是浙江人的敢为人先、自强不息、勇于创新，从而创造了一个又一个的奇迹，涌现出了“温州模式”、“义乌经验”以及“浙江精神”，培养了一大批“风云浙商”。浙江也因此成为举世瞩目的经济社会又好又快发展的重要地区之一。“浙江现象”也已经成为社会公认的发展模式，并引发众多学者研究与揭秘的重要课题。从这个意义上说，“浙江现象”不仅是浙江的，也是全国的。

旅游产业的发展与创新，也是浙江现象的重要组成部分。旅游产业是创意产业，更需要务实创新。没有思路，就没有出路；没有创新，就没有发展。

浙江旅游产业发展，源于创新拓展。近年来，浙江旅游发展取得了显著成就。主要表现在民营资本的投入为区域旅游产业提升提供了强大的发展动力；杭州成为首批中国最佳旅游城市，“世界休闲博览会”的举办，率先启动了中国休闲旅游产业；产业生态旅游理论创新与实践探索，为中国生态旅游产业化提供了宝贵经验；绿色饭店标准制定与实施并在全国推广，推进了酒店业的生态化发展；旅行社管理体制与机制创新，有效地促进了旅游联合体以及区域整合战略的发展；主题旅游以及文化旅游的发展与创新，在弘扬优秀传统文化的同时也极大地推进了文化创新与经济繁荣；横店影视旅游、义乌购物旅游正在成为具有核心竞争力和良好发展势头的新型旅游形式，等等。

浙江旅游的创新与发展，面临着一些重要的理论与实践问题迫切需要寻求解决途径。浙江要继续“走在前列”，除了“干在实处”之外，还必须与时俱进，

“谋在新处”、“赢在特处”。为此，必须继承和发扬“求真务实、诚信和谐、开放图强”的与时俱进的浙江精神。

这次，省旅游协会、旅游经济研究会策划组织省内相关院校的旅游专家、教授和一线骨干教师参与撰写的《浙江现象·旅游创新系列丛书》，就是遵照党的“十七大”关于促进国民经济又好又快的发展，加快转变经济发展方式等重要精神的一种尝试。该丛书总结了“浙江现象”中旅游理论创新成果与实践发展经验，贯彻科学发展观，注重理论与实践的结合，当前旅游产业发展的前沿理论与热点焦点问题作为论题加以论述；又透过剖析大量经典案例，论证了理论指导实践的重要作用，从而使广大读者能从中获得理论上的熏陶和实践上的启发。希望这套丛书能有助于推进我省旅游专业理论研究，有助于发挥“浙江现象”服务与辐射功能，有助于提高旅游从业人员的专业素养，为加快浙江旅游经济强省建设作出积极贡献。

前　言

旅游促进城市发展是当今社会十分显著的经济现象，于是发展城市旅游，以此吸引更多的旅游者也就成了很多城市经济发展的重要目标。休闲时代的到来和旅游休闲经济的发展为以城市作为旅游目的地的城市旅游需求提供了现实基础，城市旅游目的地建设也是发展城市旅游的最直接和有效的手段。

“中国的城市化与美国的高科技发展是深刻影响21世纪人类发展的两大课题……中国城市化将是区域经济增长的火车头，并产生最重要的经济利益”。诺贝尔经济学奖得主斯蒂格里茨的话蕴涵更多的是一种寓意，以旅游城市构建区域性旅游目的地已成为21世纪旅游发展的新趋势，这也正是我们在建设国际型旅游城市的过程中一直在反思的主题。

我国已经有很多城市提出了建设国际型旅游城市的目标，而且追逐这个目标的城市数量还会随着旅游目的地之间竞争程度的加剧而不断增加。

无论是国际化、城市化还是旅游，都是当前的社会热点。应该看到，我们正在积极有效地融入到全球化进程中，正在不断拓宽国民的国际化视野。当然，无论是国际化还是城市化都将与城市旅游有着千丝万缕的联系，国际化和城市化有利于旅游经济更好更快地发展，同时旅游经济的发展也将成为国际化和城市化的重要推动力。

当今世界上有六大城市群，它们是：由波士顿、纽约、华盛顿等城市构成的纽约城市群，由芝加哥、多伦多等城市构成的北美五大湖城市群，由东京、大阪等城市构成的东京城市群，由巴黎、阿姆斯特丹、布鲁塞尔等城市构成的巴黎城市群，由伦敦、剑桥等城市构成的伦敦城市群，由上海、杭州、苏州等城市构成的长江三角城市群。这些城市群都成为各国现代旅游业的依托、门户、基地、辐射中心和支撑点。据新华社2004年10月20日电，世界最大的信用合作社VISA指出，中国已经成为亚太地区最大的旅游客源国，VISA国际服务协会的最新报告显示，2003年中国吸引了1150万入境旅游者，这些游客在中国的信用卡消费额达到100亿美元。这家机构预测2008年中国的旅游收入将达到

600 亿美元，2020 年则成为世界最大旅游目的地以及世界第四大客源输出国。

城市旅游的内涵极为广泛，一般来说，凡是与城市有关的旅游活动都可以称为城市旅游。城市旅游的目的在于旅游者对城市特有的风物、风情、风貌的欣赏与体验。城市旅游（Urban Tourism）不同于旅游城市（Tourism Urbanization），所谓旅游城市，是指以旅游为主导功能或重要功能的城市。而城市旅游与旅游城市两者既有区别，又有深刻的内在联系：城市旅游是从旅游经济的视角来研究城市与旅游的关系问题，而旅游城市则是从营销城市的视角来研究作为旅游产品的城市开发、建设问题。前者侧重于产业经济，后者则侧重于区域经济和公共经济。城市旅游目的地也同样侧重于区域经济和公共经济。

城市旅游目的地与传统旅游目的地也是既有联系又有区别。城市旅游目的地的核心要素是城市，其旅游活动围绕城市对旅游者所具有的独特魅力来展开，传统旅游目的地则是指那些开发比较早，旅游景区有着相当时间的经营历史，并在中国旅游发展过程中起着重大作用的旅游目的地。大多数传统旅游目的地都是以城市为依托，也有一些旅游目的地是因为独特的自然和人文旅游资源，如宏村、雁荡山、千岛湖等。创新是时代的主题，传统旅游目的地经历了很长一段时间的发展，随着不断的要素整合、要素创新和旅游发展，传统旅游目的地与城市旅游目的地有渐渐统一的趋势。旅游城市不再成为单纯的旅游集散地，而发展成为城市旅游目的地。

现实生活中，几乎所有的城市都可以作为旅游目的地或集散地，但不是所有的城市会把“旅游业”定位为城市的主导产业或重要产业加以重视和发展。换句话说，在所有的城市都可以开展旅游活动，但不是所有的城市都可以称为“旅游城市”。是否建设旅游城市，取决于旅游在城市发展中的地位和作用，以及城市的旅游区位、资源禀赋和城市领导者们的个人认识和集体决策等诸多因素。

浙江人凭借着浙江精神，在各个领域都留下了改革和发展的脚印，形成了独特的“浙江现象”，浙江也成为中国市场经济的发源地之一。浙江省的城市旅游发展水平也处于全国前列，这其中的探索实践与成功创新经验同样值得梳理、总结与提炼，而现有论著虽然作了有益的探索，其中亦不乏就某一方面（比如产品的创新等）进行的精辟的论述，对城市旅游的研究，主要集中在对城市旅游的相关理论的总结与概括，并形成了较为固定的研究范式，但从浙江现象的视角对浙江城市旅游目的地的发展与创新的研究还凤毛麟角，缺乏从城市化、生态化、社会资源的转化、城市历史文化传承、产品创新等方面全面、深入、细致的研究，也缺乏从浙江现象的视角对浙江城市旅游目的地的发展与创新个案进行剖析。有鉴于此，本书尝试撷取浙江具有代表性的城市对其为城市旅游发展所做贡献和宝贵经验加以研究，以期丰富城市旅游研究理论，总结城市旅游目的地发展与创新经验，弥补过去这方面研究的不足。

本书的主要内容分为三大块：

（1）城市旅游和城市旅游目的地相关概念的辨析、相关理论的综述。

（2）浙江城市旅游目的地发展与创新的理论与实践。重点探讨文化浙江、生态浙江、城市化战略、产品创新、目的地品牌创新、目的地城市建设等，既面面俱到，又重点突出；既有纵向考察，又有横向展开；既有学术问题的研究，也有其他方面的叙述。

（3）寻找浙江在发展城市旅游目的地过程中在信息化建设方面存在的问题，并提出建设性意见和建议。

本书从选题到最后完成交稿，历时两年多。期间作者对浙江省内旅游城市进行了大量的实地考察与调研，搜集了丰富的第一手素材，通过浙江省旅游协会经济分会的充分论证，与丛书写作组协调交流，反复修改补充形成了今天的书稿，在此，作者向对本书的写作提出宝贵意见的专家学者们致以最真诚的感谢。同时，在研究和成书过程中，作者参考并且引用了许多学者、前辈的研究成果，对他们在相关领域的研究始终怀着崇高的敬意。如果没有这些研究及其成果，本研究工作也就无从继承、借鉴和发展，尽管在书中给出了注释和参考文献，但由于联系不便，没有能够直接与这些学者和前辈们一一取得联系和书面授权。在此对这些学者和前辈深鞠一躬，请接受我由衷的感谢、敬意和歉意。

最后，我还要特别感谢我的同事和学生们，他们乐观向上、勤奋好学的精神感染了我，他们还帮助我整理收集资料，编写案例。他们是：颜澄、左伍衡、林丽娜、胡旖旎，在此一并表示衷心的感谢。同时北京大学出版社的编审人员为书稿的顺利出版也付出了很多的心血，请接受我最真挚的谢意。

作　者

2008 年 5 月于杭州江滨寓所

目　录

第 1 章　休闲时代背景下的城市旅游目的地

在休闲世纪到来之后，休闲、娱乐、游憩、消遣等名词在人们的口中出现的频率越来越高，而其相互关系和区别也日渐需要廓清。因此，我们有必要在探求旅游与消遣娱乐关系的过程中搭建一个更具规律性的、更为宽泛的理论平台。

1.1　休闲与城市旅游概述

1.1.1　休闲、游憩的概念及其与旅游的相互关系

1. 休闲的概念

二十多年前，马歇尔森和沃尔（Mathieson & Wall，1982 年）就认为“关于消遣娱乐与旅游的讨论已经被不精确的专业术语误导而陷入了困境”。二十多年过去了，对于休闲、消遣娱乐与旅游学科的学术研究日渐深入，而三者在内涵上达成一致意见却越来越困难。消遣娱乐与旅游作为活动范畴最初是从休闲活动中分离出来的，因而我们首先讨论休闲的概念、定义等问题。

生活中人们很早就有了休闲的概念。休闲不是一个新名词，它是人类文明诞生之后，人类文化演进的社会现象标志之一。早期的古希腊哲学家亚里士多德的哲学理论体系以及中国古代庄子的“逍遥游”思想中，都已提出了特定文化背景下的休闲思想和休闲活动。当时人们更多地将休闲看做一个哲学和社会学问题。不同的历史时期，不同学科的学者们对此都有着不同的理解。随着工业革命的推进、科学技术的发展、社会生产力的提高，休闲从标志社会阶层的一个阶级名称而成为一个重要的消费门类，开始渗透到经济学、心理学、行为学的领域。生活节奏的不断加快，人们在体能和心理方面承受

着越来越大的压力，而人们对日常休闲的需求也相应地越来越强烈。因此普遍认为休闲是使人们为了消遣放松、开心享受或轻松娱乐的一种活动，它是人们丰富生命、提高生活品质、完善自我、满足个性偏好，甚至追求生存意义的活动总称。休闲并不必然地与货币支出、商品的价值、昂贵的购买、“独占”的欲望等联系在一起。传统观念中对休闲的认识主要以时间为保障——特别是完成本职工作或者做完家务劳动、充分睡眠和个人护理都已得到保证之后的那段时间——以及利用这些时间所从事的活动。以时间的不同来讨论休闲的概念最早出现于18～19世纪的资本主义工业经济萌芽时期，尤其是当时的工厂将工人的工作时间进行了严格的划分（这些工人的工作时间是完全属于雇主的），剩下的时间工人们可以自由支配，工厂制度在规划时间方面是相当僵化的，它促使人们逐渐认识到休闲时间是与工作时间相对立的。

中文“休闲”的原意，是指农田在一定时间里不种作物、借以保养地力的措施，于是耕作者在农闲所构成的闲暇基础上，衍生和创造了一系列的节庆或集会活动。引而申之，我国市民阶层的商贸集市、官僚组织的“休沐”制度以及多种多样的旅行、远足等，便构成了传统休闲活动的主要形式。至圣孔子推崇云游四方、提神益智的休闲观，认为旅行是积极入世的良好途径；先哲庄子的“逍遥游”思想，表现了崇尚自由的理念与返璞归真的追求。中国传统文化对休闲的认知，与现代休闲具有的根本特征高度契合。

但是，第一，用时间定义与工作相联系的休闲概念极大地影响了进行休闲活动的时间划分，如晚上、周末以及计划中的假期，休闲既是对工作的有效奖励，同时也是自我选择的自由，是自我个性的张扬，是掌握命运的自主意识的充分显现（Rojek，1993年）。因此，休闲活动常常被认为是对内心冲突的宣泄，是身心的放松，是个体活力的恢复（Smith & Godbey，1991年），同时也为想逃脱日常工作琐事的人们提供了一个积极向上、有益身心体验的舞台。

第二，从工业化国家到后工业化国家的转变，伴随着鲜明的雇佣劳动本质的重构，使得工作与休闲之间原有差别的内涵，无论是对男子还是对妇女而言都很难再延续。后工业社会的巨大变化之一是传统的工作方式变得越来越模糊，至少在专业性群体中已很难将工作与休闲区别开来了（Harre，1990

年；Rojek，1995年）。

第三，以罗杰克（Rojek，1993年）为代表的学者则认为，人们的休闲实际上被一种源远流长的文化因素（休闲产品）控制着，它们正侵蚀着自由和选择的观念，但是参与者们还没有察觉或者认识到他们受到的侵蚀。

第四，作为一种有趣的、生产性的以及放松性的活动，休闲从本质上来说拥有相似的区域，它的构成已经被重新定义为一幅由多种休闲活动组成的复杂的图画，而它的对象已经逐渐融合。许多人已经同时形成了一种基于模式化的工作方式与普通的休闲活动相结合的休闲性生活方式（Gerstl，1991年）以及临时性的休闲方式（Stebbins，1997年），其他人则追求所谓的"系列性"休闲方式（Stebbins，1982年）。

基于上述原因，休闲的定义逐渐从传统的非工作时间及与之相联系的活动中独立出来，更趋向于建立一种关于个人态度和心态重要性的价值观念。人们所进行的活动是因各自的心态、偏好和目的等等不同而有所差别的。简单地说，休闲实质上就是人们对待和利用闲暇时间的方式。从本质上来说，休闲也是一种实践，而非单纯消费的产品（Crouch，1999年）。

从上述西方学者的研究来看，休闲（Leisure）通常可有三种纬度加以定义：其一，"时间定义"，指与正常工作时间相对的可自由支配时间，即闲暇（free time，spare time）；其二，"心理状态定义"，指以放松、愉悦、发展等为目的的心理状态；其三，"活动定义"，这已经成为广为接受的休闲概念界定。Leisure一词源自古希腊文Schole，意指"完全不是因为外来压力所迫，但乐于全身心从事之严谨活动"，而且英文的School（学校）就源自Schole。可见西方文化中所谓学校教育的基质本来便是休闲，这与中国孔子的休闲观相近。在西方，亚里士多德、柏拉图等不仅创立了大学体系，而且提倡在自觉的科学实践中自由发展人的本质，从而引导休闲的高尚层次价值。

随着休闲对人们生活影响的加大，综合不同学者的观点，通常休闲有三种含义：其一指闲暇时间；其二指休闲活动；其三指一种精神状态。

2. 游憩的概念

随着近年来人们闲暇时间的增多，近程休闲性出游悄然兴起，由此而产生的关于游憩的研究也日渐深入。国内外学者从不同的角度对游憩给出了各自不同的理解。正如加拿大学者（Stephen L. J. Smith，1992 年）所言：游憩是一个十分难以定义的概念，每个人对游憩都会有一个直觉的定义。国内有学者认为可以从狭义和广义两个角度来分析游憩。从狭义来说，游憩是有旅之游和无旅之游的总和。从广义来说，游憩一般是指人们在闲暇时间里所进行的各种活动。

3. 游憩、休闲与旅游的关系

很明显，旅游包括休闲、消遣娱乐，同时，它也包含其他的行为及各种相互联系的领域。就如同吉尔伯特（Gilbert，1990 年）所指出的，“旅游”这个词已经由单一含义发展成为集众多概念于一身的复合型名词了。这意味着旅游也包括旅行——“tour”指的是一次行程，是游客从居住地出发又返回居住地的过程——从这一点可以推断出，旅行行为是一种暂时的状态，它必须离开常住地（Murphy，1985年）。但是，旅行行为的发生会延伸出一系列特定的需求，诸如对交通运输、旅行服务、旅游接待、餐饮服务、旅游态度、消遣娱乐活动以及相关信息的需求，这些需求的叠加会形成一个由旅游产业内提供的必要产品和服务所构成的供给模式。

有些研究者尝试着从历史的角度去发掘旅游的本质。例如，1979 年，英国旅游协会就认为“旅游可以看做是人们离开常住地到其他地方所进行的各种暂时性活动以及在目的地所发生的各种活动和关系的总和”。就在最近，世界旅游组织（WTO）指出，“旅游是指人们出于休闲、商务或其他目的，离开他们的惯常生活环境而到其他地方所进行的各种旅行活动（不超过一年）以及在目的地的一切活动的总和。”

旅游无论在形式上还是在内容上与游憩都有着极大的相似性。从发生的时间角度来看，游憩是指不过夜的娱乐活动，因此游憩往往和游憩者在居住地的休闲娱乐活动以及一日游等近程出游活动联系在一起。游憩不等于休闲，游憩活动是户外（离开住所）进行的休闲活动。我国学者王兴斌（1996 年）曾对游憩、休闲和旅游的关系进行过探讨，充分反映出休闲、游憩与旅游的密切相关性（图 1-1、图 1-2）。

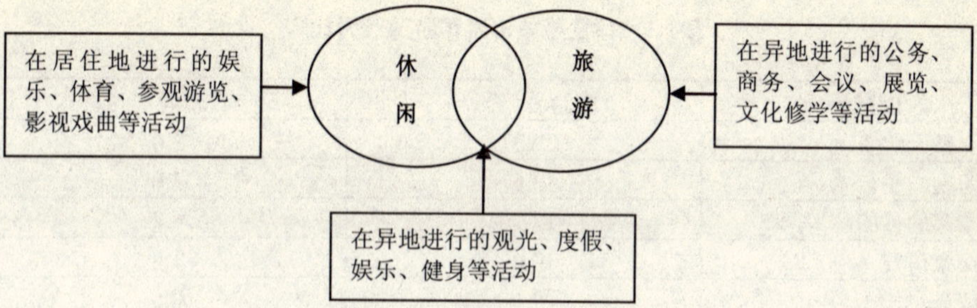

图 1-1　休闲和旅游的关系

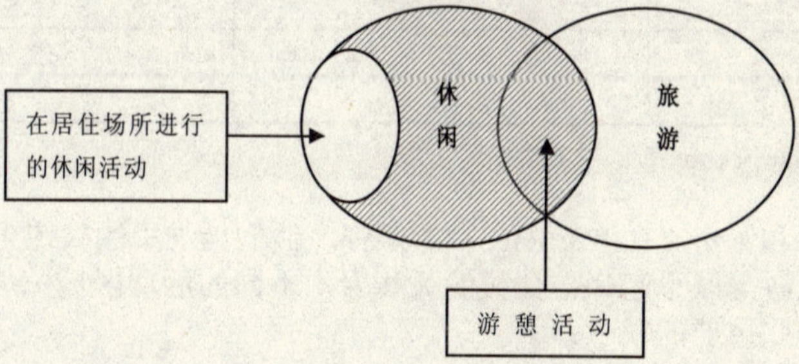

图 1-2　休闲、游憩和旅游的关系

但是，从统计的角度来说，在许多公共场所，很难区分游客和游憩者。从城市游憩设施配置的角度来说，也很难严格区分哪些设施是为市民游憩服务的，哪些又是为外来游客服务的。城市的集散、居住等功能决定了游憩设施既要为市民服务，又要为外来旅游者服务的特点。设施或服务的使用者与购买者是由旅游者和休闲者共同组成的。对于一个景区管理者来说，将二者区别开来，既不可能也无必要，因为对他们来说，重要的是有多少人来购买他们的门票，这里我们将旅游者和休闲者合称为游憩者（Recreationist）。但是，在游憩设施的选择上，市民和旅游者又会有所不同。国外学者迪米·安迪斯（Dimitri Loannides，1998 年）对荷兰某城市的旅游者和一日游者（游憩者）的目的地选择进行了比较研究（表 1-1）。从表中不难看出，旅游者最主要的活动是在市内游玩，而一日游者出行的目的是日常购买和去饭馆、酒吧。游憩者和旅游者在行为上的差异，值得在进行城市设施配置时予以考虑，进行合理布局，以保证各方面的需求得到满足。

表 1-1　荷兰某城市游客游憩行为比较

游憩行为	旅游者（%）	一日游者（%）
一整天的游玩	29.3	3.0
购物	13.6	3.0
专门的目的	12.7	6.2
探亲访友	10.4	1.8
观光	9.1	0.5
去饭馆、酒吧	6.9	14.3
散步	3.2	3.4
逛市场	2.9	5
日常购买	2.7	12.3
参观博物馆	1.1	2

资料来源：Dimitri Loannides，1998 年

根据霍尔和佩奇（Hall & Page）的研究，他们用维恩图（图 1-3）将休闲、消遣娱乐和旅游等联系起来，交叉的弧线表示不同的活动区域。从图 1-3 中我们可以得到一些重要的观点：

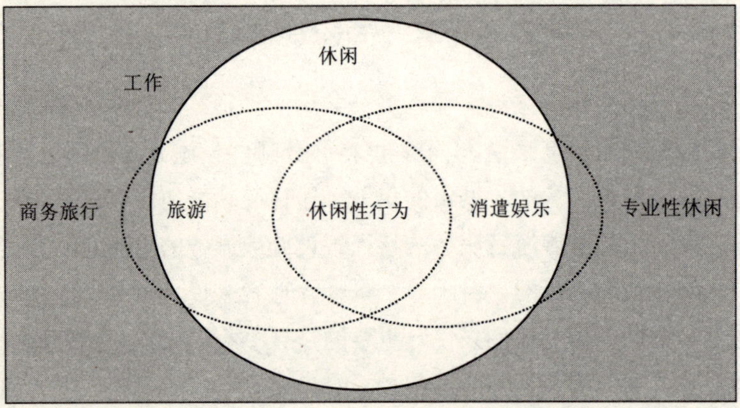

图 1-3　休闲、消遣娱乐与旅游之间的关系

（1）从本质上来说，娱乐与旅游包含于更为广阔的休闲领域内。这些经历通常发生在大多数人真正拥有的闲暇时间内，发生在那些人们愿意花费精力进行休闲活动的地方。

（2）旅游和消遣娱乐中确实存在超出休闲范围而延伸到工作领域的情况，

这在商务领域中表现很明显，并且专业性休闲也包括在内，在专业性休闲中，消遣娱乐呈现出工作方面的一些特征。

（3）消遣娱乐与旅游的弧线有很大一部分重叠在一起，这可以很容易地看出一般的旅游者和消遣娱乐者在时间和空间上具有一致性。

但是，即使在一个连续统一体中，从严格意义上来讲，一些明显的差别仍然存在。雷伯（Leiper，1979年）已经提出了可以将旅游业与消遣娱乐业区别开来的7个标准：

（1）离开和返回常住地以及开展的各种相关活动的特征是很明显的。

（2）旅行的停留时间一般较长。

（3）旅游者旅行的频率低于其他的消遣娱乐性旅行。

（4）比起日常的消遣娱乐和休闲活动来说，旅游能够获得更多的社交机会。

（5）花费通常也更高。

（6）体验的级别也是其他活动所无法比拟的。

（7）游客的游览内容时常被认为是不连续的，因此往往更容易停留在记忆中。

虽然这些标准提供了相应的区分维度，但雷伯的研究并没有平息关于旅游与消遣娱乐是否从本质上相关的争论，而且当旅游活动越来越成为一种惯常的现象，并且融进了许多正统休闲生活的影子之后，旅游所能提供的独特体验已经越来越模糊了。莫尔等人（Moore et. al，1995年）的话精辟地说明了这一点：在今天，旅游业的“独特体验”已经没有什么“独特”之处可言了。

1.1.2 旅游、消遣娱乐与休闲的共同基础

旅游、休闲、消遣娱乐的模糊化、一致性主要基于以下的共同原因。

1. 刺激

旅游和消遣娱乐活动的产生必须以一系列能够吸引人们参与的刺激因素的存在为前提。这些刺激因素常常是被大众所理解的，也是在文学作品中经常被提及的，所以往往被简化和弱化了。这些刺激因素包括：闲暇时间的增多；生

活水平和个人自由度的提高；个人以及公众期望的改变；由此引起的通过扩大供给而增加的旅游与消遣娱乐机会（要了解有关这些变量如何影响个人和集体问题的讨论，详见热尔夏尼和琼斯，1978年；霍尔和佩奇，1999年；澳尔斯瓦斯卡和罗伯茨，1989年；帕特莫尔，1983年；托卡迪森，1992年；威廉姆斯，1995年）。

2. 闲暇时间的增多

通常情况下，能够进行休闲消遣娱乐，特别是旅游活动的人，都必须拥有一段连续的闲暇时间。在20世纪的后50年间，人们的闲暇时间通过以下渠道获得了较大幅度的增加：缩短工作时间；提前退休；扩大休假的权利以及由于生产力提高使得人们能够从烦琐的工作中解放出来。在家里，各种自动化的机械（如洗衣机、干洗机、冰柜、自动洗碗机以及中央供热系统等）已经被广泛应用于日常的家务劳动中，这使得人们能够从中解脱出来，从而也就拥有了更多可供消遣娱乐的时间。在英国，全职职员的平均工作时间已经由1961年的每周45.5个小时减少到2000年的38.7个小时（这还包括加班的时间在内）（英国中央统计中心，1990年；ONS，2001年）。另外，带薪休假的权利得到了进一步的认可和扩大（这对于旅游业的发展具有至关重要的作用）。在英国，1961年，97%的体力劳动者每年只享受到法律所规定的最低标准，即2个星期的带薪休假，但到了1988年，99%的体力劳动者获得了每年至少4个星期的带薪休假，有大约1/4的人甚至获得了超过5个星期的假期（英国中央统计中心，1990年）。

3. 财富的增加

近年来，大多数西方国家中实际工资水平的提高以及个人可自由支配收入的增加引发了人们争相消费消遣娱乐产品和服务、出门度假或进行短途旅行的热潮。在英国，1997年的家庭实际人均可自由支配收入比1971年翻了一番（ONS，1999年），而来自美国制造业中一个劳资部门的数据显示，1993年的平均工资水平比1955年增长了642%。银行里的存款账户显示，个人储蓄总额从1955年的300亿美元增加到1988年的5 790亿美元（Mitchell，1998年）。

有证据表明，人们的生活方式越休闲，人们在这方面的花费就越高。例如在英国，一个家庭平均每周用在购买休闲产品和服务方面的花销已经由1970年的28.2英镑上升到2000年的54.4英镑（以2000年的币值为基数进行计算），而在10%的高收入家庭中，平均每周在休闲方面的开销超过了160英镑（ONS，2000年）。这些开支（不包括度假支出）在一个家庭的总支出中所占的平均比例为15%，在最富裕的家庭中，这一比例会超过20%。

在美国，开支的水平以及新近的变化率都是令人振奋的。在消遣娱乐方面的总开支已经由1990年的2 840亿美元增加到1998年的4 940亿美元。另外，还有4 260亿美元花费于近年来的国内度假旅行上，760亿美元花费于国际旅游方面，比1990年增加了将近58%（美国商务部，2000年）。

4. 个人流动性程度的提高

生活水平的提高是与个人流动性程度的提高相联系的，特别是在私家车拥有量不断增加的时期。全球化大生产方式的增长以及二手汽车市场的扩大和日趋规范，使得拥有汽车的权利已经超越了社会所固有的范畴（汽车拥有量已经超过社会所能承受的极限）。在英国，1961年时大约70%的家庭没有汽车，但是到了1997年，70%的家庭已经至少拥有1辆汽车，有1/4的家庭拥有了2辆甚至更多。目前，有超过2000万辆的汽车奔驰在英国的大街小巷（ONS，1999年）。在其他的地方，汽车的保有量基本与这一数据持平甚至是更多。美国的汽车数量超过了1.5亿辆（Mitchell，1998年），而法国和德国分别为2 500万辆和4 100万辆（UNDESA，2000年）。

私人拥有汽车数量的增加对于消遣娱乐方式的影响是巨大的。不断增加的自由度和可移动性使得人们感知的地理空间范围获得了较大的延伸和扩大，人们可以外出旅行，使用更广大空间内的资源。在英国，大约75%的国内旅游活动是通过汽车实现的，而通过自驾车进行消遣娱乐旅行的比例超过了60%。霍尔和佩奇（Hall & Page，1999年）发现，"可进入性"的概念不是一成不变的，它随着旅行速度的变化而改变，当旅行的速度加快时，就需要对"可进入性"进行重新定义了。因此国内旅游得益于公路系统的延伸，而通过列车运行速度的提高，特别是低价包机服务的引入，使国际旅游会变得更容易（例如穿越大多数欧盟国家的旅游)。现在，一个在伦敦旅游的游客可以坐飞机到达美国的西海岸，在欧洲购买旅游通票可以乘坐各种交通工具游遍各大城市。从巴黎乘坐欧洲之星可以到达大西洋对岸的英国伦敦。而在1950年前要到达康沃尔的最西部则只能步行或是坐火车。

5. 对休闲期望的改变

自由度的大小和生活水平的高低直接影响着人们参与消遣娱乐或旅游的意识和积极性，但是参与的愿望又受到来自各种社会因素变迁的重大影响，正是这些变化使得消遣娱乐和旅游已经深刻地渗透到日常生活中，成为人们生活中不可或缺的中心内容之一。工作领域正发生着翻天覆地的变化，工作时间和工作流程缩短了，从事兼职工作和退休回家的人增多了，这是否会改变和弱化长期以来形成的、规范人们社会行为的工作角色和社会地位，已成为当今人们讨论的中心议题之一。相反地，在20世纪末期的后工业化社会里，休闲已经逐渐演变成为人们消磨时间、培养兴趣以及维持社会关系的重要手段和工具(Haworth，1986年；Reid & Mannell，1994年)。从这个意义上说，旅游和消遣娱乐已经逐渐成了人们不可缺少的基本需求之一，它满足了人们不同的要求，深深地影响着现代人的生活方式。

6. 更多的机会

在大多数情况下，消遣娱乐与旅游需求的产生依赖于相应的设施设备的供给，所以，要提高活动的层次，就必须提供更多更合适的设施基础。例如，在城市消遣娱乐圈中，传统的资源城市公园、消遣娱乐场所、运动场、游泳池、公共图书馆以及其他的一些商业性场所(如电影院、剧院、餐馆以及酒吧等)已经出现了更新的形式。在英国，这种更新的趋势既包括室内运动中心(通常带有游泳场馆)的大量修建，也包括反映后工业化时代转型经济与社会飞速发展的一些现象，如休闲性的购物活动(特别是城市中的大型购物商场以及乡村的零售商店)蓬勃发展；过去进行工业生产与运输的地方作为文化遗产地而被赋予了新的消遣娱乐形式和内容；过去的生产性建筑被改造成博物馆、餐厅、画舫或者购物长廊；或者对以前的码头进行大规模的整修，将其重建为新的居民区。宜人的环境和消遣娱乐活动记录着这种发展趋势，并以相同的魅力吸引着旅游者和当地的消遣娱乐参与者。

7. 动机

消遣娱乐与旅游之间具有显著一致性的又一个领域是动机。对于人们为什么要参与消遣娱乐特别是进行旅游的问题，已经耗费了休闲学者们二十多年的时间，也得出了不同的概念和解释。许多有关这方面的讨论使得一个观念逐渐明朗化——作为休闲的一部分，消遣娱乐与旅游的目的在于满足人们逃离现实的工作压力以及日常琐事困扰的种种需求，使人们的自我表现意识增强，并获取新的技能或享受一种全新的经历和体验，从而在人们心中形成一种相对于现实社会的强烈反差。例如，这种观点就贯穿于著名的“Iso- Ahola 旅游动机模型”中，他认为旅游活动是“推—拉”运动的产物——参与者想要逃离个体生活的日常环境以及人与人之间的复杂关系，同时也需要从目的地的游览经历中寻求一种内在的回报和满足感。格瑞伯恩（Graburn，1983 年）在其所谓的“旅游者行为倒置”理论中也蕴涵着旅游者逃离琐事并与其相分隔的强烈愿望。在该理论中，格瑞伯恩强调，在休闲的时候，特别是在度假的时候，人们普遍会选择一种与他们惯常的模式相区别的行为模式——部分原因是出于寻求快乐的基本动因，也有部分的原因是想要区别于一般的旅游活动。比如说，人们可能美美地睡上一觉，或是完全沉浸在品尝美食的快乐之中，或是花许多钱去享乐，或是穿着不同风格的衣服到平时自己很少去的地方去游玩等。

根植于这些动机内部的是各种不同的刺激性因素，包括对放松与锻炼、快乐与享受、社会交往、精神上的鼓励、增强体质、自我完善、社会认可以及增强自尊心等方面的要求（详细介绍参见：Argyle，1996 年；Hall & Page，1999 年；Krippendorf，1987 年；Pearce，1993 年）。但是，与此相关联的是，要么是旅游活动，要么是休闲和消遣娱乐活动，二者是如此的相似，如何将它们区别开来呢？表 1-2 列出了卡班诺夫（Kabanoff，1982 年）所提出的休闲和消遣娱乐的基本动机以及拉旺（Ryan，1999 年）所提出的与此相关的旅游动机，由此可见它们之间的相似性比起差别来说更为明显。

表 1-2 参与休闲、消遣娱乐和旅游动机的比较

休闲/娱乐的动机	旅游的动机
逃离日常琐事	逃离世俗的环境
健康与健身	放松以及身心健康的恢复
精神上的鼓励/享受	玩耍或娱乐的机会
促进家庭和睦	改善家庭内部的关系
获取领导地位	获得威信以及社会地位
结识新朋友/享受友谊	社会交往/交朋友
获取新的技能	教育
增强自尊心/社会地位	实现愿望或者抱负
迎接挑战	

资料来源：摘自卡班诺夫和拉旺的研究，Kabanoff，1982 年；Ryan，1999 年

休闲活动成了实现自我肯定的一个有效手段和方式（Wearing，1992 年）。自我肯定在一定程度上是一个潜意识的过程，所以大多数的参与者都不把自我肯定当做是参与消遣娱乐和旅游活动的动机之一。而人们所作出的消遣娱乐和旅游决策以及在向别人讲述自己的经历时的态度已经很明显地表明，自我肯定确实是一个主要的动机。更为明显的是，许多人都很习惯于通过向朋友、亲戚或同事讲述自己的旅游经历来证明自己获得了较高的社会地位，在许多消遣娱乐活动中也同样如此，比如说，在都市社区年轻人所参加的棒球活动中或是在职业球队的支持者当中，这种情况尤为明显。

8. 行为

旅游者与消遣娱乐者的行为方式方面的关系在空间和时间上是重合实现的。

图1-4 展示的是在旅游活动中对经历与体验概念的重新界定（Williams，1998 年）。它表明一次完整的旅行首先是从计划开始的，然后才是具体的出游过程（这一部分构成了旅游者全部的旅游经历），接下来的一个重要阶段是回忆与记忆，它将直接影响到未来旅游决定的形成。通常情况下，我们希望形成的是积极向上的经历，以利于鼓励游客再次游览或者是希望与最初的经历相仿的游览活动，而不希望形成消极的经历，否则会导致对将来所要进行的旅游活动的慎重选择，更为可能的是改变原来的这种选择。

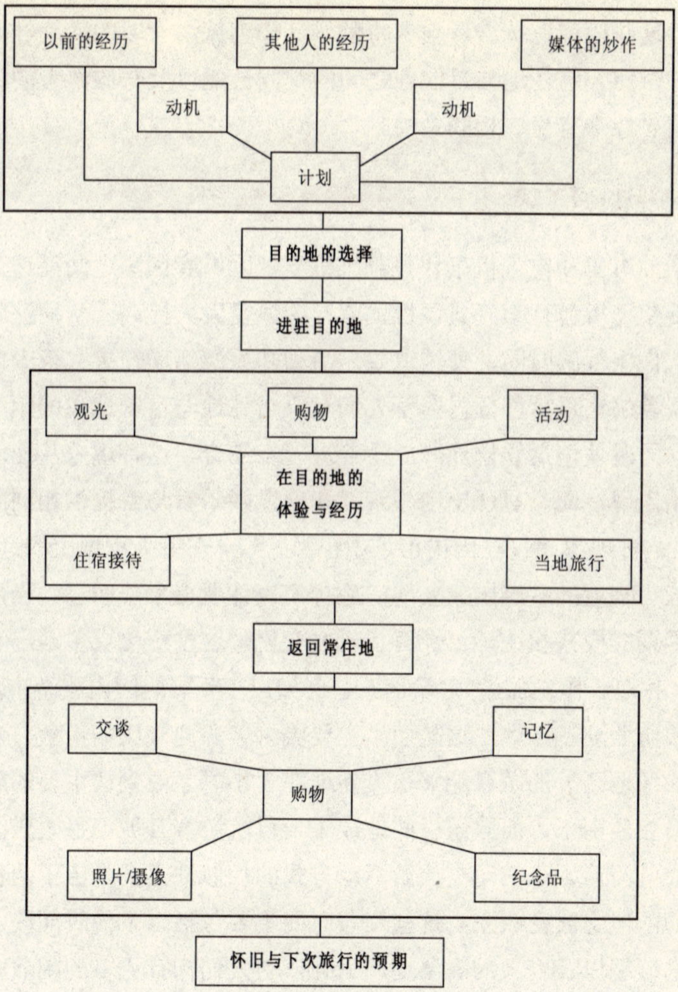

资料来源：根据威廉姆斯的研究，Williams，1998年

图 1-4　旅游体验的本质

凯和摩克斯汉姆（Kay & Moreckesham，1996年）就消遣娱乐性步行活动建立了明确而具体的体验模型。虽然与旅游体验存在一些细微差别，比如说，消遣娱乐模型强调将环境和社会因素输入到活动本身的中心区域——计划和参与这两个重要的阶段，连同回忆与怀旧阶段，都会被复制到消遣娱乐的内容当中，当遇到类似的旅游经历时，这种内容将会被形象化并展现出来。

因此，这些模型意味着参与者将赋予其作为旅游者时的活动经历是与旅行支出、持续时间、常住地与目的地之间的空间分隔以及与旅游者的旅行结合在一起的所谓“特殊身份”相联系的。

9. 空间与时间

随着柴油机车和电气机车代替蒸汽机车，区域和国家之间高速公路网络的形成，螺旋桨飞机替代喷气式飞机，旅行的速度大大提高，从而在较大的程度上压缩了人们旅行的时间，使消遣娱乐活动和旅游活动在更大范围内发生了重合。这种现象的出现，部分得益于人们对于常住地与目的地之间距离感的弱化甚至消失，同时使消遣娱乐业和旅游业进一步结合，这种现象从 20 世纪 60 年代时就开始出现，而且呈现出向旅游者和消遣娱乐参与者提供相同的产品和服务的趋势。这种现象不仅在国内市场中已经显现，在更大程度上的远距离旅行，比如在英国与临近的欧洲国家之间的旅行中也体现得十分明显。当然，其初期模式与更早期的模式相比，已经有了较大变化，这种变化更多地出现在国际旅游领域内（相对于国内旅游领域而言）。例如，在英国的国内旅游市场上，消遣娱乐业与旅游业渐趋一致，这是由于主要旅游客源地（比如伦敦、南威尔士以及内陆的西部地区）的游客能够很方便地在 3 小时之内到达主要的旅游度假地（比如英格兰西南部）。而旅游目的地成了一日游游客开展消遣娱乐活动的主要场所。目前的消遣娱乐活动与旅游活动方式的相似性主要是由于两种活动都是与闲暇时间的概念紧密联系，这些闲暇时间主要包括以下的时间段：傍晚、周末、学校的假期以及夏天的高温期。另外，当人们拥有更多的闲暇时间，并且更频繁地参与到旅行活动中去的时候，消遣娱乐业和旅游业已经更广泛地渗透到了人们的日常生活中，所以没有必要将这些活动分别规定于某些特定时间段。

10. 政策

很明显，后工业时期出现的巨大变化还与消遣娱乐业和旅游业之间出现共同基础的最后一个领域——政策领域有关。由于政策的应对性本质，针对前面已提到过的各种应对变化的政策措施已经不可避免地提上了议事日程。这种现象在促进城市以及乡村消遣娱乐业和旅游业的各种政策中表现得尤为突出。

例如，在城市生活中，玛摩萨和万德珀尔（Mommaas & Vander Poel，1989年）通过回顾他们在荷兰的经历，向我们展示了城市采取何种政策进行各种市场推广活动以便把城市作为商品来营销。这种尝试向我们揭示了个人与政府之间所建立的全新的、强大而具有影响力的伙伴关系，它将有力地促进各种宏大的发展计划的实现。

但是，在一些诸如改变了的码头、重新恢复的磨坊与工厂、新型的购物中心和消遣娱乐中心以及艺术化的体育场等新的生产和消费区域的进一步发展中也体现了这种积聚影响。这些发展是建立在当地的消遣娱乐需求模式基础之上的，但是，在这个过程当中，休闲活动不仅仅是一种经济发展工具，而更可能是形成和塑造一个城市市场形象的关键性因素，它有利于吸引外来移民和内部投资，也有利于吸引众多外来的旅游者。

同样，消遣娱乐与旅游之间的协同优势在许多乡村政策中也有明显的反映。在整个英国、大部分的欧洲国家乃至北美的一部分地区，从20世纪60年代开始，这些地方乡村中的经济、社会乃至文化功能都发生了巨大的变化。这些地方作为传统农作区的功能已经弱化，而其作为居住和消遣娱乐旅游的新兴目的地的价值正在被不断提升。这种新现象的出现已经促使相关政策相继出台，以便将消遣娱乐和旅游活动融入到原来的农业经济生产活动中。同时，随着到乡村开展休闲活动的游客数量急剧增加，政策在保护和维持较为脆弱的生态环境方面的作用将更加突出。

1.1.3 消遣娱乐、休闲与旅游的集中与融合

在前面的讨论中我们已经涉及了二者之间广阔的共同基础，接下来要讨论的本质性问题就在于旅游活动与消遣娱乐活动之间的差别程度有多大了。在一般情况下，人们普遍将旅游业，特别是国际旅游业看做是由旅游者对差异性的需求拉动而产生的，而一些学者尤其是马克奈尔（MacCannell，1989年、1992年）则认为旅游者所追求的是一种确实可信的经历和体验。罗杰克和尤尔瑞（Rojek & Urry，1979年）解释说，旅游产生的部分原因在于通过与其他休闲形式以及更多生活层面的比较而对自己所产生的重大意义。因此，旅游活动不仅不同于工作或家庭义务，也不同于对休闲的简单追求，比如一天的休闲或者

是类似于探险之类的更精深的活动。但是，当越来越多的人拥有了各种各样的国内和国际旅行的经历，并将之融为都市生活的一个重要组成部分之后，这种差异就渐渐模糊了。这种现象是由以下两种原因形成的：一是通过日复一日地体验消遣娱乐和休闲活动，二是通过一个相对简单的接触过程来弱化人们对差异性的感觉，降低旅游在大多数人休闲生活方式中的所谓的“特殊地位”。

国际旅游对于日常休闲和消遣娱乐的影响已经开始引起人们的关注，虽然这种影响还处于初期。影响的机制很复杂，但是，人们通过旅游（特别是国际旅游）这一媒介获取了更多的时尚信息、提高了品位、获得了更多的知识和实践能力，这使得旅游已经像一张无缝的网一样渗透到了人们生活和工作的方方面面，成为人们生活的重要组成部分。这又可能产生许多的影响，包括：

（1）对于消遣娱乐品位与偏好的影响因素的吸纳，将会导致当地新的消费需求模式的出现。在一些较为典型的消费方面是很明显的，如饮食习惯，不仅在英国和美国这样的国家中餐馆的数量急剧增长，而且在大多数的城市，各种不同种类的国外饮食也被引进（Pillsbury，1990 年）。由于出国旅行所导致的品位变化也对一些地方的消遣娱乐活动产生了不同程度的影响。例如，在英国出现的人造滑雪场所就几乎是为了迎合参与过阿尔卑斯山以及北美冬季度假运动项目的人群的需求而出现的。

（2）将旅游中的被动消费经历输入到国内休闲方式中。在这一点上，休闲性媒体的影响尤为明显。来自陆地和卫星的广播不断地向人们展现着各种不同的旅游目的地，而杂志、报纸（特别是单面印刷的）以及旅行者指南的内容也同样覆盖了包括国外旅游地、文化传统、社会状况、历史渊源、自然历史条件以及所提供的旅行机会等在内的众多内容。尤尔瑞（Urry，1990 年）强调说，这些在影响旅游者预期方面发挥作用的媒体的使用是一个完整的旅游经历的重要组成部分，因此他们可能导致旅游者在出游前把许多的闲暇时间用于这些媒体。同样地，从照片、明信片或者是录像上获取的景象能够使个人经历无限地被复制以满足个人的日常休闲需要。

随着休闲对旅游与消遣娱乐的完全融合，以前很清楚的差别（如工作与闲暇、国内与国外、精英分子与普通大众、公权与私权）在逐渐消失（Lash & Urry，1994 年；Urry，1995 年；Rojek & Urry，1997 年）。旅游者体验差异性的美好愿望只有通过到相应的、可供旅游的地方去旅游才能够获得实现，这使得旅行迅速增长。在全球化的社会中，随着人员流动、商品流通、创意以及形象的迅速发展，我们能够更广泛地接触到不同的风景、经济制度、社会以及文化传统。国内外市场的逐渐融合使得世界上的各种差别变得越来越模糊，许多异国标志和异域风情向我们的家乡以及社区融合，比起我们作为旅游者到他们的居住地访问来说，其出现频率更高。

1.2 城市旅游、旅游城市与城市旅游目的地

人们以城市为旅游目的地，而他们在城市的活动集中融合了旅游、游憩、消遣、休闲等活动。它在空间上依托城市作为载体，在内容上是以城市的自然环境、城市的传统文化积淀、城市的生产生活以及城市的基本功能所提供的服务为主体，兼有物质形态和非物质形态的一种旅游形式。随着城市旅游的发展，不同领域的专家和学者对城市旅游产品的界定、组合、开发模式等问题进行了不同角度的研究。关于城市旅游产品的内涵的界定，基本上是在对旅游产品界定的基础上，兼顾城市的特点而形成的。

1.2.1 城市旅游的要素

就城市而言，其旅游产业与游憩产业在产品的形式上存在着极大的一致性。二者之间的差异主要体现在旅游者和游憩者不同的偏好上，但产品本身并无绝对的界线。例如城市旅游和城市游憩都会涉及“吃、住、行、游、购、娱”等要素。

“吃”是城市旅游产品构成中必不可少的基本要素，是旅游活动得以进行的前提。它主要是指在旅游过程中向旅游者提供的餐饮服务项目。一般由旅游饭店内设餐厅和涉外旅游定点餐厅提供。由于我国幅员辽阔，各地饮食风味、习惯各不相同，除驰名中外的八大菜系之外，各地的风味小吃也让游客在不同的城市能领略不同的饮食文化。因此，从某种意义上说，“吃”在旅游和游憩过程中已不仅仅是满足生理需求了，更多的是一种文化的享受，有的还成为城市的

重要旅游吸引力所在。

“住”是城市旅游产品构成中服务要素表现最集中、最充分的因素。它主要指的是在旅游过程中向旅游者提供的住宿服务，由各级旅游星级饭店、旅游涉外饭店、经济型宾馆和社会招待所等来实现。城市作为星级饭店、涉外宾馆集中之地，可以使旅游者在恢复体力、减缓消耗的同时感受城市文明和建立城市印象。

“行”是城市旅游产品构成的重要要素，是在旅游过程中向旅游者提供的往返居住地和目的地的服务。同时，它也是城市旅游产品的一种表现形式，如节庆旅游中的花车巡游等。一些城市中才有的现代化高科技的交通方式，也会成为城市旅游和城市游憩的重要吸引物，如上海的地铁、轻轨是来上海旅游的游客都想体验一番的交通形式；上海的磁悬浮列车在2003年春节期间试运行阶段就吸引了大量市民和游客前去体验试乘。

“游”是城市旅游产品构成的核心内容，主要指城市市内和周边的景区、景点、景观等。城市拥有的旅游资源，经过进一步开发，就形成了城市旅游景点和旅游景观，如主题公园、博物馆、剧院特色建筑、休闲步行街区和节庆活动等。这些产品往往既可以为外来旅游者服务，同时也可以为城市居民服务。因此，它们既可以成为旅游产品，也可以成为游憩产品。有些产品的主要市场还在城市内部。

“购”是指在旅游和游憩活动中的购物行为。旅游者在旅游过程中往往乐于购买旅游纪念品、工业美术品、土特产品等旅游商品，作为旅游活动的纪念。许多城市都建有特色购物步行街，这些街区本身就是一种游憩设施，以适应娱乐休闲与购物的多方面需要。对城市而言，无论是旅游活动还是游憩活动，购物都是重要的环节和组成部分，但是，这种购物也不是纯粹的购物行为，购物本身也是旅游和游憩活动的一部分。因此重要的是营造良好的购物环境，形成游憩购物的氛围。

“娱”是城市旅游产品的特色之一。娱乐项目不仅仅是指舞厅、游泳池、网球场、健身房、保龄球馆等娱乐场所，还包括那些在旅游活动过程中可参与的活动与节目。对旅游活动而言，娱乐活动是旅游的有效补充；对游憩活动而言，娱乐活动本身就是游憩产品的重要组成部分。

从以上分析可以看出，“吃、住、行、游、购、娱”六要素在城市旅游与城市游憩活动中各有侧重。城市旅游侧重于住、行、游、购，而游憩则更侧重于吃、游、购、娱。即使是对相同的项目，旅游者与游憩者的偏好也各不相同，例如对于“游”，旅游者侧重于城市具有代表性的知名景点和景区，而游憩者更侧重于环境优雅的休闲景点和游憩地。

综合国内外研究，我们如果刻意地从学术上去区分它们之间的不同之处，往往会限制我们的实践活动。随着社会和文化发展的不断深入，旅游、休闲和娱乐“经常在一起分享相同的资源，利用相同的设备，赚取相同顾客的钱，在从事这些活动的过程中产生相同的影响，为参与者提供共同的社会和心理上的利益”（Mckercher，1996 年）。正基于此，城市旅游的研究应该基于城市旅游的广泛内涵，一般来说，凡是与城市有关的以城市为目的地的旅游、休闲、游憩活动都可以称为城市旅游（图 1-5）。

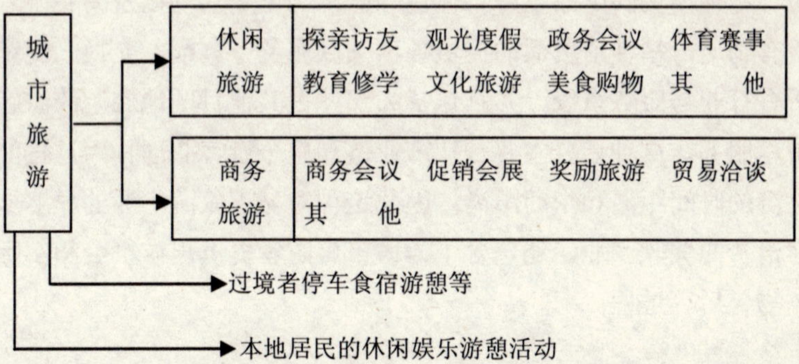

图 1-5 城市旅游（休闲）构成图

国外有的学者认为，城市旅游业是为了满足城市旅游者的特定需求及愿望的所有企业机构组织及设施组成的行业。联合国贸易与发展会议将城市旅游业定义为，广义上表现为提供主要或全部由国际游客及国内城市旅游者消费的产品及服务的产业和商务活动的总和。然而，随着现代城市休闲业与乡村旅游业的不断扩充，界定“城市旅游”比较困难。我们也已经探讨了在休闲时代背景下，实际上城市旅游活动整合了旅游、休闲、消遣、娱乐、游憩等各项活动，无论城市旅游的内涵多么丰富、复杂，其组成部分如何广泛、多元化，城市旅游业的最终目的就是为旅游者提供观赏娱乐的对象及服务，其检验的标准就是通过目的地的形象建设和促销宣传能够吸引更多的本地居民和外来的潜在旅游者来城市旅游消费。所以说，城市旅游业不仅是文化、历史、地理、建筑或民俗风情的概括，而且是浑然一体的综合吸引物，是市场经济环境下的一种产品，并且需要不断经受消费者（游客）的主观选择和评价。

根据人们对城市旅游业的传统的理解，人们一般将为游客提供生产、消费、交换、分配与服务的各项产业定义为城市旅游业的范畴，它一般包括吃、住、行、游、购、娱等六个方面。但是，随着城市旅游者的动机与行为的多样化和多元化，传统的城市旅游消费概念在不断地扩大，特别是休闲度假旅游者的逐渐增多和城市娱乐经济的蓬勃发展，城市旅游业的范畴和规模、时间和空间、地域和结构也在不断地向外延伸。由此，广义上的城市旅游是指人们在城市中的各种游憩活动的总称，那么城市旅游业就应该是指目的地城市为城市旅游者提供物质与精神消费的产品生产、体验等需求的创造活动以及为旅游者在出游前后的所有物质与精神消费活动提供各项关联服务（分配、交换、促销、会展等）的所有行业与服务系统，并且包括为那些去其他目的地旅游的游客所提供的各种中途服务。这种划分主要是从产业链和整个游客心理行为过程的角度，拓展了旅游的时间距离和空间距离，因此这种对城市旅游产业的理解涉及的不仅是游客消费的关联产业，还包含了为城市旅游者提供出游机会和实际消费行为的事先与售后等过程。

1.2.2　城市旅游的产生与兴起

城市作为一个特殊的地理空间，发展旅游有其独特的优势。主要表现在以下几个方面：

第一，城市人口相对密集，因此到城市探亲访友的人流量相对也较高，这无形中加大了城市流动人口的数量，而城市本身庞大的人口以及这些探亲访友的流动人口是发展城市旅游重要的基本消费人群。

第二，城市往往是区域交通的枢纽，具有良好的交通条件是旅游开发的基本要求。机场、车站、港口等交通设施往往依托城市，交通路线贯穿或连接城市，城市在现代旅游中往往承担着旅游交通枢纽的功能，为旅游者的集散和中转提供了极大便利。

第三，城市是旅游者活动的集中地与中心。城市旅游资源往往相对集中于城市，或密集于市区内，或以城市为中心，形成一个包含市区、城郊以及周边城镇的旅游区，构建以城市整体形象为特色的城市综合旅游区。因此，城市往往是都市旅游者最为集中和活动最密集的地区。

第四，城市的功能决定了城市内聚集着大量商业、金融、工业以及生产服务的设施。作为一个区域的政治、经济和文化中心，具备了开展城市观光、购物娱乐、商务考察、学术交流等一系列的城市旅游活动的条件和优势。

第五，由于城市具有相对较高的消费人口和较强的消费能力，往往成为大型文化、娱乐设施布局的首选之地。因而城市往往具有非城市地区所没有的现代化的大型娱乐、文化设施。此外，不少城市在城市内部、城郊或周边地区增加了旅游投入，开发了一些新景区、景点和旅游设施，这在客观上为城市旅游的发展起到了推波助澜的作用。

起源于 19 世纪末的工业革命，影响了整个世界的发展进程，使人类的生存环境发生了巨大变化，其中，城市化已经成为这个时代的特征之一。所谓城市化，是指农业人口的转化，这种转化表现为生产、生活方式由乡村型向城市型转化的人口集聚过程。城市化不仅表现为人口由乡村向城市转移、城市人口的迅速增长、城市区域的扩张，还表现为生产要素向城市的集中、城市自身功能的完善以及社会经济生活由乡村型向城市型的过渡。

事实上，城市旅游真正发展起来是在二十世纪八九十年代。由于城市作为进出国家的门户、住宿的中心、乡村短途旅游的大本营，以及本身就是一类旅游目的地，使城市不但是区域的经济、文化、政治中心，也成为旅游活动中心。Shaw 和 Williams（1994 年）从分析城市在旅游业中的重要性入手，认为“城市在地理上集中了各种设施与吸引物，布局于最能满足旅游者与当地居民需要的地点上，并且城市既有相似性，又有独特性。”按 Shaw 和 Williams 的分析，城市旅游的需求如下。

Blank 和 Pet Kovich（1980 年）把城市旅游的动机归结为：探亲访友、商务、会议、户外游憩、娱乐与观光、个人原因、购物等。而英国旅游研究学会则将城市旅游者的动机划分为：探亲访友、商务旅游、会议展览、修学、文化、古迹的旅游、宗教旅游、标志性大事旅游、休闲购物、一日游等。

“城市化”是人类社会经济不断发展的一种必然趋势，它甚至成为衡量一个国家现代化水平的一个标志。以我国为例，到2001年为止，我国目前共有城市782个，其中有4个直辖市，15个计划单列市，269个地级市，市区非农业人口超百万的特大城市为41个，城市覆盖面积达到408.9万平方千米，占全国土地的比重增加到42.6%，城市化水平为37.7 %（表1-3）。

表1-3　中国城市化进程一览表

年　份（年）	1949	1961	1972	1978	1982	1990	1995	1997	1998	2001
建制市数（个）	132	208	180	193	295	450	622	668	721	782
城市人口比例(%)	10.62	19.29	17.13	17.92	21.13	26.41	29.02	29.92	30.40	37.7

资料来源：周一星，于海波．对我国第五次人口普查城镇化水平的初步分析．管理世界，2001年第5期．

城市作为区域旅游业发展的重要支柱和节点，将在区域旅游业发展中占据日益重要的龙头地位。城市首先是人口集聚的空间，而城市居民则是城市经济发展最活跃的生产力要素。城市经济发展的关键是人的数量、结构和素质的优化组合。中国从计划经济转向市场经济，人在城市经济发展中的地位、角色和作用发生了巨大变化，人的作用和重要性也越来越大。城市进一步发展，居民的文化、意识等素质的重要性也日益明显。中国沿海地区城市经济的快速发展正是因为其居民的良好素质和较高的科技知识水平，这也是加强城市效益型经济增长所必需的重要前提。同时，城市经济发展不仅依赖于物质文明建设，还必须重视精神文明建设，提高城市居民的精神文明素质。因此，现代城市以其活跃的经济活动、现代化的建设和风貌以及先进的娱乐设施等，对各层次的旅游者都有着巨大的吸引力，城市旅游随之成为现代旅游和现代都市生活的一个重要组成部分，城市的旅游功能也日益成为城市的主要功能而越来越具有普遍性。从旅游经济总量的占有率来看，城市旅游已经成为当代旅游的主体。

1.2.3 城市旅游的特性

城市的性质和特点决定了城市旅游不同于传统旅游。

1. 城市旅游吸引系统的整体性

城市作为一个旅游目的地，其吸引力不同于风景区——以某一方面的资源优势为主要吸引要素，而是来自以整个城市的整体形象形成的综合吸引力。这是城市自然、文化遗产及其政治、经济、文化、信息、科技中心等城市基本和非基本功能以及动态、优美的城市环境，丰富多彩的城市娱乐活动、城市娱乐设施等多种因素综合作用的结果。

2. 城市旅游产品的多元性

作为人类集中活动的区域，城市的内涵极其丰富，这就导致了城市旅游不同于主题相对单一的度假、观光等旅游，而在旅游产品和旅游功能上呈现出多元化的特点。除了传统的观光旅游之外，城市还可满足多种旅游需求，提供包括商务、购物、会议、展览、度假、节庆、主题公园、修学、美食、生态等的复合型旅游产品。

3. 城市旅游的统一性

城市旅游的统一性主要表现在三个方面：一是城市旅游主体的统一性，即城市居民既是城市游憩者，又是城市旅游接待者。二是旅游客体的统一性，即作为城市旅游对象的旅游城市既是城市旅游的目的地，又是其他旅游城市的重要客源地，是旅游目的地和客源地的统一。三是城市旅游和游憩设施的统一性，对城市而言，其旅游和游憩、产品及空间有区别，但更多的是统一，许多旅游设施和空间既为旅游者服务，同时也为游憩者提供服务。

1.2.4 城市旅游与城市旅游目的地

随着后工业化时代的到来，城市综合实力的增强、城市环境的改善以及各种配套服务设施的完备，除了传统旅游城市以高质量的旅游资源为依托吸引游客外，现代城市也以其方便的交通、兴旺发达的经济、优越的商务与购物环境、发达的科技与信息、先进的服务与娱乐、现代化的城市风貌、丰富的都市文化等对旅游者形成强大的吸引力。人们逐渐改变了对城市的传统看法，愈来愈多的人选择城市作为其旅游目的地，旅游开始“城市化”，城市日益成为旅游目的地与客源地的统一体，从而使城市不再仅仅是区域的经济、文化、政治中心，也成为旅游活动中心。于是一种新的现象——以城市为旅游目的地的旅游，即城市旅游得以产生，并日渐兴盛起来。①

旅游城市是以旅游为主要功能的或者把旅游作为支柱产业的城市；现在学术界对城市旅游主要有两种解释，其一为产品说，即它是一种旅游产品，其二为活动说，即它是一项以城市为旅游目的地的旅游活动，城市旅游作为一种跨时空的消费活动，从表面上看是一种经济活动，但从实质上看则是一种游览性和观赏性的审美活动和捕捉美感的文化活动，是城市旅游资源与城市文化资源、城市旅游经营与城市文化经营、城市旅游消费与城市文化消费的结合。目前国内学者对城市旅游目的地作概念界定的几乎没有，保继刚在“改革开放以来中国城市旅游目的地地位变化及因素分析”一文中提出了“城市旅游目的地”的概念。本书以为，旅游目的地是指城市旅游得以发生的区域或空间。它与城市旅游和旅游城市既有区别又有联系。城市旅游产品创新，以及旅游城市基础设施、社会文化环境建设可以有力地推动城市旅游目的地的营销，提升城市旅游目的地的竞争力。

1.3 国内外城市旅游的相关研究进展

在 1.2 节中，笔者主要对与城市旅游相关概念的内涵及其关系进行了分析。目前国内许多学者对城市旅游现象从不同的学科视角进行了研究，如经济学科、地理学科、旅游学科、生态学科、社会学科、建筑与规划学科、心理及行为学科等。大量有关城市旅游的文章见于各类报纸杂志，以地理类、旅游类、城市类、财经类学术期刊所刊载的学术论文居多。研究的领域主要包括城市旅游有

① 参见符太浩：城市旅游的特征分析，《科技和产业》，2007 年 09 期。

关理论探讨、城市旅游形象和定位研究、城市旅游发展模式探讨、城市旅游结构与系统分析、城市旅游开发规划与建设研究等，其中以城市旅游开发规划与建设方面的研究居多。

1.3.1 城市旅游有关理论的探讨

城市旅游理论研究的内容主要包括城市旅游的含义与构成要素，城市旅游的性质和地位，旅游城市特征、条件和类型等方面。如我国学者宋家增（1996年）对都市与都市旅游、都市旅游业与都市旅游以及都市旅游的内涵、模式和定位等几个问题进行了论述，指出都市旅游是以都市风貌、风光、风物、风情为特色的旅游，都市旅游多以接待商务旅游、会议旅游和国际国内交流活动为主。于英士（1994年）最早在国内讨论了大城市发展与旅游业的关系以及国际旅游城市的界定和类型定位，认为现代旅游不仅是市场经济的产物，而且是城市化的产物，没有现代化的城市，就不可能有现代化的旅游业。大城市的功能、性质和作用左右着小则一个区域，大则一个国家的旅游业的发展方向。张广瑞（1994年）也以北京为例论述了国际旅游城市应具备的条件。吴本（1999年）分析了国际风景游城市的条件和目标模式。王兴斌（1996年）初步论述了休闲与都市旅游在城市发展中的地位与作用。陈传康、吴承照（1996年）以上海为例对都市旅游的理论和实践研究进行了探索。彭华（1999年）对城市旅游发展的动力机制进行了系统研究，对现代城市发展旅游，提高其竞争能力具有重大指导意义。

1.3.2 城市旅游形象和定位研究

旅游形象是目前我国城市旅游研究中探索得比较多的问题。学者们一般都认为城市旅游发展的核心是建立独特、鲜明、有吸引力的旅游形象，依靠形象来激发旅游者的旅游动机和需求。形象研究可以说是现代城市旅游研究的新起点和主方向。金卫东、张学荣（1996年）和郭廷建（1996年）都对城市形象、城市文化、城市旅游形象等开展了深入研究，为后来的城市旅游形象设计提供了理论框架。李蕾蕾在城市旅游形象定位和设计研究中做了大量的工作和重要贡献，指出今天城市旅游的进一步发展已不能单纯依赖孤立的旅游景点，而必须推出城市整体的旅游形象，通过形象定位、主题口号的提出、视觉形象的设计与推广等战略来全面发展城市旅游。

1.3.3 城市旅游发展模式的探讨

李海瑞等人以上海为例提出了几种城市旅游的目标模式：商务旅游、会议、奖励旅游。吴国清（1996年）研究了上海郊区旅游后指出，市场导向是城市旅游发展的关键。保继刚（1997年）以广州为例提出了经济中心型城市旅游的商务主导模式。这些研究均具有重要的理论与现实意义。马勇、董观志则以武汉为例论述了城市必须选择大旅游圈模式才能得以持续发展。此外，张跃西（1996年）从风景区旅游发展模式角度对旅游城镇的布局与发展进行了研究。卢晓（2000年）针对上海大都市地位，指出发展国际化旅游产品、大力发展购物与观光型国内旅游产品和率先发展市民的度假产品是上海旅游资源产品化的模式选择。李力（2000年）则分析了城市旅游节庆的构成要素与牵动效应。

1.3.4 城市旅游开发、规划与建设的研究

这方面的研究在我国已越来越多，这些研究主要围绕两方面展开，一是城市旅游某一个项目建设、某一项产品开发、某一个区域规划或一种模式运用的专题研究；二是城市旅游全方位的综合开发、规划、建设、研究。

（1）专题研究。保继刚对城市大型主题公园开发布局进行了系统研究，从而掀起了我国城市主题公园建设的高潮。董雅文（1996年）以南京市为例说明了生态防护建设在城市旅游开发中的重要性。吴人韦（1998年）则系统介绍了国外城市绿地在旅游中的作用。粟娟等（1998年）论述了广州市应加强森林建设，渗透岭南文化，创造广州旅游新形象和风格。潘宝明（1999年）从文物保护的角度谈到了历史文化名城的旅游发展。魏卫（1997年）以武汉为例深入探讨了城市旅游产品开发的问题。旅游地文化开发是旅游发展中的重点，对于城市旅游来说，更是重中之重。熊玉梅（1999年）对如何开发北京市日本客源市场进行了专题研究。

（2）综合研究。在城市旅游开发规划的理论建设和实践研究上，陈传康（1996年）做了开创性工作。尚文生（1998年）探讨了城市旅游规划与城市规划的协调发展。彭华（1999年）从创建优秀旅游城市的角度对旅游开发与城市

规划一体化问题进行了论述。杨新军（1998 年）从旅游可持续发展角度研究了城市旅游开发。李蕾蕾（1996 年）通过景观生态学的原理，探讨了构建城市旅游开发应用理论模式，在理论建设上迈出了第一步。梅均（1996 年）和王大悟（1996 年）对上海如何进行旅游开发提出了宝贵意见。李立勋（1997 年）对广州旅游特色和旅游点建设进行了实证研究。刘卫东（1998 年）、王云才和郭焕成（2000 年）论述了怎样投资开发大城市郊区的旅游业，具有实际指导价值。凌申（1987 年）较早对我国中小城镇建设与旅游开发问题展开研究，为中小城镇旅游发展研究开创了先河，促进了我国城市旅游研究体系的完善。此外，我国城市旅游研究还涉及其他有关内容，如杨新军（1998 年）研究了加拿大城市旅游开发的历史与现状，为国内城市旅游发展提供了经验。曹小曙（2000 年）探讨了城市旅游摄影的功能以及城市旅游摄影的文化内涵，为城市旅游研究开拓了新视野和新方法。郑天祥（1998 年）以港澳地区为对象探讨了我国大都市发展成为世界级旅游区的前景与对策，是国内目前较少的区域城市旅游研究的例子。

1.3.5 城市生态研究

城市生态学是以生态学的概念、理论和方法研究城市的结构、功能和动态调控的一门学科，是研究城市人类活动与城市环境之间关系的一门学科。它将城市视为一个以人为中心的人工生态系统，在理论上着重研究其发生和发展的动因、组合和分布的规律、结构和功能的关系、调节和控制的机理；在应用上旨在运用生态学原理规划、建设和管理城市，提高资源利用率，改善城市系统，增加城市活力。城市生态系统结构划分为三大部分，即自然生态系统、经济生态系统和社会生态系统。

城市生态学的大规模发展是在二十世纪的六七十年代。联合国教科文组织的“人与生物圈”国际计划提出了从生态学角度研究城市居住区的项目，指出城市是一个以人类为活动中心的人类生态系统，开始将城市作为一个生态系统来研究。其主要目的是促进人们理顺人类及其城市生态环境之间的复杂关系。从此，城市生态学研究进入了一个新的阶段。1975 年，在巴黎“人类居住地综合生态研究”工作会议和 1977 年波兰的“城市系统的生态学研究”协调会议上，正式确认“用综合生态方法研究城市系统及其他人类居住地”，1975 年正式列入联合国教科文组织的“人与生物圈”国际计划的“关于人类聚居地的生态综合研究”专题是该计划的重点研究内容。1980年在柏林召开的第二届欧洲生态学会议上，一些论文涉及在城市生态学领域中广泛存在的新问题：城市系统的特征、人类活动对城市生态和生物群落的影响及生态学在城市规划和土地管理中的应用。

各国也根据自身的情况开展各种相关的研究。例如，德国法兰克福将城市与郊区视为一个生态系统，用生物指标显示大气污染的情况，建立了该市的敏感度系统模型，应用这个模型可以从城市某些组成部分的变化中，预测城市的发展方向，并通过调控使城市向最优化方向发展。意大利罗马开展了17个子课题的研究，包括从历史面貌到航空测量，从对城市定性认识到建立数学模型的定量认识，涉及的内容有交通、能源、城市扩展、污染、动植物区系和土壤等环境条件多个方面。其特点是环境学家、城市规划师、城市管理人员以及普通居民之间密切配合，罗马市政当局对这项工作也很感兴趣，并负责建立城市问题研究中心，协调各方面的工作。澳大利亚国立大学在香港大学和中文大学的协助下，于1972年开始对香港城市生态进行研究。他们从城市的能源流动、营养物和水循环、人口动态、人们的生活状况和健康状况以及这些因素之间的相互关系等多方面进行了研究，其成果于1981年出版。日本的城市生态研究可分为4个阶段，第1阶段为1971—1974年，研究城市环境影响下的动植物、微生物群落的动态以及城市环境的特征；第2阶段为1975—1977年，以动植物为中心的多学科综合研究；第3阶段为1978—1980年，是以人为中心的多学科综合研究，包括大气、土壤、水文、植被、动物、人类行为、土地利用、人口统计学与健康和城市规划等多个方面；第4阶段为1980年后的研究，这一时期，他们主要进行水资源及其循环，以及城市生态系统结构与功能的综合研究等。1996年由世界资源研究所、联合国环境规划署和世界银行联合编写了《世界资源报告（1996—1997）》，高度概括了这一阶段城市环境资源及居民健康等研究成果，同时指明了今后城市环境资源等问题的工作方向。概括起来，对城市生态系统的研究主要有以下4个方面：

（1）以城市人口为研究中心，侧重于城市社会系统的研究，并以社会生活质量为标志，以人口为基本变量，探讨城市人口生物学特征、行为特征和社会特征在城市化过程中的地位和作用。

（2）以城市能流、物流和信息流为主线，侧重于城市生态系统以及以城市为中心的区域生态经济系统的功能方面的研究。

（3）以城市动物与植物及非生物环境的演变过程为主线，侧重于城市的自然生态系统研究和城市动植物与城市居民、城市生态环境的相互关系研究。

（4）将城市视为社会—经济—自然复合生态系统，以复合生态系统的概念、理论为主流，研究城市生态系统中物质、能量的利用，社会和自然的协调，以及系统动态的自身调节等。

1.3.6 城市发展目标的探讨与分析

城市的发展目标与城市旅游的发展相互依存。城市作为当今社会人类主要聚居地，是社会经济和文化的主要载体，城市建设和管理水平的高低直接影响到其经济发展水平、市民生活环境和社会可持续发展。随着经济的快速发展和人口向城市的继续聚集，如何建设一个高效、健康、平等的城市社会，如何在环境、资源、人口等因素的制约下，面对城市化更严峻的挑战，一直是人们苦苦思索的问题。在城市漫长的发展历史长河中，对如何管理好城市，人们进行过许多有益的探讨，提出过很多城市建立和管理的模式：田园城市、绿色城市、可持续城市、山水城市和园林城市等。

（1）田园城市。田园城市（或称“花园城市”），这一概念最早是在 1820 年由著名的空想社会主义者罗伯特·欧文提出的。1898 年，英国著名的社会活动家、规划师霍华德提出了田园城市的理论，中心思想是使人们能够生活在既有良好的社会经济环境、又有美好的自然环境的新型城市之中。田园城市的模式图是一个由核心、6 条放射线和几个圈层组合的放射状同心圆结构，每个圈层由内及外分别是：绿地、市政设施、商业服务区、居住区和外围绿化带，然后在一定的距离内配置工业区。整个城区被绿带网分割成不同的城市单元，每个单元都有一定的人口容量限制。新增人口再沿着放射线向外围新城扩展。在霍华德的倡导下，1904 年在伦敦附近的莱奇斯地设了第一个田园城市，把田园城市的理想变成了现实；新加坡是建设田园城市的成功典范。

（2）绿色城市。“绿色城市”这个提法，最早是 1930 年由建筑大师勒·柯布西耶在布鲁塞尔展出的“光明城”规划里做出的。1972 年，联合国斯德哥尔摩人类环境会议后，欧美等西方发达国家的“绿色城市”运动的实践有：把保护城市公园和绿地的活动，扩大到保全自然生态环境的区域范围，并将生态学、社会学原理与城市规划、园林绿化工作相结合，形成了一些富有新意的理论。1990 年，大卫·高尔敦在加拿大编辑出版了《绿色城市》一书，探讨城市空间的生态化途径。书中收录了世界各地二十多位专家学者从不同角度对“绿色城市”建设的认识和研究成果。其中，印度学者 Rashmi 博士关于“绿色城市”的规划思想很有代表性，其要点是：

① 绿色城市是生物材料与文化资源以和谐的关系相互联系的凝聚体；

② 绿色城市在自然界具有完全的生存能力，能量的输出与输入平衡，甚至更好——输出能量产生剩余价值；

③ 绿色城市保护自然资源；

④ 绿色城市拥有广阔的开敞空间；

⑤ 绿色城市强调人类健康是第一重要的，疾病是非生态的；

⑥ 绿色城市中的各组成要素（人、自然、产品、技术等）要按美学关系加以规划安排；

⑦ 绿色城市要提供全面的文化发展；

⑧ 绿色城市是城市与人类社区科学规划的最终成果。

按照上述标准建设的城市，有些也被称为“生态城市”。生态城市首先应当是“绿色城市”，这一定理已被全世界普遍公认。

（3）可持续城市。1996 年，在伊斯坦布尔召开的联合国第二次人居大会的主题之一是城市化进程中人类居住区的可持续发展，提出“在世界上建设健康、安全、公正和可持续的城市、乡镇和乡村”。尽管对城市能否持续有不同的看法，但大多数学者是持肯定态度的。G. 豪霍顿和 C. 亨特在《可持续城市》一书中将可持续城市定义为：居民和各种事务采用永远支持“全球可持续发展”目标的方式，在邻里和区域水平上不断努力以改善城市的自然、人工和文化环境的城市。在可持续发展思想的指导下，英国建筑师罗杰斯在西班牙马略卡（岛）（Mallorca）的总体规划中，将水、农田等自然因素同人口、社会发展等共同规划，综合考虑风景、建筑朝向、节约能源、改善农田、集中收集废水及公共交通等问题；最大限度地利用自然，也最小限度地破坏自然，良好的农业规划和充分利用自然条件的社区邻里规划，更是城市与自然生态平衡的保证。

（4）山水城市。“山水城市”的概念最早由钱学森于20世纪90年代初首先提出，他认为未来的中国城市应该建成一座超大型的园林，将古典园林等像山水画一样融入城市区域建设中，表达一种山水情、园林美、建筑意，可美其名曰“山水城市”。吴良操把它推而广之，“山水”泛指自然环境，“城市”泛指人，提倡人工环境与自然环境的协调发展，最终目的在于建立以城市为代表的人工环境与以山水为代表的自然环境相融合的人类聚居环境。1999年，中国城市科学研究会、中国城市规划学会、中国建设学会在北京召开了“山水城市——展望21世纪的中国城市”的会议。“山水城市”的提出，在中国城市规划学术界及城市建设管理部门中引起了强烈的反响和共鸣，理论界从不同的专业、侧面来进行研究探讨，深化了山水城市的思想理论，许多城市在制定跨世纪城市总体规划中，把建设山水城市作为城市发展目标。杭州、苏州、桂林就是典型的例子。

（5）园林城市。1992年建设部发起了“园林城市”评选活动，目的是为了达到《园林城市评选标准》中指出的“保护城市依托的自然山川地貌，搞好大环境的绿化建设，改善城市生态，形成城市独有的风貌特色”。2000年颁布的《国家园林城市标准》共涉及了8个方面：组织管理；规划设计；景观保护；绿化建设；园林建设；生态建设；市政建设；特别条款。譬如，美国华盛顿拥有78个公园和茂密的城郊森林，法国巴黎共有378个公园，三片大面积森林，其中一个占地846公顷，一直延伸到市中心。而到20世纪末，我国城市人均公共绿地仅为45.7m^2/人。绿化搞得较好，位于“园林城市”之列的北京、大连、南京、珠海等12个城市的人均绿地也不过10.6 m^2/人，这与实现“田园城市”或“森林城市”的距离甚大。中山、南宁、马鞍山等园林城市大都有较强的经济基础，或以优厚的自然条件为依托，或以历史文化遗产为背景。

所有这些城市建立和管理模式的提出，反映了人们对自己赖以生活的美好城市的向往，对于城市的发展在各个方面都起到了很大作用，深刻地影响了城市的发展进程，同时也对优秀旅游城市的提出产生了很大的影响。

1.3.7 城市旅游竞争力研究

首先，城市是一个空间概念。从空间概念上理解城市旅游，是与乡村旅游相对应的一个概念。将城市作为目的地而不是客源地，既研究发生在这里的旅游业活动，也研究发生在这里的旅游者活动，应该是城市旅游竞争力研究的前提之一。其次，城市又是一个行政概念，城市旅游竞争力研究的结果所反映的城市之间的优劣差异，实际上指的是城市在行政区划上的概念，即包括了这个城市所管辖的市区、郊县和乡村地区。换言之，我们比较城市旅游的竞争力，实际是在比较包括乡村在内的城市行政区域的竞争力，而不仅仅局限在城市的市区范围内。选择这样一个研究前提也部分地取决于现行统计工作所反映的城市旅游数据基本上是对应了行政区划的城市概念。再次，竞争力是一个十分复杂的概念，对于城市旅游竞争力的学术性表述历来存在模糊性。这种模糊性表现在两方面：一方面，城市旅游竞争力被理解为不同城市旅游竞争的结果或者是最终表现；另一方面，它则被认为是不同城市的旅游产业在发展过程中拥有竞争优势的原因或决定性因素。尽管竞争力一直是一个内涵和外延都难以精确界定的概念，但对城市旅游存在竞争力差异化表现这一客观现象的认识实际上具有很高的共识，这一点从现有国内外相关研究中可见一斑。我们选择竞争力的第二种理解，即竞争力是指竞争能力而不是竞争表现。这种研究假设符合竞争力研究的价值，研究城市旅游竞争力就是要解释为什么有些城市旅游产业发展的竞争力强，有些竞争力弱；或者，什么样的城市能够具有长久的旅游发展竞争力，什么样的城市一定不会有竞争力。这样，本书所界定的城市旅游竞争力是在研究一个城市旅游目的地相对于另外一个城市旅游目的地，吸引游客而不是输出游客，为游客提供旅游产品和服务，从而获得回报，提高当地居民生活质量的能力。这个目的地是以行政区划的城市为单元被考察的。

1. 城市旅游竞争力的研究进展

国外学者自20世纪80年代就开始关注城市旅游竞争力研究的理论与方法。窦文章（2000年）、杨英宝（2002年）等人的研究对此作了详尽的综述。国内学者在目的地旅游竞争力研究中广泛借鉴了地学、经济学、传播学等学科的相关理论，主要观点有：用生命周期理论解释旅游目的地的竞争表现；认为旅游资源的垄断性特征是目的地竞争力差异的主要原因；依据旅游空间供求理论解释不同区域旅游竞争力的差异化表现；综合考虑旅游资源、社会经济、环境和科学技术等因素对区域旅游持续发展潜力的作用；从目的地形象策划角度考察旅游地竞争力问题；依据波特的竞争优势理论进行旅游产业国际竞争力比较研究。从竞争力评价的方法上看，使用较多的仍然是层次分析法（AHP）和聚类分析法。从竞争力研究的层次上，包括了企业竞争力（主要是饭店企业）、产业竞争力、城市或区域竞争力和国家竞争力。中国城市经济学会休闲旅游产业委员会张晓军秘书长介绍，竞争力研究起源于美国，最初是应用于国家竞争力的评估与提升，21世纪初逐渐得到了国内学术界和产业界的重视。借鉴国内外竞争力研究的成熟理论和成功案例，"中国城市旅游竞争力评价"项目在大量调查研究的基础上，构建了由环境友好力、资源产品吸引力、市场影响力、管理竞争力等4个一级指标、16个二级指标、130多个三级指标构成的指标体系。上述研究不同程度地丰富了中国旅游竞争力问题的研究，但是在旅游竞争力的概念界定、本质内涵和应用理论等方面尚未形成共识。

2. 经济学对城市旅游竞争力的解释

简单地看，城市旅游竞争力是由城市的旅游企业的竞争力凝聚而成的。在新古典经济学分析中，企业竞争力在统计上被理解为市场占有率或盈利率。通常假定相互竞争的企业所生产和销售的产品是完全相同的，这样，哪个企业的市场占有率高，其原因就归结为哪个企业提供的产品价格更低。成本差别被用于解释企业在市场上的竞争力差别。后来，经济学本身也承认，即使是同类产品之间也可以存在一定程度的差异，因此会产生由于产品差异所导致的超额利润，这样就出现了成本、产品差异共同成为解释竞争优劣的变量。但是，由于旅游企业，特别是拥有旅游吸引物的企业，其提供的产品之间存在相当大而不是一般性的差异。新古典经济学从产品同质性假设出发，把竞争归结为价格—成本竞争，就不足以应用到城市旅游竞争力的研究领域中来。

产业经济学中产业组织理论放松了产品同质性假设，引入了产品差别化因素，并把这些非价格性的差别因素看做是形成不同市场结构，进而决定相应市场绩效的因素。依据这一理论，形成有效竞争的旅游产业组织和旅游市场结构成了培育和增强城市旅游产业竞争力的决定性条件。它解释了旅游活动类型和旅游客源市场十分类似的城市的旅游产业之间所表现出来的竞争差异，但是对于地域相邻而客源市场迥异的城市的旅游竞争力差别的解释就缺乏说服力。究其原因在于，产业组织理论假设市场空间是无差异的，而现实中的旅游市场是分为不同地区和国家，呈现多元市场空间态势的。

区域经济学和区位论在承认存在着空间差异性因素的假设条件下，用“绝对成本优势”、“比较成本优势”作为竞争力研究的重要解释变量或条件。对于不同的旅游城市来说，多元化市场差异首先表现在旅游者来自不同的国家，关税、汇率就会对城市入境旅游竞争力产生影响。其次是地区之间存在区位和要素差异，游客的交通运输成本、城市自然条件（包括景观）、与旅游相关的要素禀赋条件等差异均影响着旅游竞争力。事实证明，一个城市所拥有的资源禀赋确实对其旅游产业竞争优势的形成发挥作用，但是基于资源禀赋优势所获得的竞争优势是否可以持久维持就有争议了。新贸易理论就认为某个区域特定产业竞争优势的维持不依赖其资源禀赋的比较优势，而是看其在技术、规模等方面如何维持领先。波特（Michael E. Porter）在 1990 年出版的《国家竞争优势》中提出了一套解释一国产业或企业竞争优势的全新理论，认为要素条件、需求条件、相关及支持性产业，以及企业的战略结构和竞争是决定竞争优势的基本因素，机会和政府则是两个辅助因素。这个被称为“菱形模型”的竞争优势理论与区域旅游竞争力问题十分契合，被迅速应用到区域或城市旅游竞争力问题的研究中，但也不无争议。尽管如此，在解释城市旅游竞争力这一问题上，比较优势理论和竞争优势理论仍然是具有较强说服力的理论之一。

城市旅游产业发展的实践，使其在选择研究的理论依据时，也开始关注制度经济学、政府管制经济学和福利经济学的应用。制度经济学、政府管制经济学承认存在制度差异和政府干预，改变了经典的理论经济学无制度差异、无政府干预的假设条件，即市场经济制度不可能是纯粹的，产权制度也总是具有具体、复杂的性质，特别是在经济转型期，城市的旅游产业受到制度因素和地方性政策因素的影响是非常强烈的，这一点从许多城市旅游资源的产权关系错综复杂进而影响旅游投资与经营的现实可以得到佐证。福利经济学的观点对城市旅游竞争力研究则更具有启发性：繁荣是中央和地方政府的一种选择，城市有理由选择通过增强城市旅游竞争力来有效地实现繁荣。这是否可以视为城市旅游竞争的最终目的呢？当我们认识到经济的成功与繁荣是而且仅仅是改善我们生活质量的手段，而居民生活质量改善才是我们需要设法达到的目标的时候，城市旅游竞争力的本质就不辩自明了：一个既能够带来区域经济繁荣，并且有利于环境经营，同时又能够为居民提供高质量生活保障的旅游城市，才是真正有竞争力的旅游目的地。

总之，对竞争力可按照不同的假设条件为前提，从不同层面进行分析和研究。经济学的各个分支学科都可以对城市旅游竞争力研究做出贡献，但是由于各分支学科的假设前提和分析工具不同，所以，所关注的影响城市旅游竞争力的主要因素也有一定区别。如果将城市旅游竞争力研究深入到城市可持续发展的领域，就必然需要经济学同社会学、管理学等其他学科相结合的研究范式了。尽管如此，上述认识仍然部分地构成了城市旅游竞争力研究的有效的理论基础。

3. 城市旅游竞争力评价的方法与逻辑

城市旅游竞争力研究，不仅要说清楚竞争力的性质和决定竞争力的实际因素，还需要用某种方法把它表现出来。只有这样，城市旅游竞争力才能既得到理论上的解释，又得到经验上的证明。目前，刻画城市旅游竞争力强弱、揭示影响竞争力因素的常用方法是层次分析法（AHP）。下面对该方法在应用中涉及的指标选取以及操作上的问题提一些基本逻辑。对这些问题的认识，也影响到对城市旅游竞争力性质和特征的进一步理解和表述。

城市旅游竞争力的评价指标有两类，即显示性指标和分析性指标。显示性指标反映的是竞争的结果或者竞争的最终表现，分析性指标用于反映竞争力的原因或其决定因素。显示性指标应该简单明了，像足球赛一样，谁进球多谁就赢了，可以直接说明你具有较强的竞争力，尽可能使用较少的指标就可以基本上反映竞争力的结果；而分析性指标则需要通过构建多角度、多层次的指标体系来解释为什么有的城市拥有旅游竞争力，有的就缺乏旅游竞争力。

评价指标的选择：类似于“客房出租率”这样的指标就不是很合适。虽然客房出租率确实同城市旅游竞争力有很大的关系，但是客房出租率反映竞争力的作用容易被房价的相反方向的变化所抵消，这个指标与城市旅游竞争力之间的量化关系不是很明显，很难说多高的出租率最有利于竞争力，是不是出租率越高越有竞争力，或者是不是出租率有一个最优值，这些都难以确定，所以适用性不强。

评价指标的量化：对于不可以量化又十分重要的指标，比如说城市旅游管理的创新度和效率等，就要通过对特殊人群的问卷调查来解决。一般来讲，分析性指标更需要对那些难以计量的非经济性因素给予关注。如果我们自问一下，城市旅游竞争力到底是个单纯的经济指标还是个综合性的社会发展指标？我们将发现，目前对于区域旅游竞争力评价中使用的指标大多是可得性很强的可以直接量化的经济性指标，而忽视了反映旅游产业对城市环境的经营和居民生活质量改善能力方面的指标，这将弱化评价结果的分析意义和运用价值。

我们在分析经济学的各个分支学科对城市旅游竞争力研究做出的贡献的基础上，对影响城市旅游竞争力的关键性因素进行总结。这一结果将有助于各方面通过交流达成有关城市旅游竞争力评价指标体系的共识（表 1-4）。

表 1-4　城市旅游竞争力分析性指标体系的基本思路

一级指标	含　义	数据方向	理论依据
核心吸引物	自然景观、文化和历史景观、与客源地的先天联系（如寻根），参与性活动、特殊事件（路径依赖），异化为吸引物的旅游设施	城市旅游象征物、城市代表性景观或节事	旅游流运动规律
基础性因素	与旅游活动密切相关的资源禀赋是旅游吸引物“产生的土壤”	人力资源、物质资源、历史文化资源、知识资源、资本资源、旅游设施	比较优势理论
支持性因素	这些因素并非完全是为了旅游产业的发展而存在并不断得以完善的，但其完善的程度却影响着城市旅游产业竞争力的大小	基础设施、相关企业、可进入性	产业组织理论
发展性因素	对各类资源加以利用的能力。如果一个城市的旅游产业在获取资源与利用资源的能力上超过竞争对手，将会使其竞争力等级相对提升	资源的调查评价、保持维护、增值发展的能力，资源利用的有效性和效率	竞争优势理论
资格性因素	可以成为城市旅游竞争力的最高限制，但是旅游产业对这些因素的控制和影响力却微乎其微，它可以强化一个城市的既有优势，也可以扩大目的地城市的某种优势	区位、安全感、成本（如汇率）	区位论
管理创新因素	地方政府在旅游领域的管理创新程度与效率	营销推广、信息传递、产业组织与协调、产品开发能力	制度经济学、福利经济学

第 2 章　城市旅游发展与演进

2.1　国内城市旅游发展现状

在旅游发展模式的初期，现代旅游实际上是背离现代城市而产生的，旅游与工业化社会中的城市实际上是互不兼容的。工业化城市的迅速发展所导致的诸如环境污染、工作紧张、身心疲惫等所谓的“城市病”，使居住在城市中的人们产生了逃离城市，回归乡村、绿野、海滨、温泉等生态良好、环境优美之地的动机，从而产生了回归自然、寄情于山水的旅游需求。因此，在这一阶段，城市在旅游产业中主要扮演的是旅游客源地的角色，城市的旅游功能退居工业、商业、交通和居住等基本功能之后。

在这一阶段，高楼林立、汽车喧嚷的城市不是人们心目中的旅游目的地。城市旅游只在某些拥有特殊旅游资源的城市得到重视和发展，如山水城市、历史古都、文化名城等地，而即使在这些旅游城市，旅游者前往旅游的动机也主要是这些城市所拥有的天然山水或名胜古迹，而绝非因为其城市的属性而前往旅游观光。这些城市充其量只是起着一个集散服务地的功能。

随着后工业化时代的到来，改善城市环境、城市可持续发展成为城市建设的主旋律。“以人为本”成为城市发展的指导思想，城市的综合实力迅速增强，城市的整体环境得到极大改善，各种配套服务设施更加完善和人性化。这些变化使得城市的形象得到了极大的改善，并使城市在商务、会展、购物、观光等方面又焕发出勃勃的生机，城市的旅游管理、接待、集散和辐射中心的功能得到了极大的加强。在此背景下，城市凭借其优良的人文环境和独特的城市景观，成为重要的旅游目的地。

为加大城市旅游的发展力度，国家旅游局倡导了“创建中国优秀旅游城市”的活动，其目的是为了增强城市旅游业的综合实力，奠定城市旅游业发展的基础。在此基础上，为了促进城市旅游业的高质量发展，进一步提升城市的形象，国家旅游局又提出了“创建中国最佳旅游城市”活动，给旅游者展现中国城市多姿多彩的形象，避免“千城一面”的局面。

虽然近年来随着城市旅游的发展，把整个城市作为旅游吸引物的理念已被许多城市管理者接受并运用，但目前我国大部分城市发展旅游的重点是在发展景区，把整个城市旅游发展的希望寄托在城市是否能够开发出一个好景区上。当然，城市拥有若干高级别的景区对城市旅游的整体发展是非常有利的，但是好的景区、景点只能成为该城市旅游的标志。若只靠这个景区，则城市旅游的体系就会显得单薄，从而失去城市旅游的特色。要发展城市旅游，就必须研究如何树立城市的总体形象。打造城市的整体品牌，不能仅仅依靠开发几个景区来构成城市旅游的全部。有专家指出，作为旅游目的地的城市旅游建设，大体应包括 7 个系统——吸引系统、服务系统、交通系统、标志系统、质量系统、支持系统和保险系统。一个具有良好旅游功能的城市至少应该建立这 7 个系统，并应进一步完善。

20 世纪后期，我国城市化进程得到了空前的发展，形成了以长江三角洲、珠江三角洲、环渤海经济圈为代表的高度城市化地带，并以此为核心向整个流域和周边地带辐射，带动周边地区城市化的发展，与此同时，城市旅游也得到迅速的发展，稍有特色的城市都把发展城市旅游作为经济发展的增长点，尤其是上海、深圳、大连等城市，走在了城市旅游发展的前列。

21 世纪我国将进入城市飞速发展的时期，城市旅游也势必会得到进一步的发展。不同的城市可以通过挖掘特色，走出一条发展城市旅游的成功之路。

旅游城市的产生和发展是我国旅游业飞速发展的产物，新中国成立以后特别是改革开放以后，我国的旅游业发生了巨大的变化，对旅游城市的产生起到了非常重要的影响。

1. 旅游业从“政治接待型”转变为“经济经营型”

改革开放以后，我国按照市场经济规律发展旅游业，取得了可观的经济效益。以 2007 年为例，全国共接待入境旅游 13 187.33 万人次，实现国际旅游外汇收入 419.19 亿美元，而 1978 年分别为 180.92 万人次和 2.63 亿美元，分别增长了约 72 倍和 158 倍。表 2-1 为国内主要城市旅游接待状况。

表2-1　2007年国内主要城市旅游接待状况

城　市	国际旅游		接待入境	
	外汇收入（万美元）	增长（%）	旅游人数（万人次）	增长（%）
上　海	467 297	19.7	520.1	11.9
北　京	457 962	13.7	435.5	11.6
广　州	319 147	14.1	611.3	8.3
深　圳	262 328	15.8	831.3	18.7
杭　州	112 665	24.0	208.6	14.6
珠　海	90 240	3.3	282.0	1.5
苏　州	88 916	18.9	161.2	16.9
南　京	80 764	19.3	116.1	15.0
天　津	77 871	24.4	103.2	17.2
青　岛	67 507	24.4	108.0	26.4
大　连	58 125	25.0	84.0	20.0
西　安	54 300	16.3	100.0	15.3
宁　波	43 070	27.8	68.9	27
重　庆	38 231	23.8	76.2	26.3
桂　林	36 006	36.9	128.6	16.2
三　亚	24 408	43.0	52.2	34.3
昆　明	20 784	9.5	71.3	0.8
黄　山	17 507	60.3	68.6	25.7
温　州	14 083	28.9	28.9	14.1
秦皇岛	13 073	25.6	22.2	11.2
乌鲁木齐	10 587	20.8	23.2	14.1

资料来源：根据国家旅游局2007年中国旅游业统计公报摘录

2. *旅游基础设施大为改观*

由于实施国家、集体、个人一起上和自力更生与利用外资相结合的方针政策，截至2001年底，全国拥有旅游饭店1 283家，客房18 471万间，其中中外合资旅游饭店160多家，客房3.3万间，旅游饭店比1978年增长约7倍，提高了旅游城市的综合接待能力；在旅游交通方面，中国民航、铁路、公路等方面基础设施建设取得了巨大成就，为旅游业的发展带来巨大改变，以航空为例，国内外航线已增至300余条，可通航30多个国家和香港地区以及国内100多个城市，同时一批地方航空公司相继成立。

3. 城市旅行社迅速发展

1980年，中国青年旅行社正式成立，简称青旅，并在全国主要城市成立分社，与国旅、中旅并称为全国三大旅行社。国家旅游局于1985年1月正式向各省、自治区、直辖市下放了外联权和签证通知权。截至2001年底，全国经营国际国内的旅游业务和各类旅行社（公司）共有1 254个，初步形成了一个开放型、多渠道、条块结合的旅游接待体系。

4. 旅游业对外交往的扩大

1980年9月，世界旅游组织在菲律宾马尼拉举行首次“世界旅游大会”，我国国务院和中国旅行事业管理总局分别向大会发了贺电。1982年8月，世界旅游组织在墨西哥阿卡普尔科召开第二次世界旅游大会，我国首次正式派出以王越毅副局长为首的代表团前往参加。1983年10月5日，世界旅游组织在印度新德里举行的第五次全体大会上，一致通过接纳中华人民共和国为正式成员国。1985年9月，在保加利亚首都索非亚举行第六次会议，在这次大会上，中国旅行事业管理总局局长韩克华当选为大会副主席，这标志着中国在国际旅游事务中发挥着日益增长的重要作用。

5. 旅游业在国民经济和社会发展中地位首次确立

1986年4月12日，六届全国人大四次会议审议并原则上批准《中华人民共和国国民经济和社会发展第七个五年计划（1986—1990年）》，提出要大力发展旅游业，增加外汇收入，促进各国人民之间的友好往来。在国家统一领导下，动员各方面力量，加强旅游城市和旅游区建设，加快培养旅游人才，扩大旅游商品的生产和销售。这是旅游业第一次在国民经济和社会发展计划中出现，是旅游业发展史上新的里程碑，标志着中国旅游事业进入了一个新的发展阶段。

6. 城市旅游教育开始兴办

随着以城市为依托和辐射中心的中国旅游业的发展，各种人才需求成为当务之急，城市旅游教育迅速兴旺起来。1979年，全国第一所旅游大专学校在上海兴办，即上海旅游专科学校。1983年，经国务院批准，国家旅游局正式接收北京第二外国语学院为直属院校。随后，全国各主要旅游城市兴办旅游教育如雨后春笋般涌现，逐步形成从高等旅游院校、中等旅游职校、社会力量办旅游教育，到自学考试、成人教育以及行业、部门、企业的职业培训、岗位培训的多渠道、多层次的旅游教育网络，政府、旅游管理部门，企业的总经理、经理及员工，以及导游员等，都进行了职前、职后教育和培训。截止到2006年，全国共有高中等旅游院校（包括完全的旅游院校和只开设旅游系或专业的院校）1 703所，其中高等院校762所，中等职业学校941所。[①]

7. 旅游及相关法规的制定

在2000年，全国对外开放城市和地区就已达479个，比1978年增加了3倍多。其中北京、上海、西安、桂林、杭州、江苏（包括苏州、无锡、南京）、广州及海南岛为7个重点旅游城市（地区），并相应发出《关于保护我国历史文化名城的指示的通知》、《关于加强历史文化名城规划工作的通知》等。在其他行政法规的制定方面，1985年国务院发布《旅行社管理暂行条例》，这是新中国旅游业的第一个行政管理法规。此后，又发布了《中国国际旅游价格管理暂行规定》、《导游人员管理暂行规定》等。这些因素不但催化了旅游城市的诞生，而且还对优秀旅游城市战略的产生和发展有着重大影响。

2.2 国外城市旅游发展现状

国际旅游城市的标准问题是一个复杂的、具有系统工程性质的问题，国际上尚没有形成统一的量化标准，因此讨论这一问题是个难题，一般采取目前国际公认的旅游城市的某些参照性指标进行比较，从而找出相应的努力方向或对已有的业绩进行肯定或否定。

世界上可以称做国际化的城市种类繁多，但粗分只有两种，一种是综合性

① 2006年全国旅游教育培训情况，国家旅游局人事劳动教育司，2007年。

的国际化城市，另一种是专业性的国际化城市。目前，国际公认的综合性国际化的大都市是美国的纽约、英国的伦敦、日本的东京、法国的巴黎，这4个城市被誉为“世界城市”，上述4个城市所达到的关键性的指标主要有城市经济水平、城市生态环境、城市交通状况、城市社会环境等。

2.2.1 城市经济水平

城市经济水平的评价可以有多项指标，其中人均GNP和第三产业在国民经济中所占的比重是较为重要的指标。这两项指标能够突出地反映城市经济结构的合理性和现代经济发展的程度。20世纪80年代初期，世界4大城市的人均GNP平均达到18 188美元，1998年是30 322美元。北京1998年人均GNP是1 319美元，大大低于世界4大城市。设想到2010年北京发展成为国际化大都市，那么，人均GNP至少应达到20 000美元，相当于4大城市20世纪90年代初的水平。1998年世界4大城市第三产业在国民经济中的比例平均为79.5%。

2.2.2 城市生态环境

城市生态环境是国际社会十分关注的问题，它所反映的是城市生命力是否强劲，可持续发展的能力是否强劲。关键性的指标包括城市绿地、环境资源和大气质量。目前世界4大城市人均占有公共绿地为2 412平方米，特别是4大城市都有较好的森林生态体系，大气质量常年保持在3级以上。

2.2.3 城市交通状况

城市交通状况是国际化大都市的重要指标，表现为一个城市进出的方便程度和寻抵目的地的方便程度，同时也表明市民生活的方便程度。世界4大城市一般拥有机场2～3个，其中巴黎拥有3个机场，东京有两个国际机场，伦敦有2个国际机场，年客运量达4 000万～7 000万人次。世界4大城市的公路交通人均占有面积为17.8平方米。地铁运输占有量是现代交通的重要标志，世界4大城市目前地铁占全市客运量的60%～80%。

2.2.4 城市社会环境

城市社会环境又称软环境，其内容很多，但其中4个方面尤为重要。首先是政治稳定、社会安定、经济繁荣、文化进步。带给人们安全感和放心度。其直接指标是法制程度和犯罪率低，为社会服务的政府和公共事务办事效率高，整个社会生活呈现有序状态。其次是国际语言环境，包括国际人口和本市居民语言的交流能力，一般要求国际语言普及率占全市人口的25%以上，城区应达50%以上，同时城市标志实行国际标准化。再次就是国际交流的规模，包括贸易商务往来、文化体育交流、科学技术交流。巴黎每年召开的大型国际会议有407个，伦敦每年召开的人型国际会议有150个。最后是国际人口流动的指标，一般来说，接待入境人口的规模应达到本地人口的50%。

实现国际旅游城市的条件，包括以下10项目标。

1. 进得来，出得去

国际旅游组织将“进得来，出得去”列为旅游业发展的首要条件是很有道理的，说明旅游对交通的依赖。国际大都市一般都是国际、国内交通的枢纽，特殊的旅游城市更要求空路、陆路、水路交通的便捷，旅游城市在这一点上的要求和国际大都市的要求是一致的，不再赘述。

2. 口岸设施现代化，出入境手续方便

口岸是国际交往的门户，是代表国家和地区形象的第一印象区，常常标志一个国家和地区的现代化程度和开放程度。在出入境手续上，一般按国际通行的方式，对主要客源国的旅游者实行旅游签证和在一定时间内实行免签（24 小时、48小时或更长一些时间），方便中转客人作短暂停留。世界上许多国家实行有限免签和落地签证制度，例如亚洲的新加坡、日本、韩国和中国的香港地区，都有入境7日免签和落地签证的规定，深圳特区有入境48小时内免签的规定。

3. 会议设备完善，适合举办国际会议

是否能够举办大型国际会议是旅游业是否发达成熟的表现。世界4大城市都是著名的国际会议城市，其他国际旅游城市也大都是经常举办国际会议的地

方，特别是首都型的旅游城市。世界4大城市所在的国家均排在全球举办国际会议最多的国家中的前10名之列，而且其中的巴黎、伦敦又排在举办国际会议最多的城市的前10名之列。如果按国家排列，中国列第37位；按城市排列，北京则列到第54位。国际会议按国际大会和会议协会的评定，必须符合下列几个标准：与会人士至少来自4个国家以上；人数在300人以上；国外人士占与会人数的40%以上；会期3天以上。会议种类可分为政务型与商务型；专业型与非专业型；可以是定期的，也可以是非定期的。国际会议城市一般都由政府设立会议局或由民间组织会议协会，专门从事会议的招待和组织工作，展览是和会议相连的特殊的会议形式，法兰克福、东京、香港、维也纳等城市早已成为举办世界性大型展览的明星城市，其中德国以其办展历史悠久、规模宏大、常年不断被公认为“展览会王国”。据1995年统计，巴黎每年办展300多个，意大利办展600多个，1995年在意大利参观展览的人数超过700万人，营业额达75亿美元，一些定期的展览会，如巴黎博览会、巴黎航空航天展览会、伦敦旅游博览会等在世界享有很高声誉并产生了全球性反响。

4. 国际交往中心

国际大都市一般都是该国的国际交往中心，其突出表现是三集中：外交机构集中，包括使领馆和其他外交机构；国际机构集中，包括联合国有关机构、国际组织机构、有影响力的民间组织机构等；国际商业机构集中，包括国际著名企业、大型商业集团总部及其办事处、代表处和经营性机构等。作为中华人民共和国的首都，北京无疑是中国对外开放的窗口，是我国通向国际的交往中心。北京现有139个国家的驻华使馆及众多国际组织和地区代表机构，有186个外国新闻机构的代表处，有80多个跨国公司和金融机构设在中国的总部，有1 3000多个境外投资企业，有6 000多个外国企业代表机构。北京已经具备了国际交往中心的条件。

5. 具有世界吸引力的旅游吸引物

（1）拥有世界级或国家级的文化、娱乐、体育设施，包括纪念馆、图书馆、博物馆、剧院、体育中心等高质量、大容量、设备一流、功能现代的公众设施。

像伦敦的大英博物馆，纽约的大都会博物馆，悉尼的悉尼歌剧院，纽约的林肯中心，巴黎密特朗图书馆、蓬皮杜文化中心等那样的具有世界性吸引力的设施。与此同时不断提高国民素质，丰富国民的文化体育生活，使这些设施在对外开放的同时得以充分利用。

（2）大型人造景观。对人造景观的议论很多，但人造景观创造新的现代旅游吸引力确是世界旅游业发展的趋势。人造景观是人类追求知识、掌握信息、享受科技成果、丰富想象力与创造思维空间的现代吸引物。文化内涵极为丰富、高科技表现力极强的、代表国家级的规模宏大且内容新颖的人造景观，如美国、日本、法国建造的未来世界影视中心、迪士尼乐园就属于这种人造景观。

（3）城市标志性建筑。巴黎的埃菲尔铁塔，纽约的自由女神像、帝国大厦等都是世界著名的国家与城市的标志。建筑师、雕塑师或其他艺术大师努力创造自己设计、自己建造的好作品，充分考虑建筑本身的体量、高度、外形，充分考虑建筑与周围景观的协调，更加突出表现作品的历史性、文化性和民族性，一定要能够经受岁月的考验。在欧洲的建筑装饰领域，希腊、罗马建筑，巴洛克、罗可可风格，以及哥特式建筑的辉煌成就，成为欧洲建筑的骄傲。西班牙安东尼奥·高迪设计的神圣家族大教堂、巴特罗公寓、古尔公园等为西班牙的城市旅游带来了巨大的财富，也赢得了世界各地建筑师的膜拜。

6. 建立完善的旅游信息系统

国际旅游城市必须具备完善的旅游信息系统，包括：

（1）建设一个或多个旅游咨询中心，直接为散客服务，使散客旅游更方便、更自由，同时开展网络服务，所有的旅游服务性设施都应具有网络服务功能。

（2）加速国际信息标志的建设，运用国际通行的文字和图形来作为交通系统、旅游服务设施系统、提示警示系统、公共服务系统的标志。

（3）开放并能更方便地进入国家公共信息系统，在保证国家机密不外泄的前提下，尽可能地方便游客查寻政治、经济、历史、文化、新闻等方面的信息。

7. 固定的节庆活动

国际旅游城市应该是具有动感的城市，这种动感往往反映出这个城市的青春活力和无限生机。动感的标志除了日新月异的城市建设和不断浓聚的城市风貌外，主要是国际人口的流动、重要国际活动的举行、不间断的文体盛事、重要新闻与信息的产生与发布及当地人民的喜庆节事活动等。中国有许多传统的节庆，最具特色的是中秋节和春节，要研究如何使中国的节日国际化、社会化。另外要创办有现代观念的新节庆，选对主题，形成城市新的欢庆高潮。北京的国际旅游文化节、杭州的西湖博览会、昆明的世博会就很不错，已经产生了巨大反响。

8. 完善的商业服务设施

商业活动的兴旺与发达直接反映一个城市的社会稳定与经济繁荣。牛津街是英国首要的购物街，每年吸引了来自全球的 3 000 万游客到此观光购物。它是伦敦西区购物的中心，长 1.25 英里的街道上云集着超过 300 家的世界大型商场，在世界级的商业街区，如巴黎的香榭丽舍大街、伦敦的牛津街等，其中的名牌商品、名牌企业本身就是旅游吸引力。同时，国际旅游城市还要建设为商务活动服务的国际贸易中心、商业中心、金融服务中心、购物中心等。王府井和西单商业中心的改造就是这种努力的重要体现。发展商业、服务业要注意布局、档次和停车位等附属设施的建设，同时从观念上解决好旅游者追求的文化认同和文化寻异两种心理需求，既不要否认中华民族几千年传承下来的优秀的文化传统、地方特色，又不要否认或拒绝世界文明的成果。

9. 良好的城市形象

城市形象是国际旅游城市至关重要的问题，特别是城市风貌特点突出，城市街巷清洁卫生、城市环境美丽优质、城市交通方便通达、城市生活祥和有序、城市居民友好礼貌等都直接或间接地反映了一个城市的整体形象。有些问题前面已经叙述，不再重复，此处讲一个非常关键的问题就是语言环境。热情友好除了形体表示之外，最重要的是语言交流，国际旅游城市应该努力消除语言障碍。城市形象在进入市场时应该浓缩成简洁的口号和图形，便于旅游者广泛认知。

10. 不断提高国民素质

提高国民素质要从两方面入手，一方面要建设法制，依法治国，依法治旅，这是强制性手段，用法律规范服务，规范行为，保证秩序，保证服务质量；另一方面要教育，这是启发自觉性的手段，国民素质提高了，旅游者就会感到更方便，更温情。北京是一个特色鲜明的城市，在迈向国际化大都市的进程中，虽然已经取得了辉煌的成果，但还需要更加努力，在大力推进国际化、现代化的努力中，必须时刻注意并珍惜自己的特色，标准和条件只是一种参照，要更多地考虑国情、民情，有目标、有措施地发展我们自己。

链接 2-1

巴黎发展新式旅游业

巴黎旅游业的发展前景无疑相当可观，而且对增加就业，尤其是低学历者的就业有很大帮助。《巴黎城市地方规划》中提出要保持巴黎大区旅游业的活力，就必须改善接待游客的条件，发展新式旅游业。具体的举措包括：

（1）加强住宿硬件设施建设，以便更好地调节市民正常生活与游客活动之间的关系。

（2）使各旅游和文化景点更利于残疾游客的进入，尤其要实现道路交通的连贯性。

（3）安置各种更便于行人识别的旅客指示标志。

（4）通过在游客最密集的区域（特别是火车站）新建旅行社的方式促进相关信息的传播。

（5）更好地组织游客的交通，以限制大型游览车的使用，从而促进塞纳河的水上客运。

（6）限制或禁止旅行大客车在旅游景点的停放，安排另外的停靠点以便利旅客上下车。

（7）禁止旅行大客车在各大型社区行驶，建立专门的停车场，以便利巴黎城郊的交通。

（8）艾菲尔铁塔的接待组织机构应当更加现代化。

（9）旅游的相关产业应该受到更大的鼓励。

（10）巴黎政府将完善展览会和博览会的办展水平视为未来完善大区旅

游业的关键一环。展览会活动区必须适应各种大型活动的要求，旅馆业迎接各参展公司的能力应再有所提高。新的展览会区应当适应大型活动的新要求，提高接待各参展企业的能力。

http://travel.sohu.com/20070802/n251381476.shtml

链接 2-2

西班牙巴塞罗那——兰布拉风情大道

西班牙名城巴塞罗那有着伟大的建筑艺术及足球队，但说到城中最精彩的玩乐街——兰布拉大道（La Rambla）实属不二之选。这条黄金大道既是花鸟虫鱼的集散地，又是街头艺人的表演舞台，路旁还有街市及每晚一定爆满的弗拉明戈（Flamingo）舞蹈场馆，整天都是游人如织。

论名店及著名建筑数目，兰布拉大道肯定不及巴塞罗那另一条名牌大道感恩大道（Passeig de Gracia），但每个到访这个西班牙名城的旅客准会发现兰布拉大道才是当地首屈一指的玩乐街。兰布拉大道由市内地标加泰罗尼亚广场（Placa de Catalunya）直通海滨，全长约一里，由于这里景点众多，引来了川流不息的游客，因此被誉为黄金一里大道。

2.3 浙江城市旅游发展现状

2.3.1 浙江城市旅游发展概述

经过几年的努力，旅游业已成为浙江省新的经济增长点和国民经济重要的支柱产业，使浙江省实现了从旅游资源大省向旅游经济大省的跨越。

1. 旅游产业实力明显增强

2004 年底，旅游业提前一年超额完成了“十五”计划制订的各项旅游经济指标。2005 年旅游业发展势头更加强劲。全省接待入境旅游者 348 万人次，同比增长 25.78%；旅游外汇收入 17.16 亿美元，增长 31.99%；接待国内旅游者达到12 758.35万人次，增长20.36%；国内旅游收入1 239.65亿元，增长22.43%；实现旅游总收入1 378.82亿元，增长36.4%；全省旅游总收入相当于全省GDP的10.32%。旅游总收入、接待国内游客、入境游客等指标均列全国第5位，旅游企业经营效益排在第4位。

2. 旅游产业规模迅速扩张

截至2005年底，浙江共有国家AAAA级旅游区（点）54个，2006年新增16个，总数居全国第二；“中国优秀旅游城市”21个，2006年新增5个，总数列全国第一；2007年4月，杭州市又被国家旅游局确定为中国首批最佳旅游城市的试点之一。全国工农业旅游示范点30家，休闲渔业基地39家；旅游星级饭店1 002家（2006年新增97家），其中五星级16家，四星级88家，三星级300家，总数居全国第二。国际品牌前10位的饭店集团，半数以上已进入浙江；绿色饭店总数已达到187家，成为全国评定绿色饭店最多的省份。旅行社1 106家，其中国际社56家，国内社1 050家。出境旅游组团社发展到29家，25家旅行社入选“全国双百强旅行社”，百强社数量列居全国第三。拥有旅游客运、出租汽车4万余辆、游船2 000余艘。全省共有旅游从业人员80多万人。浙江旅游职业学院全日制学生由2004年的3 008人增加到2007年的5 403人。

3. 旅游产业素质大幅提升

在规模扩张的基础上，浙江省旅游业已形成了吃、住、行、游、购、娱等较为完善的产业体系。旅游产品从原来的传统观光向休闲度假、商务会展、购物娱乐、节庆活动等各类综合性项目发展，工农业旅游如火如荼，红色旅游、生态旅游、商贸旅游、海洋旅游等日益走俏，旅游产业的领域迅速拓展。通过加大旅游资源整合力度，建设了杭州西湖综合整治工程、西溪湿地公园、乌镇、鲁迅故里等一批精品型旅游景区，形成了“诗画江南，山水浙江”的鲜明特色。旅游餐饮业、饭店宾馆业、旅游交通业、旅行服务业、旅游商贸业和旅游娱乐业等旅游产业呈现多元化发展。旅游市场主体也日渐成熟，出现了一批大型旅游企业集团，如跻身“中国饭店集团20强”的开元旅业集团等。

4. 旅游开放合作渐入佳境

近两年，浙江旅游对外开放不断扩大，国际旅游市场空间进一步拓展，国内旅游区域合作进一步加强，形成了全面开放的旅游发展良好势头。入境旅游增长势头迅猛，2004年、2005年两年入境旅游者年均增长率达到38.7%，年均增长速度比全国平均水平高出近24个百分点。外汇收入年均增长率达到40.2%，比全国高10个百分点。入境游客和外汇收入连续上了两个台阶，从排名第7位上升为全国五强。

5. 旅游产业环境日趋优化

政府主导旅游发展战略得到了进一步推进。全省各级政府更加重视发展旅游经济，把旅游工作纳入重要议事日程；旅游产业地位进一步提高，不少地方提出了“旅游兴县”、“旅游强县”、“旅游富市”等口号，形成了构筑“大产业、大市场、大发展”的良好氛围。旅游的环境竞争力大为增强。全省“四小时交通圈”已经建成，许多旅游景区公路都被列入了“康庄工程”，做到旅游景区开发到哪里，公路就通达到哪里。全省7个机场开通了150多条国内航线、20多个国际航班，游客在浙江旅游更加舒适快捷。①

图2-1、图2-2、表2-2反映了浙江城市旅游的情况。

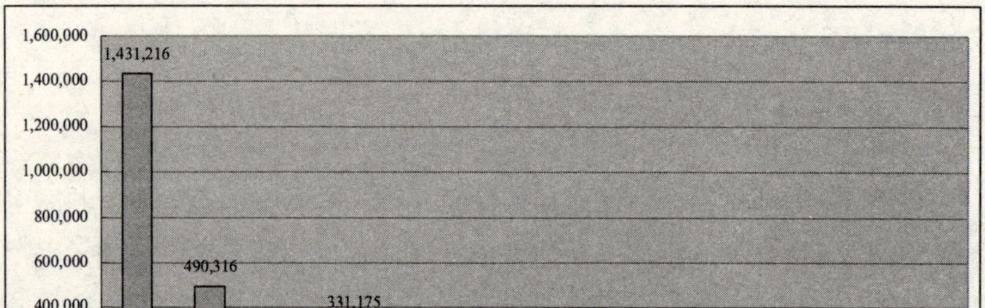

资料来源：浙江省旅游局提供

图2-1　2008年1—8月份浙江12城市接待入境旅游情况（累计，单位：人次）

① 2007年全省旅游工作会议材料。

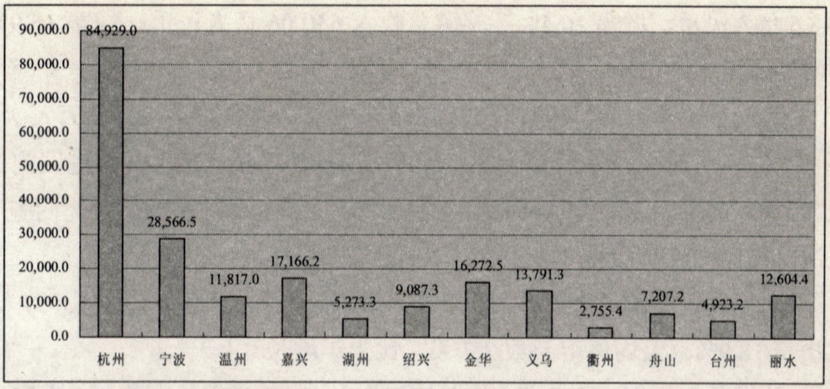

资料来源：浙江省旅游局提供

图 2-2　2008 年 1—8 月份浙江 12 城市入境旅游外汇收入情况（累计，单位：万美元）

表 2-2　浙江省旅游资源单体类型表

单位：个

地　区	地文景观	水域风光	生物景观	天象与气候景观	遗址遗迹	建筑与设施	旅游商品	人文活动
全　省	4 029	1 553	1 396	142	1 000	10 777	1 069	1 160
杭　州	278	152	137	16	166	1 640	204	114
宁　波	144	86	137	5	87	1 253	85	103
温　州	1 081	422	192	13	95	1 356	77	43
嘉　兴	52	52	65	9	119	654	81	124
湖　州	146	100	122	15	89	855	86	115
绍　兴	233	114	73	3	82	953	180	226
金　华（含义乌）	361	121	166	3	49	1 156	40	54
衢　州	334	127	139	20	92	667	72	119
舟　山	270	38	20	13	64	495	53	72
台　州	501	146	133	17	60	766	75	85
丽　水	629	195	212	28	97	982	116	106

2.3.2　浙江城市旅游客源结构

1. 杭州

2007 年，杭州市入境旅游人数 208.6 万人次，增幅 14.6%；旅游外汇收入 11.19 亿美元，增幅 23.1%；国内旅游人数 4 111.89 万人次，增幅 11.7%；国内旅游收入 548.6 亿人民币，增幅 16.4%；旅游总收入 630.06 亿人民币，增幅 15.9%。

（1）入境旅游市场。

① 入境旅游者人数。2007 年，杭州市共接待入境旅游者 208.6 万人次，同比增长 14.3%。其中，外国人 145.4 万人次，同比增长 17.3%；香港同胞 26.1 万人次，同比增长 4.9%；澳门同胞 1.12 万人次，同比增长 6.3%；台湾同胞 36.1 万人次，同比增长 10.7%。

② 入境过夜旅游者人天数。2007 年，入境旅游者人天数合计 556.8 万人次，同比增长 18.9%。人均逗留天数 2.7 天，比上年增长 0.1 天。

③ 旅游外汇收入。2007 年，旅游外汇收入 11.19 亿美元，同比增长 23.1%。入境旅游者人均花费 540 美元，比上年增长 44 美元。

④ 各洲际入境市场情况。2005 年，杭州市接待亚洲游客 73.9 万人次，同比增长 26.91%；欧洲游客 12.5 万人次，同比增长 43.25%；美洲游客 11.3 万人次，同比增长 34.81%；大洋洲非洲及其他各地游客 4.5 万人次，同比增长 32.66%。而到了 2007 年，相应数据则分别为：亚洲 95.6 万人次，欧洲 24 万人次，美洲 17.3 万人次，大洋洲、非洲及其他 8.5 万人次。2000—2007 年逐年增长，详见图 2-3。

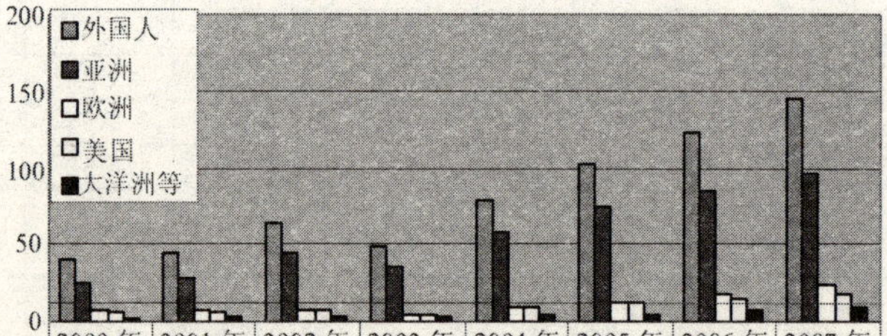

	2000 年	2001 年	2002 年	2003 年	2004 年	2005 年	2006 年	2007 年
外国人	40.1	44.8	63.2	48.2	79.2	102.1	123.7	145.4
亚洲	25.5	28.7	45.1	35.4	58.2	73.9	84.6	95.6
欧洲	7.1	7.8	7.5	5.1	8.7	12.4	18.2	24
美国	5.7	5.9	6.9	4.7	8.35	11.3	14.2	17.3
大洋洲等	1.8	2.4	3.7	3	3.95	4.5	6.7	8.5

图 2-3　2000—2007 年接待外国人及洲际市场情况（单位：万人次）

⑤ 入境主要客源国情况。截至 2007 年 11 月份，杭市入境旅游十大客源国分别为韩国、日本、美国、马来西亚、泰国、德国、新加坡、西班牙、澳大利

亚和加拿大。接待人数分别达到 39.05 万人次、25.60 万人次、11.89 万人次、6.41 万人次、5.21 万人次、4.03 万人次、3.59 万人次、2.65 万人次、2.60 万人次和 2.59 万人次。而与以往各年接待总数相比，都呈逐年上升趋势（图 2-4）。

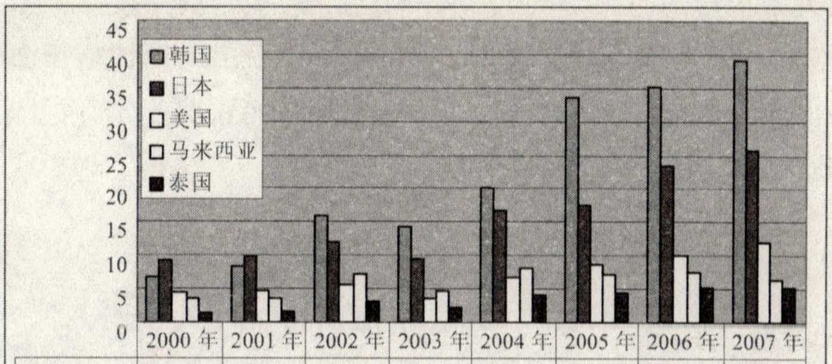

	2000 年	2001 年	2002 年	2003 年	2004 年	2005 年	2006 年	2007 年
韩国	6.8	8.3	15.9	14.2	20.1	33.5	35.3	39.1
日本	9.1	9.9	11.9	9.4	16.9	17.7	23.4	25.6
美国	4.6	4.7	5.6	3.7	6.8	8.8	10.1	11.9
马来西亚	3.5	3.7	7.3	4.8	8.2	7.2	7.5	6.4
泰国	1.4	1.8	3.1	2.1	4.2	4.6	5.4	5.2

图 2-4　2000—2007 年主要客源国情况（单位：万人次）

（2）国内旅游市场。

① 国内旅游人数及收入。2007 年，共接待国内游客 4 111.9 万人次，同比增长 18.6%；实现国内旅游收入 548.6 亿元，同比增长 16.4%。

② 逗留时间和人均花费。2007 年，国内旅游者在杭州平均逗留时间为 2.4 天，比去年减少 0.1 天；旅游者人均花费 1 334 元，比上年增长 45 元。

③ 主要客源地分布。国内旅游主要客源地分别是本省（33.6%）、上海（14.7%）、江苏（14.0%）、山东（4.5%）、广东（3.7%）和北京（3.4%）。

④ 来杭州游客目的调查。来杭州游客目的分类中比重最高的分别是观光（50.4%）、度假（30.1%）、商务（16.9%）、探亲访友（14.9%）和会议（7.2%）。

（3）旅游总收入。

2007 年，杭州市旅游总收入为 634.2 亿元，比“十五”期末 2005 年的 465 亿元净增 169.2 亿元，高于同期全市 GDP 的增长幅度。

（4）出境旅游市场。

2005 年，旅行社组织出境旅游者人数为 17.5 万人次，同比下降 27.5%。其中，出国游人数占 46%，同比下降 8.5%；港澳游占 54%，同比下降 24.7%。

（5）假日旅游市场。

2007 年，春节共接待游客 451.89 万人次，同比增长 46.14%；实现旅游收入 21.29 亿元人民币，同比增长 17.7%；“五一”黄金周共接待游客 761.48 万人次，同比增长 14.76%；旅游总收入 24.09 亿元人民币，同比增长 20.1%；“十一”黄金周共接待游客 708.4 万人次，同比增长了 10.66%；实现旅游收入 26.98 亿元人民币，同比增长了 17.81%。

2. 舟山

（1）旅游接待规模。

舟山是旅游业发展比较早的地区。1985 年，舟山就接待游客 74.6 万人次。20 年来，舟山旅游接待人数稳步增加，1995 年以后，保持在平均每年 16.5%的游客量增幅。2000 年后，除了 2003 年“非典”的因素外，增幅明显加快。2007 年舟山市接待旅游总人次 1305 万，更比上年增长 13.2%，其中，接待国内旅游 1 285.1 万人次，入境旅游 19.9 万人次，在保持连续增长的基础上，均创历史新高。从近几年舟山市旅游接待人次的总体状况看，舟山市旅游正处于一个不断增长的阶段（图 2-5）。

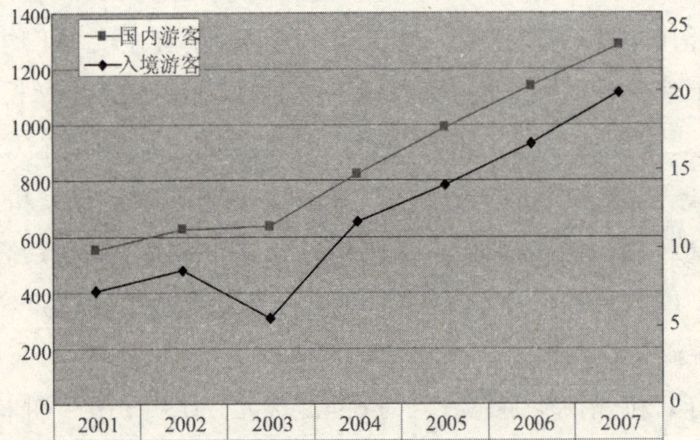

	2001	2002	2003	2004	2005	2006	2007
国内游客	550.2	623.5	639.6	825.4	987.7	1136.2	1285.1
入境游客	7.2	8.5	5.5	11.7	14	16.7	19.9

图 2-5　舟山市旅游接待人次历年变化

（2）游客来源。

旅游者中，国内游客占绝大多数。统计数据显示，近二十年来，海外旅游者在游客总数中的比例一直徘徊在 0.5%～1.5%之间，这说明舟山旅游的国际化程度还不高。国内游客主要来自本省和邻近的上海市、江苏省，三地合计约占3/4，毫无疑问，长江三角洲是目前舟山旅游的最主要的客源地；其次是福建。由于宗教的因素，福建沿海居民有到普陀山进香的习惯，因此福建游客多为香客，他们的出游时间受宗教节日和宗教活动的影响很大。舟山市旅游客源分布情况如图 2-6 所示。

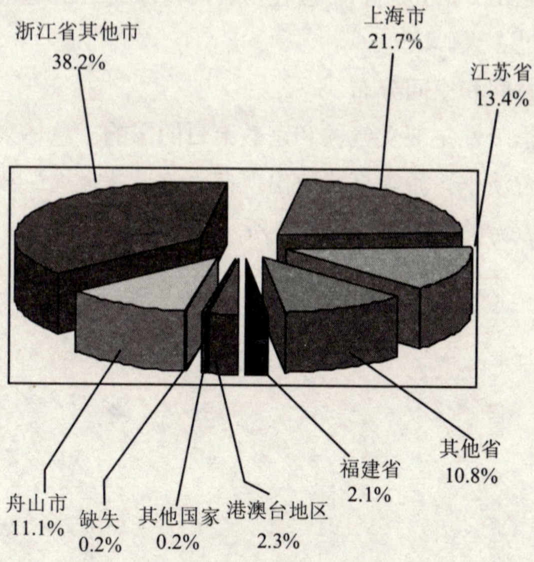

图 2-6　舟山市旅游客源分布情况

（3）游客类型和消费。

按旅游动机分类，目前来舟山的游客多属于观光旅游者。由于普陀山的宗教吸引力，宗教朝拜占一定的比重；另外休闲度假也占有一定的比重；而以商务、会议等专门层次的旅游正在兴起，但还未占主要比例。按旅游组织形式分类，目前舟山旅游的团队游客约占一半，仍占主导地位；自助游有明显增加的趋势，特别是自驾车游客的比例迅速上升，显示出强劲的发展势头。

旅游消费方面，游客的人均消费不高。2005 年和 2006 年的市场调查显示，来舟山的游客人均消费约 600～700 元人民币。这与以团队为主的观光旅游仍占主要地位有关，而且游客消费主要集中在住宿、餐饮和交通三方面。从消费性质上看，住宿和交通等属于刚性旅游消费，刚性消费占绝对优势也说明了舟山旅游尚处于初级阶段。购物和娱乐等弹性旅游消费挖掘不足，尤其是购物旅游和康体娱乐所占比重仅为 2.76%和 0.69%，远低于旅游发达地区水平。

游客通常在舟山停留两个晚上，但是一日游游客（不住宿）也占相当比重。抽样调查显示约有 1/3 游客并不在舟山的宾馆酒店住宿。这些游客有的是舟山本地人，有的是附近地区的香客，还有的是旅行社组织来的观光客，他们游完舟山（通常是普陀山）后，回到宁波住宿。海外旅游者的逗留时间稍长些，但平均逗留也不超过 3 天。

（4）旅游的时间和空间分布。

舟山旅游的季节性主要受气候和宗教节日的影响。总体来说，夏季为旅游旺季，冬季是旅游淡季。游客高峰值出现在“旅游黄金周”和观音菩萨的三个节日期间。舟山旅游的季节性如图 2-7 所示。

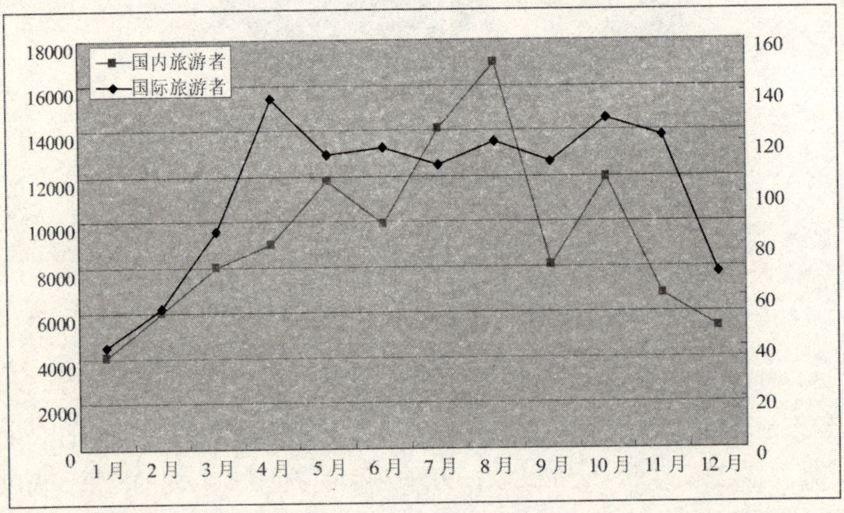

图 2-7　舟山旅游的季节性

游客主要集中在普陀区旅游“金三角”地区，其次是定海。随着东海大桥—洋山港线路的开通以及海上交通的发展，近几年嵊泗游客接待数量有比较大的增幅，游客主要来自上海。

2.3.3 浙江城市经济发展现状

2004年，浙江经济总量和人均GDP在全国都排第4位，城市化水平已达到53%，高出全国12.5%。各市社会经济发展取得了相当大的成绩，但各市之间的发展程度不平衡。2002年9月，浙江省城市社会经济调查队进行了“浙江省11个地级市竞争力评价分析研究”，这项研究排出的浙江省城市竞争力依次为：杭州、宁波、温州、绍兴、台州、嘉兴、湖州、舟山、金华、衢州、丽水。调查显示，杭州是综合经济竞争力最强的城市，宁波是外向型经济最活跃及人均综合经济效益最好的城市，温州是开拓意识最强的城市，嘉兴是开放型经济发展最快的城市，绍兴是轻纺工业竞争力最佳的城市，台州是块状经济快速发展的城市，湖州是对外经济发展迅速的城市。①

2003年6月，浙江省城市社会经济调查队进行了“浙江省县级市竞争力比较研究”，该研究表明，浙江22个县级市中，义乌市、慈溪市、余姚市、诸暨市、海宁市、温岭市、富阳市、桐乡市为第一层次，竞争力名列前茅，成为县级强市。这些市人口与劳动力素质不断提高，经济实力增强，各类社会事业得到发展，城市基础设施投入大、改善快，环境保护得到加强，其中义乌市、慈溪尤为突出，存量优势明显，产业特色突出，开放程度高、创新能力强、发展较协调，此外，余姚市、海宁市在经济开发和城市基础设施建设方面成绩突出；诸暨市人口与劳动力素质和社会发展方面名列前茅。第二层次为瑞安、平湖、乐清、永康、奉化、上虞、东阳、临海、临安、嵊州。第三层次为建德、兰溪、江山、龙泉。

2.4 杭州城市经济建设现状

杭州作为浙江省省会城市，全省的政治、经济、科教和文化中心，是国务

① 参见何添锦：提升浙江城市群竞争力对策研究，《经济问题探索》，2006年第5期。

院确定的全国重点风景旅游城市和历史文化名城、副省级城市、长三角南翼中心城市。辖 8 个区，3 个县级市，2 个县，全市总面积 1.66 万平方千米，人口为 652 万人。

改革开放以来，杭州经济的迅猛发展带动了社会各项事业的长足进步，城市综合实力在国内同类城市中名列前茅。杭州相继获得国家卫生城市、全国园林城市、国家环境保护模范城市、联合国人居奖、国际花园城市等 10 多项国家级、世界级荣誉。杭州已经连续两年被世界银行组织评为“中国城市总体投资环境最佳城市”第一名，连续两年被美国《福布斯》杂志评为“中国大陆最佳商业城市排行榜”第一名，2004 年被中央电视台评为“中国十大最具经济活力城市”，被《瞭望》东方周刊评为“最具幸福感的城市”，在 2005 年 3 月中国社科院公布的《2005 年城市竞争力蓝皮书：中国城市竞争力报告 NO.3》中，杭州的城市综合竞争力在内地 200 个城市中名列第 5 位，排在上海、深圳、广州、北京之后。

杭州的城市特色可以用“经济强市、文化名城、旅游胜地、天堂硅谷”4 张“金名片”来概括。

（1）经济强市。改革开放以来，杭州经济社会发展持续快速健康发展，连续 14 年 GDP 保持两位数增长，经济总量位居全国省会城市第 2 位、副省级城市第 3 位、大中城市第 8 位。2004 年，杭州市实现国内生产总值（GDP）2 515 亿元，人均生产总值为 38 858 元，财政总收入达到 395.75 亿元，实现社会消费品零售总额 704.34 亿元，完成全部工业增加值 1 174.9 亿元，工业总量居浙江首位。社会固定资产投资 1 205.18 亿元，实际利用外资突破 14.1 亿美元，民营经济占全市 GDP 达 70%左右，实现了从国有经济大市到民营经济大市的跨越。在杭全部金融机构各项存款余额达 5 707.2 亿元，各项贷款余额 4 800.04 亿元，呈现出生机勃勃的发展态势。目前已有 46 家世界 500 强企业在杭投资。

（2）文化名城。杭州文脉悠长，是国家首批命名的历史文化名城，五代吴越国和南宋王朝两代建都于此，是中国七大古都之一，已有 2 226 年建城史，其中余杭和钱塘县在秦始皇设立郡县制时，已名列其中，素有“鱼米之乡、丝茶之府、文化之邦”的美誉。杭州的人文源头可追溯到距今约 8 000 年的萧山“跨湖桥文化”和 5 000 年前的“良渚文化”，是中华文明的发源地之一。英国大英博物馆中国馆首先介绍的是良渚文化。良渚文化、吴越文化、南宋文化、明清文化，构成了杭州文化的完整序列，留下了极其宝贵的历史文化遗产。在2001年度“全国十大考古新发现”评选中，杭州独占其四。现有岳庙、六和塔等14处国家级文物保护单位和茶叶、丝绸等5个国家级博物馆。

（3）旅游胜地。杭州风景优美，素有“人间天堂”之称。美丽西湖依城而栖，苍翠群山抱城而居，京杭运河穿城而过，汹涌钱江划城而出。三面云山一面城，江河湖山交融；春夏秋冬各有景色，阴晴雨雪别有情致。唐代大诗人白居易说：“江南忆，最忆是杭州”。公元13世纪，意大利旅行家马可·波罗在游记中赞叹杭州为“世界上最美丽华贵之城”。邓小平同志也曾经说过，“像杭州这样的风景旅游城市在世界上可是不多的，要把杭州的旅游业好好发展起来”。目前杭州拥有两个国家级风景名胜区、两个国家级自然保护区、五个国家森林公园、一个国家级旅游度假区。经过连续4年的综合保护，西湖更加璀璨夺目，再现了300年前“一湖映双塔、湖中镶三岛、三堤凌碧波”的风貌。2007年5月1日建成开放的杭州西溪国家湿地公园成为全国首个国家湿地公园。作为国务院命名的全国四大重点风景旅游城市之一，旅游业是杭州的比较优势和核心竞争力所在，是杭州最具独特性、差异性的优势产业之一。2004年，全市旅游产业增加值156亿元，占全市生产总值的6.3%，全年入境游客123.41万人次，旅游外汇收入5.97亿美元，接待国内游客3 016万人次，旅游总收入410.73亿元。

（4）天堂硅谷。杭州是国家信息化试点城市、电子商务试点城市、电子政务试点城市、数字电视试点城市和国家软件产业化基地、集成电路设计产业化基地。近年来，杭州致力于打造“天堂硅谷”，以信息和新型医药、环保、新材料为主导的高新技术产业发展势头良好，已成为杭州的一大特色和优势。通信、软件、集成电路、数字电视、动漫、网络游戏等6条产业链正在做大做强，有12家企业进入全国“百强软件企业”行列，15家企业进入国家重点软件企业行列，14家IT企业在境内外上市。2005年6月，杭州成功举办了首届中国国际动漫节，并陆续出台了一系列重大举措打造“动漫之都”。杭州还有先进的IP宽带网，2006年底在全省范围内全面开通了数字电视，率先实现了“模转数”。

目前，杭州正以邓小平理论和“三个代表”重要思想为指导，大力弘扬“精致和谐，大气开放”的杭州新人文精神，向着“构筑大都市，建设新天堂”和率先基本实现现代化的目标奋力前进。

杭州的现代服务业也发展迅速，新加坡杭州科技园建设启动，计划通过 5 至 8 年的建设，将这里打造成充满现代商务休闲气息的“IT 服务外包中心”。

杭州还将加大与浙江大学、中国美院等名校的战略合作，将文化创意产业作为今后城市的主打产业，把杭州市建设成为全国文化创意产业中心。

同时，杭州在环境建设和保护方面的工作力度还在不断加强，2007 年，实现了年内完成 COD（即“化学需氧量”，COD 的数值越大，水体污染越严重）、二氧化硫排放比上年削减 3.5%和 3.6%的目标；完成了市级重点监管区域——余杭苕溪流域的验收和萧山东片印染化工、富阳造纸两个省级重点监管区“摘帽”。

第3章 浙江城市旅游目的地创新

3.1 杭州市城市旅游目的地创新

根据国家旅游局印发的《“中国最佳旅游城市”创建指南》（旅发〔2003〕20号）精神，杭州市于2003年向国家旅游局申报创建“中国最佳旅游城市”（以下简称“创佳”），并正式启动创建工作。2007年4月杭州市被确定为中国最佳旅游城市试点工作城市。

3.1.1 杭州市“创佳”的意义所在

1. “创佳”是提升杭州城市核心竞争力的内在要求

邓小平同志生前多次到过杭州，他在杭州讲得最多的是旅游。他说，像杭州这样的风景旅游城市在世界上可是不多的，要把杭州的旅游业好好发展起来。他还说，上有天堂，下有苏杭。杭州是个好地方，要把西湖保护好、建设好。邓小平同志的远见卓识使杭州市委、市政府更加坚定旅游业是这座城市的比较优势和核心竞争力所在。在新一轮《杭州城市总体规划》中，杭州分三个层面对城市重新进行了定位：对浙江省而言，杭州是省会城市，是浙江省政治、经济、文化中心；对中国而言，杭州是长三角南翼中心城市和国家历史文化名城；对世界而言，杭州是国际风景旅游城市。而创建中国最佳旅游城市与建设国际风景旅游城市定位目标完全一致，通过“创佳”，杭州抓住了促进充分就业、增加财政收入、提高人民生活品质的关键；通过“创佳”，杭州抓住了发挥比较优势、走差异化发展之路的关键；通过“创佳”，杭州抓住了建设服务业大市、实现经济社会又好又快发展的关键。实践证明，杭州坚持政府主导战略，把旅游业列入全市支柱产业和服务业的龙头产业，使旅游业真正成为杭州人民的一棵名副其实的“摇钱树”，是政府和百姓共同拥有的一个“金饭碗”，是杭州走向世界的一张“金名片”。

2. "创佳"是提升杭州城市建设和管理水平的重要抓手

《中国最佳旅游城市创建指南》和《评定细则》是检验中国旅游城市国际化、人性化、特色化水准并与国际惯例相接轨的评定体系。在9个基础标准中，对城市交通、城市基础设施、环境保护、污染控制提出了严格要求。创建中国最佳旅游城市，就是要建设全国一流的生态环境和城市基础设施，它必然带来城市环境、城市建设、城市管理水平的大改善。围绕创建中国最佳旅游城市和国际风景旅游城市，杭州市大力实施"城市东扩、旅游西进、沿江开发、跨江发展"的发展战略，提出了"保老城、建新城"的发展思路。短短几年时间，杭州"一主三副、双心双轴、六大组团、六条生态带"的大都市格局已经形成。"蓝天、碧水、绿色、清静"工程扎实推进，在全国率先开展"数字城管"试点，再造城市管理新流程，城市环保、建设和管理水平不断迈向信息化、标准化、精细化、动态化轨道。

3. "创佳"是杭州旅游抢占竞争制高点的重要举措

国家旅游局邵琪伟局长在杭州创建中国最佳旅游城市试点工作动员大会上指出，"创佳"是打造国际化旅游品牌、提升中国旅游形象的重要手段，有利于增强中国旅游业的国际竞争力，有利于把中国旅游城市推向世界。"中国最佳旅游城市"是中国旅游界最高层次、最具权威性的荣誉，其"含金量"绝不亚于杭州已获得的"国际花园城市"、"联合国人居奖"、"环保模范城市"、"绿化模范城市"等称号。杭州市深切体会到，谁能在"创佳"上先行一步，谁就能赢得旅游业发展的先机，抢占旅游业竞争的"制高点"，获得进军国际旅游市场的"通行证"。通过"创佳"，杭州紧紧围绕城市目标定位，精心提炼城市品牌和杭州旅游形象品牌，并借助国家旅游局和世界旅游组织（UNWTO）开展"创佳"的影响力，向世界展示杭州清晰的个性化旅游城市品牌形象。通过广泛征集并请专家和市民投票，正式确定"生活品质之城、东方休闲之都"为杭州旅游品牌形象，全力推动杭州更有效地参与国际旅游市场竞争。

4. “创佳”是落实以民为先、以人为本要求的实际行动

让游客得到最健康、愉悦、便捷、安全的享受，让居民成为旅游业最大的获益者，是杭州创建中国最佳旅游城市的出发点、落脚点。“创佳”过程既是将中国旅游城市推向世界的过程，同时也是正确处理好城市发展、居民获益、游客享受高品质服务三者利益关系的过程。创佳《评定细则》突出居民获益度、游客满意度在测评中的权重，必然要求杭州市在创佳过程中牢固确立“游客至上”、“服务为王”、“管理就是服务”的理念，以游客呼声为第一信号，以游客利益为第一追求，以游客满意为第一标准，全面提升“吃、住、行、游、购、娱”的服务水平和质量，喊响“游客的小事就是杭州的大事”，打响“以游客为中心”的服务牌，寓管理于服务，让中外游客亲身感受到最佳旅游城市“游客至上”的人文关怀，享受到符合国际惯例的优质、高效服务，真正体现“城市上水平、人民得实惠”的创佳要求。

3.1.2 杭州市“创佳”的主要举措

1. 实施“城市化”战略，优化城市基础设施建设

（1）保护历史文化名城。保护历史文化名城是建设现代化城市的重要内容，也是提升旅游城市核心竞争力的内在要求。杭州围绕建设国际风景旅游城市、保护历史文化名城、创建中国最佳旅游城市，提出“保护为主、抢救第一、合理利用、加强管理”的方针。首先，坚持“两疏散、三集中”。疏散老城区人口和建筑；推动工业向两大工业区集中，高校向高教园区集中，建设向钱江新城、下沙城、江南城、临平城集中，杭州城市建设已从“西湖时代”迈向“钱塘江时代”。其次，实施历史文化名城全面保护。按照遗存的完整性、真实性、连续性和可识别性要求，对现有的国家、省、市级文物保护单位、文物保护点以及今后新发现的所有有保护价值的历史文化遗产实施全面保护；对中山中路等历史文化街区、南宋皇城遗址等地下文物重点保护区、西湖风景名胜区内的特色文化保护区和京杭大运河、贴沙河、中东河水系景观长廊等历史文化遗产实施重点保护；对西湖、老城区“腰鼓城”的布局结构和“三面云山一面城”

的城市空间轮廓线实行控制性保护；对茶文化、丝绸文化、金石艺术、越剧艺术及民俗文化实施扶持性保护。再次，坚持保护与开发利用有机结合。充分挖掘历史文化遗存资源，打造良渚、吴越、南宋、明清到近代的历史文化序列，开辟沟通河、湖、溪、江的古城水上观光旅游交通网，整合博物馆、纪念馆和名人旧踪遗迹资源，使历史文化资源在城市现代化建设中得到延续和利用。

（2）构筑区域性大交通。实施“交通西进”和“东网加密”，四年内杭州市域建成以“一绕三线三连四大接口”为主要内容的大杭州交通网，以此构筑市域“一小时半”的交通圈、旅游圈、经济圈，带动杭州5县（市）经济社会的发展。强化“接轨大上海，融入长三角”理念，建设以“六线两桥一通道”为主的185千米高等级公路。累计完成交通建设投资360亿元，新增高速公路410千米，国道、省道309千米。

（3）改善老城区交通环境。自2002年起，用两年时间完成了杭州市区33条路、9座桥、2个隧道建设和9个入城口即“33929工程”，同时实施“三口五路”、“一纵三横”、“五纵六路”、背街小巷改善等市区路网骨架。2005年6月初通过国务院审批，地铁试验段已经顺利完工，2005年至2010年，杭州将组织建设线网规划中“地铁一期工程”——1号线和2号线的重点路段，线路全长82.2千米。

2. 实施“环境立市”战略，改善旅游城市生态环境

（1）改善水源环境。杭州是著名的江南水乡。近年来，杭州市政府致力于城市水环境保护与治理、水景观建设和城市人居环境的改善，各项工作卓有成效。先后获得了“联合国人居奖”、“国际花园城市”、“国家环保模范城市”、“全国园林绿化先进城市”、“水环境治理优秀范例城市”等一系列城市荣誉。

（2）改善大气环境。近年来杭州市实施“蓝天工程”，特别加强了扬尘污染控制、燃煤工业企业污染控制、机动车尾气污染管理、餐饮油烟整治，2005年杭州市区环境空气质量达到Ⅰ级（优）、Ⅱ级（良）的天数合计为301天，优良比例为82.5%。

（3）改善生态环境。按照生态市建设规划要求，全面实施生态市建设“1250”工程，“12”是指农村12个污染治理领域；“50”是指在12个领

域各启动50个建设项目，共600个。2003年至2005年连续三年在浙江生态省建设工作考核中获优秀等次。

3. 实施“旅游西进”战略，提升旅游产业整体素质

基于对创建中国最佳旅游城市重要性和旅游业对杭州经济社会发展的综合带动作用，近几年，杭州市推出一系列发展大旅游产业的重大举措。

（1）实施“旅游西进”，发挥大旅游产业龙头带动作用。坚持规划共绘、交通共建、市场共拓、产业共兴，整合和优化配置“三江四湖一山一河一溪三址”（钱塘江、富春江、新安江、西湖、千岛湖、湘湖、南湖、天目山、运河杭州段、良渚遗址、跨湖桥遗址、南宋皇城遗址）等各类旅游资源，构筑全市一小时半交通圈、旅游圈和经济圈，初步形成了“大杭州、大旅游、大发展”格局。随着2006年底杭州至千岛湖、杭州至安徽黄山两条高速公路的全线贯通，“旅游西进”战略真正成为杭州的“西部大开发”战略，成为促进市域经济社会协调发展的综合性战略。

（2）实施西湖综合保护工程，擦亮杭州旅游“金字招牌”。连续5年相继投资数十亿元，先后完成西湖南线景区整合工程、新湖滨景区、杨公堤景区、梅家坞茶文化村三大景区建设，北山街历史文化街区景点建设等重大工程建设。连续5次推出“新西湖”，恢复、新建景区景点80处，西湖水域扩大0.9平方千米，游览面积扩大5平方千米，西湖“东热、南旺、西幽、北雅、中靓”的新格局基本形成，杭州重现了“一湖映双塔”、“湖中镶三岛”、“三堤凌碧波”的西湖盛世全景。西湖·龙井茶已被列入世界文化景观遗产预备名单。

（3）实施西溪湿地综合保护工程，打造世界级城市湿地公园。西溪湿地地处市区西部，现存面积仍有10余平方千米，是国内罕见的城中湿地。这里湿地生态丰富、自然景观幽雅、文化积淀浓厚，历史上西溪曾与西湖、西泠齐名，并称杭州“三西”。2003年9月，杭州市坚持“生态优先、最小干预、修旧如旧、注重文化、可持续发展、以民为本”六条原则，实施西溪湿地综合保护工程，恢复和重建生态型、景观型、文化型的河沼次生湿地，进一步保护绿地生态系统、改善生态质量、提升城市品位、促进人与自然和谐相处及经济社会的可持续发展。2005年5月1日西溪湿地综合保护工程一期工程全面完成并正式

开园，西溪湿地成为中国第一个国家湿地公园。

（4）实施运河综合保护工程，提升国际旅游产品竞争力。京杭大运河与长城齐名，成为古代两大奇迹，是杭州最具备国际竞争力的旅游产品之一。2006年国庆节前已完成运河（杭州段）综合保护一期工程，推出以“一馆二带二场三园六埠十五桥”为重点的大运河旅游产品。这是杭州继新西湖、西溪国家湿地公园之后推出的又一具有震撼力的旅游产品。全国政协在杭召开京杭大运河保护与申遗研讨会给予了充分肯定，京杭大运河也列入了世界文化遗产预备清单。

（5）举办西博会和休博会，加快旅游业态转型步伐。连续举办7届西博会，每届参与人数均在500万人次以上，西博会成了杭州发展会展旅游的主平台。2006年与世界休闲组织携手在杭州成功举办首届世界休闲博览会。吴仪副总理亲自出席休博会开幕式，并代表中国政府在“世界休闲高层论坛”上首次发表了关于发展休闲产业的重要演讲。为期184天的休博会共接待入境游客102.55万人次，接待国内游客1 938万人次，同时建成开放湘湖休闲旅游度假区和世界风情园、东方文化园、世界休闲博览园。2006年杭州世界休闲博览会成为杭州市推进旅游产业结构调整、加快旅游业态转型、打响“东方休闲之都”、开启中国休闲元年篇章的标志件事件，成为杭州会展旅游主要遗产，世界休闲组织授予杭州“东方休闲之都”称号。

（6）启动十大休闲基地建设，塑造旅游休闲和文化品牌。为适应旅游业态转型和旅游产品升级改造需求，发挥杭州资源多样化优势，杭州自2005年起全面建设并整合包装滨水型、高山型、森林型、乡村型、湿地型、避暑型、温泉型、高端型等“十大休闲基地”建设。打造以“宋城千古情”、“印象西湖”为代表的杭州旅游标志性项目，成功推出了100个社会资源国际访问点。

4. 实施“旅游国际化战略”，提高旅游城市服务品质

旅游国际化战略是杭州创建中国最佳旅游城市的重要载体，是推进杭州旅游服务与国际接轨的重大举措，是杭州实施“旅游西进”战略的子战略。杭州市从2003年开始启动，并从2004年起全面推出第一轮“旅游国际化”行动方案，已取得阶段性成果。

（1）加快口岸建设，建设一流航空大港。杭州萧山国际机场航线目前已辐

射国内55个大中城市及香港、澳门地区，国际定期航班可直达东京、大阪、首尔、釜山、曼谷等城市，已经成为全国第八大航空港。为将杭州萧山国际机场打造成国内航空大港，2006年12月，杭州萧山国际机场与香港机场正式合作，组建国内首家整体与香港合资、资产近57亿元的新杭州萧山国际机场，五年内成为上市公司，机场二期工程已开始启动，两年内开通直飞欧洲的航班。

（2）注重市场细分，拓展远程客源市场。杭州按照“航班开到哪里、宣传促销就到哪里、客源就组织到哪里”的思路，着力振兴日本市场，发展韩国和东南亚市场，深化台湾、香港市场，全面拓展欧美市场，培育新兴市场。

（3）创新管理体制，强化牵头协调职能。成立杭州市旅游商贸系统，将杭州市旅游局升格为杭州市旅游委员会，并赋予杭州市旅游委员会牵头综合协调旅游商贸系统的职能。各县（市）也不断加大对旅游工作的领导，实现了旅游与风景一体化管理。各城区均成立了商贸旅游局，实现了机构、人员到位，从而为全市旅游业的健康、快速发展提供了组织保障。为加强旅游形象推广和市场策划，杭州市于2004年还成立了政府事业单位杭州市旅游形象推广中心。

（4）完善法规和政策，推进依法强旅进程。2005年11月，经浙江省人大常委会批准并于2006年1月1日实施《杭州市旅游条例》。2005年3月，杭州市委市政府先后召开了大旅游产业发展大会，相继出台了《杭州大旅游产业发展规划（2006—2020年）》、《杭州市人民政府关于加快杭州旅游业发展的若干意见》、《关于评选旅游、商贸、中介服务业示范企业和行业标兵的实施意见》等一些含金量较高的政策性文件。在《杭州市旅游条例》中明确了杭州市本级财政和县（市）财政安排专项资金用于本地旅游业的发展。连续四年，杭州市本级每年安排不少于4 000万的旅游宣传促销资金，同时每年不少于1亿元人民币旅游专项资金用于旅游公共设施配套建设。

（5）强化三大网络功能，完善城市服务设施。杭州黄龙旅游集散中心自2003年11月运行以来，按照“旅游集散、旅游咨询、旅游换乘”功能要求，具体实施“旅游场站、旅游业务、观光巴士、旅游专线、咨询服务及旅游换乘”六大功能项目建设。2006年杭州市机构编制委员会在全市压缩事业单位编制的大背景下，新增设正处级财政全额拨款事业单位杭州旅游信息咨询中心，明确编制15人且主中心已开工建设，杭州将形成市级设主中心、各城区和杭州旅游集团设分中心、旅游企业设旅游信息咨询点三级信息咨询网络。

（6）完善多语标志及服务，满足外国游客可进入性。全市3星级以上宾馆、旅游商贸特色街、AAAA级景区完成了四语标志系统；在游客集中的流动场所免费提供四国语种的旅游宣传册；推进数字电视进宾馆，从2004年起，杭州成为全国第一个在旅游饭店大面积实施“模转数”并成功运作的城市，使来杭州的外国游客享受母语化服务。

3.1.3 杭州市“创佳”的成效

（1）经济指标逐年攀升。入境旅游快速增长。2005年，杭州市入境旅游人数为151.4万人次，相比2002年的105.62万人次增幅达43%；旅游外汇收入7.6亿美元，相比2002年的4.77亿美元增幅达59%。2007年，入境游客首次突破200万达到208万，为杭州带来11.19亿美元收入。杭州入境游人数居全国大中城市第6位，外国游客人数和旅游外汇收入各居全国大中城市第5位。国内旅游稳步发展，2007年，杭州市国内旅游人数为4 111.89万人次，比上年增长11.7%；国内旅游收入586.48亿元，比上年增长16.4%。出境旅游势头良好，2005年，对杭州市开放的出境游目的地国家已达81个，全市旅行社组织出境人数达17.69万人次，比2002年的15.14万人次增幅达16.8%。2005年杭州市旅游总收入465亿元人民币，相当于全市GDP比重的16.5%，相比2002年的294亿人民币增幅达58%；2005年旅游业增加值175.84亿元人民币，占全市GDP比重的6%，相比2002年的114.76亿元增幅达53%。2007年旅游总收入达到630.06亿元人民币。

（2）空间布局更加明确。即以杭州“三江四湖一山一河一溪三址”为基础，整合和优化配置旅游等各类资源，合力打造钱塘江、富春江、新安江“黄金水道经济”和杭沪、杭甬、杭宁、杭金衢、杭千、杭徽东南西北5条“高速公路经济”。

（3）产业结构日趋优化。“旅游西进”战略推进了杭州旅游产业结构战略性调整，旅游业态正从数量扩张型向质量效益型转变；从国内旅游“一轮独大”向国内旅游和入境旅游“两轮驱动”转变；从观光游“一枝独秀”向观光、会展、休闲游“三位一体”转变，杭州旅游业快速进入了业态的调整期、产品的转型期、品牌的塑造期和产出的回报期。

（4）服务设施不断完善。2005年，全市已有旅行社340家，比2002年增加125家；其中，国际社33家，比2002年增加6家；国内社307家，比2002年增加119家。杭州市有8家国际旅行社、11家国内旅行社进入2005年度全国旅行社“双百强”行列，总数分别位居全国城市第2位和第3位。全市已有星级宾馆229家，比2002年末新增62家，其中五星级宾馆9家，新增6家，四星级宾馆25家，新增7家，三星级宾馆及以下195家，新增49家。拥有星级宾馆的数量居全国城市第3位。全市持有导游资格证人数12 769名，比2002年末增加了3 734人。全市共有AAAA级景区16个，比2002年末增加7个。

（5）市场环境明显优化。为防范和打击侵害游客利益的“野导”、非法运营车辆、不法商店和假冒伪劣产品等，依据《杭州市旅游条例》，及时下发了《杭州旅游目的地管理实施办法》，坚持以块为主、条块结合的属地管理原则，实行长效管理与阶段性严打相结合，切实维护广大消费者利益，大力开展“诚信兴旅商和百城万店无假货”专项整治行动，净化购物市场，打响“购物天堂”的品牌；市职能部门配合五个老城区大力开展旅游市场秩序整顿和规范工作，发动志愿者采取“一对一”跟踪劝导和旅游志愿者服务，加大西湖景区科技投入，在西湖风景区各交通干道、游客集中场所安装了监控系统，实现景区数字化管理，从而有效地保障了游客安全。

（6）建筑景观更加美化。在“创佳”工作中，根据国际风景旅游城市目标定位，杭州市政府多次邀请各方专家认证，确定以灰色为主基调的水墨色作为杭州城市色彩。杭州按照人性化、人文化的要求，在全市推进1500条城市背街小巷改善和居民楼立面改造工程，通过道路平整、路灯增设、沿线绿化、截污纳管、建筑立面整治、住宅平改坡、线路上改下、城市家具更新等，使市区路更平、灯更明、水更畅、宅更美。

（7）城市交通明显通畅。近年来，杭州结合“创佳”工作，开展交通专项整治工程，实施公交优先，大力发展公共汽车、旅游观光车，开通快速公交线（BRT）、加快公交专用道建设、加强公交枢纽场站建设，有效地提高了公交车辆出行分担率。为优化西湖核心景区交通环境，环西湖周围主要交通要道9处过街地道已建成开通。另外5处地道、天桥也相继开工建设。为保证西湖核心景区的游客最佳交通容量，杭州市实施黄金周节假日交通换乘制度，凡进入核心景区的本市私家车和外地小型车一律实行免费换乘，2006 年杭州在原有黄龙、之江旅游集散换乘中心的基础上，又新增了紫金港旅游集散换乘中心。“十一”黄金周期间，中央电视台《中国法制报道》“移动七昼夜”栏目组对杭州黄金周城市旅游交通进行了暗访，杭州得到了“12 张笑脸”中的 10 个笑脸，与三亚并列第二。

根据“创佳”要求，对照“创佳”评定标准，与国际著名旅游城市及国内兄弟城市相比，杭州的“创佳”工作还存在许多不足与差距：一是旅游人均花费与旅游人数增长速度还不相匹配。从目前发展形势来看，近几年，杭州市接待入境游客每年以 20%左右的速度增长，远高于国内游客年均 8%左右的增幅，但游客平均停留时间徘徊不前，人均花费还未明显增长。二是旅游圈对经济圈的带动作用还未得到充分显现。旅游业是并联性、带动性很强的综合产业，同时旅游经济是一种产品经济，目前杭州市一小时半旅游交通圈已经形成，通过旅游业的拉动作用带动区域经济统筹发展时机已经成熟，但仍存在区域旅游产品同质、销售网络明显滞后、客源市场面窄、经济拉动作用不明显的问题。三是旅游产品及服务还满足不了旅游形象品牌定位要求。观光旅游产业发展已近 30 年，目前已具备了量变到质变的条件。但目前休闲度假产品还是软肋，真正能满足高端旅游者消费、延长游客逗留时间的休闲度假产品很少。

3.1.4 杭州市旅游城市建设思路和举措

根据杭州“十一五”规划，杭州将以科学发展观为统领，以构建和谐杭州为理念，以巩固“创佳”成果为手段，围绕建设国际风景旅游城市，继续实施工业兴市、城市化、旅游西进、生态立市和开放带动“五大战略”，注重发展循环经济，不断提升旅游城市国际化、现代化、特色化、人性化水平，全力打造“生活品质之城、东方休闲之都”。

1. 围绕建设生活品质之城，进一步明确环境立市目标

（1）明确约束性指标。一是资源利用效率有较大提高，万元生产总值能源消耗下降 16%左右。二是单位生产总值用水量降低 35%。化学需氧量（COD）年排放量和二氧化硫分别减少 10%。

（2）提升优化交通建设。市区人均道路面积达到15平方米；公交车辆万人拥有率保持在20标台以上，主副城公交出行率分别达到40%和20%。实现县县通高速、村村通公路，公路密度达到46.95千米/百平方千米，等级公路通村率和通村公路路面硬化率均达到100%。地铁一期工程投入试运行；实施城市铁路枢纽建设和萧山国际机场扩建，建设出海港，实现与周边大港通航。

（3）逐年改善环境质量。开阔城市空间，合理规划建设六条生态隔离带；使城市人均公共绿地面积达到11平方米；市区和各市（县）城区环境空气质量达到二级标准的天数大于300天；重点污染源（市控）自动在线监控率大于95%。流域和城市环境质量显著改善，农村环境质量保持稳定，市本级、临安市、建德市和桐庐县生态建设水平达到全国生态市（县）标准。

2. 围绕提升城市核心竞争力，启动“十大建设工程”

个性是城市的名片，特色是城市的生命。一个有个性、有特色的城市，才是有吸引力、生命力、竞争力的城市。杭州将立足产业比较优势，重点发展以高新技术产业为龙头的现代工业和以旅游业为龙头的现代服务业，打响“天堂硅谷”和“东方休闲之都”两大品牌。“十一五”期间，全面启动“十大建设工程”，即新农村建设工程、工业功能区建设工程、现代服务业培育工程、综合交通建设工程、新城区建设工程、生态市建设工程、休闲之都建设工程、科技创新能力提升工程、文化名城建设工程、民生保障工程。“十大建设工程”有6个与发展旅游业密切相关。通过实施新一轮“十大建设工程”，真正实现城市大建设、产业大发展、环境大优化。

3. 围绕城市目标定位，全面推进“休闲之都建设”工程

（1）着力提升旅游合作，完善旅游空间布局——构建“一心一轴七区[①]五翼”的旅游空间格局。

综合考虑长三角旅游一体化、杭州城市东扩、旅游西进、西湖综合保护等空间影响因素，结合旅游资源分布、交通区位条件等分析，《规划》确定杭州未

① 此处根据最新的《杭州市旅游业发展总体规划（2006—2020年）》修改（2007.8），原文为六区。

来将形成“一心一轴七区五翼”的旅游空间格局。

“一心”即杭州的中心都市区，特别是以西湖为核心的城市都市区，使之成为杭州旅游圈的交通、信息、管理、服务、教育中心。“一轴”即“三江一湖（钱塘江－富春江－新安江－千岛湖）旅游发展轴”，大力发展杭州“黄金水道经济”。“七区”即西湖风景旅游区、西溪国家湿地公园、京杭运河杭州旅游带、湘湖旅游度假区、钱江观潮旅游区、千岛湖风景旅游度假区、天目山自然旅游区；“五翼”即5个“旅游合作翼”。借助于“旅游西进”战略、杭州市域内一小时半交通圈以及杭州与周边地区高速公路网络的完善，形成以杭州市区为核心，以沪杭、杭宁、杭甬、杭徽、杭金衢5条高速公路为依托，形成杭沪、杭宁、杭甬、杭徽、杭金衢5个旅游合作翼，在旅游产品开发、线路组合、市场营销等方面进行合作，实现客源互动与市场共享，全力打造杭州市“高速公路经济”。在5个“旅游合作翼”中，杭沪翼具有举足轻重的主导地位，它为杭州直接打开通往长三角特大都市圈与境外巨大客源市场的大门，通过强化沪杭合作翼，致力于构建杭州旅游的新格局与新地位。

（2）着力提升大旅游产品，发展大旅游产业格局——观光游览、休闲度假、会展商务“三位一体”。

① 提升观光游览业。根据国际旅游市场的需求，加强国际旅游产品的开发；在继续巩固和完善西湖综合保护工程的基础上，重点推进灵隐二期工程，西溪国家湿地公园二、三期工程和运河（杭州段）二期景观工程，恢复并启动中山中路历史街区和南宋历史文化公园，全面提升杭州观光游览业文化内涵，加快运河、西湖·龙井茶景观文化“申遗”工程；重点营销“名城（上海）—名湖（杭州西湖）—名山（黄山）”国际黄金旅游线。

② 拓展会展商务业。按照网络化大都市格局，完善《杭州市会展中心布点规划》，进一步整合现有的场馆设施，加快杭州国际会展中心建设，形成功能完善、优势互补、配套齐全的会展区块；实施会展业“品牌特色”战略，以城市品牌化推动杭州会展业的市场化、专业化、国际化；将会议业作为会展游的发展重点，积极引进国内外的大型品牌会展项目。

③ 做强休闲度假业。以成功举办2006年杭州世界休闲博览会为契机，“十一五”期间全面完成西溪国家湿地公园休闲基地、千岛湖滨水休闲度假基地、

环湘湖休闲度假基地、天目山森林休闲度假基地、大明山高山休闲度假基地、南湖滨水休闲度假基地、新安江清凉世界避暑休闲度假基地、龙门山古镇休闲度假基地、桐庐大奇山乡村休闲度假基地、临安湍口温泉休闲度假基地等十大休闲度假基地，打造杭州标志性“休闲之都建设”项目工程。

④ 丰富游憩商贸业。重点推进旅游商贸特色街区建设，进一步推进和完善10条旅游商贸特色街区购物、观光、休闲综合服务功能。全面带动商贸新兴业态的发展，重点结合钱江新城中央商务区、武林广场核心商圈等商业区块发展规划，适度建设集购物、休闲、娱乐、展示于一体的大型综合购物中心。积极开发和挖掘特色商业内涵，保护和扶持“老字号”产品，让旅游者既能领略风味特色又能体会历史文化内涵。

4. 围绕建设最佳旅游城市，实施新一轮旅游国际化行动方案

从2007年起至2009年，杭州制定并实施新一轮旅游国际化三年行动计划，让杭州旅游产品达到国际水准，城市综合环境可基本满足境外游客的各种需求，形成认知度高、可识别性强的国际风景旅游城市。如“东方休闲之都、生活品质之城”成为杭州知名的旅游形象品牌，有特色鲜明的RBD和标志性的休闲度假基地；加快白金五星宾馆建设，县县有高星饭店；创建AAAAA旅游景区；全市接待入境者力争达到250万人次；旅游外汇收入超过15亿美元；“名城—名湖—名山”成为世界级黄金旅游线；游客逗留时间比“十五”期间延长24小时；旅游产业增加值占全市GDP的8%。建设国内一流、世界水平的现代化会展中心，“西博会”成为国际会展业的品牌，年接待国际性会议和展览50次以上，会展业收入以每年10%以上的速度递增。

3.2 宁波城市旅游品牌创新——“时尚水都”的定位

在政府主导型发展战略指引下，宁波旅游业近几年发展迅猛，旅游业已成为国民经济的重要产业。1999年宁波成为中国优秀旅游城市，旅游产业素质得到了进一步提升，城市旅游功能进一步完善，城市旅游形象进一步鲜明，81890

获得2005年中国城市论坛“中国城市管理进步奖政府创新奖”。81890是宁波市2001年8月18日建立的公共信息服务平台，由政府提供运作成本，无偿为市民、企业提供信息服务。宗旨是“便民利民，有求必应”；理念是“以人为本”；目标是“让人民群众100%满意”。该平台运用一库一网一线构成街道、社区、企业的服务网，实行“三个全”，即全天候、全方位、全程式服务。

宁波已经成为国内重要的区域性热点旅游目的地，并正在迈向国内一流的旅游城市。

宁波旅游业的发展基础虽然更为雄厚了，但城市旅游服务功能的不足和差距也日益凸显，完善城市旅游服务功能已成为满足海内外游客和建设旅游强市的迫切需要。

3.2.1 宁波城市旅游服务功能现状

随着宁波市城市总体发展战略的逐步实施，城市建设大手笔、高层次、全方位，而城市整体旅游服务功能相比创优验收时也明显提升。

（1）交通条件大幅度改善，海陆空齐头并进。宁波尽管不是国际空港，但目前已开通46条国内航线和至新加坡、韩国等国际航线，宁波栎社机场经过扩建，新的候机楼宽敞舒适，各项硬件设施和管理水平跃居国内一流，并进入国内干线机场行列。铁路方面已开通国内17条专线和若干条联接线，甬台温铁路已经国家发改委批复同意建设，甬台温高速公路、铁路及杭州湾大桥的建成将一举改变宁波作为交通末端的局势。火车南站、汽车南站经过重新扩建改造，新的宁波客运中心也已投入使用。

（2）城市旅游接待设施更上层次，住宿、餐饮业比较发达。宁波市现有150家星级饭店，三星级以上饭店50家，其中近一半位于市区。饭店种类齐全，结构合理，城市高档商务酒店、度假休闲酒店、经济型饭店等一应俱全，能满足游客多样化的需求。其他10个客房以上的社会饭店、招待所等住宿单位约2 500多家，而且这些企业很多准备升级换代。宁波市的餐饮业也蓬勃兴起，各类社会餐饮场所遍布全市，仅向阳渔港、汉通、石浦等上规模的餐馆、酒家就达210家，外地游客来甬选择余地很大。

（3）城市公用设施日臻完善。近年来，宁波市委市政府围绕创建优秀旅游城市、国家卫生城市及最佳人居环境城市等目标，大力推进市政公用设施建设和管理。目前市区已有各类公共厕所431座，其中环卫部门管理的239座，对市民开放的社会厕所192座，基本满足市民和游客需要。公厕硬件水平明显提高，二类及二类以上公厕214座，而且城区所有公厕实行免费开放，管理规范。市区主要街道、公共场所等共设置了1163个不同类型的IC卡电话。

（4）特色休闲场所和景观不断涌现，都市旅游魅力不断增强。国内一流的一站式购物休闲场所天一广场已成为宁波的城市客厅和标志景观，天一广场的建设创下了不少全国之最甚至亚洲之最；拥有百年历史的老外滩经过国际级水平的规划设计，成为融中西文化于一体的街区式休闲地块；以宁波大剧院为中心的姚江休闲景观走廊正逐步成形，焕发出水都特有的生命力。三江口、姚江、月湖、天一广场和老外滩等共同构成了宁波传统与现代、时尚与古老的都市旅游魅力。

“时尚水都”定位所包含的内容给消费者是一个“大洋潜水、多姿多彩、美味海鲜、繁华都市……”的概念。在国内的旅游城市品牌还停留在某个自然景观的层次上时，宁波城市旅游所具有的视野相对来说超越了黄山、西湖传统单一旅游的概念，对游客更具诱惑力，这是一个国际性的旅游城市的形象。这一定位是立足于中国大的时空背景下的定位。

宁波是中国旅游城市，历史文化名城。宁波旅游资源丰富，有7处国家级文物保护单位。其中有中国最久最丰富的新石器时代文明遗址之一河姆渡，有中华禅宗名寺天童寺，有收藏佛国珍宝释迦真身舍利的阿育王寺，有以“太湖气魄，西子风韵”著称的东钱湖，有梁祝故事的发源地梁山伯庙等。

3.2.2 宁波建设“时尚水都”的品牌硬件

山和水是最重要的旅游资源，相当多的中外旅游城市因山水闻名，如意大利的威尼斯、美国的夏威夷，国内的杭州、桂林、绍兴等。

宁波人文地理旅游资源非常丰富，但着眼点是水。宁波是一个临水而建的城市。一个有趣的现象是宁波城市地名和主要景观名大都与水有关，地名如宁波、宁海、慈溪、江东、江北、海曙；景观如溪口、东钱湖、五龙潭、河姆渡、南溪等。

宁波是一个水景观资源极为丰富的城市，这在中国是不多的，相关城市如：

大连以滨海、桂林以水秀、绍兴以水乡、杭州以西湖闻名。宁波的水资源不仅仅是某一个湖、河或者海景，宁波是一个水之都市，是各种水景观的集大成者：江、河、湖、海、溪、潭、温泉、瀑布、峡谷、岛一应俱全。

跨海大桥：杭州湾跨海大桥是交通要道，同时也是世界级景观。以桥为核心可开发相关旅游资源，例如，在大桥中造人工岛，在岛上可观赏海景；在大桥上开展每年一度的世界马拉松比赛；以大桥在慈溪桥址为核心建 20 平方千米人造森林，森林中规划滨海旅游度假区，建造世界大桥博物馆、高尔夫等旅游项目……

海：宁波港湾罗列，滩涂遍布，沿海岛礁众多。象山松兰山海滨，皇城沙滩，潮来千层浪，潮去一片金，金色沙滩，蓝天碧海，是天然的海滨浴场；象山半岛花岙岛的石柱林、周围的渔山列岛、韭山列岛以及南田诸岛，星罗棋布，碧波荡漾，更具诱人魅力；红岩赤壁同样极具特色，极具开发价值。海对于生活在都市或内陆的游客是最具诱惑的：冲浪、潜水、海滨浴场、中国渔村、海鲜美味，特色旅游、荒岛狩猎……

湖：浙东第一大湖东钱湖，周围青山叠嶂，秀峰峥嵘，千姿百态，四周 72 条溪流纵横汇注于湖，形成烟波浩淼、碧波万顷、光艳照人、令人赏心悦目的山水景色，素以“太湖气魄，西子风韵”著称。东钱湖距市区仅 15 千米，这块未经雕琢的“璞玉”极具开发价值。其他还有承传千年文化底蕴的月湖，著名诗人贺知章、王安石、全祖望等都曾在月湖边生活。

潭：五龙潭历史上已久负盛名，民间流传着许多美丽动人的传说，景区具有浓烈的华夏“龙崇拜”民俗文化特征。五龙潭风景区属山地型旅游区，区内群山环抱，峰峦挺拔，悬崖耸立，溪谷幽深，湖光山色组成了颇具特色的湖山景观。

瀑布：千丈岩飞瀑号称“浙东名瀑”，以雄伟壮观而名闻江南，千丈岩所在的溪口和雪窦山是国家重点风景名胜区，在汉代就有“海上蓬莱”之誉。

温泉：南溪温泉是中国三大著名温泉之一，泉水清澈，常年水温 45 度左右，含氟、硫磺，有健身、治病之效。四周层峦叠嶂，山势险峻，有兰花山、骆驼峰、鸣凤潭、银泉瀑诸景，是疗养和避暑胜地。

河：宁波地处江南，雨量充沛，河网密集，水资源丰富，具有江南水乡的特点。

江：姚江、甬江、奉化江三江汇于宁波市中心。唐宋以来，宁波就以三江口为地域特色建港设城，海上丝绸之路就此开始。今日，环顾三江口，三江江潮奔涌，六岸绿意葱郁，高楼林立，万商汇集；入夜霓虹闪烁，水光相映，流光溢彩。以三江为核心的滨水区旅游，可建观光游船，让游客立足于“水”上，循着江水的汇流探寻三江历史的变迁，领略今日港城宁波的繁华。

峡谷：大松溪峡谷幽静深长，奇峰怪石林立，飞流急瀑跌宕多姿。淙淙山泉，清冽幽凉，山涧雾气缭绕，似真似幻。泛舟湖上，两岸奇树异木，千姿百态，野生鸟兽，快乐自在。青山延绵尽收眼底，山风拂面，舒爽惬意。以大峡谷为核心的天河风景区可以建成集观光游乐、休闲度假为一体的综合性生态度假区。

宁波的水资源还包括隐潭三瀑、亭下湖、上林湖、杜白二湖、雁苍山景区、四明湖，这些也都具有相当的开发价值。

将宁波旅游的核心资源确定于水，不仅仅因为宁波是临水而建的城市，更重要的是要将宁波旅游放在中国旅游的大背景下来考虑。从这一点上来看，宁波水资源在华东是不多的。

确立这一定位后，就必须加强对核心景区的规划控制。在核心景区建设快速交通线，同时立足于水资源，大力发展和发掘旅游产品。如：建造世界级的海洋主题乐园、桥梁博物馆、中国渔村等景观，大力开展以水景点为核心的飘流、冲浪、潜水等旅游运动项目，同时利用各种渠道和手段长年累月地、积极地进行推广，并运用多种媒体发布一致的信息，例如举行跨海大桥国际马拉松比赛、东钱湖国际龙舟邀请赛、中国开渔节等。

在未来的游客心目中，宁波有岛屿、瀑布、沙滩、江、河、温泉、峡谷……可以到大洋潜水，到荒岛狩猎，可以领略江南水乡，可以去漂流，可以体验佛教朝拜，还可以感受都市澎湃的激情，可以品尝美味的海鲜。这是一个活力的、传奇的、浪漫的都市。这样的定位在中国独一无二！

3.2.3 宁波“时尚水都”定位的其他观点

数百年来，在游客心目中，宁波旅游无法和杭州、桂林这些旅游城市相提并论，要改变这一根深蒂固的观念，就必须采取突破性的定位，而立足于宁波水资源的“时尚水都”这一定位将极大地推动宁波旅游的超常规发展。

有“上有天堂，下有苏杭”美誉的杭州、苏州两城市人文地理资源丰富，不愧为旅游天堂。但它们的形象已经被概念化地浓缩为“西湖”、“园林”，在游客心目中就像大多数象征形态一样，它们极端简化了真实形态，空洞的概念已不足以反映现实的丰富多样，在随着各地旅游业迅速发展的今天，这些城市的旅游优势已今非昔比。

在“时尚水都”的定位下，并不放弃天一阁、天童寺、前童古镇、滕头生态农业、大重森林公园（中国最早命名的三大国家级森林公园之一）等人文自然旅游景观。宁波其他相关的丰富旅游资源围绕“时尚水都”这一核心定位进行补充，更加丰富了宁波旅游对外信息的传递，从而会更进一步俘获游客的心。例如：历史悠久的“时尚水都”（穿梭历史的时空，追溯7000年前的文明遗址，踏寻徐福东渡的起始点，到近代的外滩，展现宁波历史的悠久）；多姿多彩的“时尚水都”（美味海鲜，宁波服装节，中国开渔节，世界马拉松比赛，东方大港传递都市的多姿多彩）；海天佛国的“时尚水都”（天童寺、阿育王寺、雪窦寺以及附近的普陀山、天台国清寺体现出海天佛国）。

在“时尚水都”的定位下统领相关资源，传达一个多样化、立体化的宁波形象。这对游客原有根深蒂固的观念将是颠覆性的，这一定位一旦成功，对宁波旅游的推动将产生极为深刻和极为深远的影响。

3.2.4　宁波旅游大发展的外部环境

宁波所处的城市外部环境在未来20年间必将发生极为深刻的变化，主动地适应将为宁波的发展带来历史性机遇。

首先，从地理位置来看，宁波地处长江三角洲。以上海为核心的长江三角洲是崛起中的世界第6大都市群，在2020年时，这一城市群必将进一步成为世界最关注的焦点之一，上海也必将是全球为数不多的最著名的热点城市之一。宁波作为这一都市群的核心城市之一，必将极为深刻地改变其城市外部环境。例如美国旧金山金门大桥是世界级景观，世界第6大都市群中的杭州湾跨海大桥必然同样是世界级景观，这一点和大桥所处的区域是完全分不开的。可以肯定，长三角将是世界上吸引游客最多的地方之一。宁波作为在一个崛起中世界第6大都市群的热点城市，可以立足于水资源，作未来建成

“时尚水都”的规划。

其次，从中国经济发展来看，中国经济和中国市场的爆发式增长往往是不可预测的。举一个例子，20世纪80年代当中国决定大规模修建高速公路时，许多人表示反对，因为当时国内人都是骑自行车的，高速公路修给谁用呢？但是争议归争议，市场就是市场，现在广东、浙江、江苏等已经是世界上高速路网最密集的地区之一。后来，中国又决定发展汽车工业，刚开始的时候，反对的声音也很大：中国人这么多，鼓励发展轿车工业，鼓励私人购车，那么马路不成了停车场了吗？但是现在汽车消费已经成为国内的消费热点，在宁波，每天有300辆新车上牌，2007年，中国国产汽车产销分别为888万辆和879万辆，2008年预计突破1 000万辆。整个中国汽车产量已经突破300万辆。中国城市交通的极大发展，随着未来5年包括跨海大桥等一大批海、陆、空的交通建设和未来家庭私有车的发展，必将极大地改变旅游产业环境！宁波的水资源非常丰富，但长期以来景点间因为交通的障碍无法深度开发，更无法将这些资源整合后推广，这在今后将完全改变。

再次，中国目前全年有114天的法定节假日，在世界上也是较长的。这就解决了休闲产业发展的时间约束。

国内经济持续高速发展、宁波自身经济的飞速发展和城市地位在国内的不断提高、“时尚水都”这一定位具有首发性效应等因素都是宁波面临的机遇。

3.2.5 宁波旅游打造“时尚水都”的框架和对策

宁波旅游打造“时尚水都”的具体的框架和对策：

（1）转变政府职能，提高全社会办旅游的意识，推进改革开放，创新旅游发展机制。进一步发挥政府在制订规划、掌握规划、宏观指导协调等方面对旅游业发展的主导作用，科学引导社会资金和外资投向以及项目区域布局，使社会资金和外商投资更加符合“时尚水都”的发展方向和目标，积极吸引国际资金、社会资本、民营资本进入旅游行业，参与旅游开发建设和经营，建立多元化投入、市场化运作的机制。

（2）在组织实施方面要树立“大旅游、大产业”意识，创新和构建与国际接轨的旅游发展机制和管理机制。旅游产业综合性强，覆盖面广，需要各有关部门加强沟通与配合。为此要“跳出旅游抓旅游”，强化相关管理部门的职能作用，建立综合协调机构，加强宏观调控力度，促进旅游产业与其他产业以及旅游产业内部各组成部门之间实现协调发展。

（3）抓好“时尚水都”规划的编制工作，为实施“时尚水都”战略打好基础。按照“统一规划、有序开发、合理布局、永续利用”的要求，高标准、高起点编制覆盖宁波各个区、县（市）的“时尚水都”规划。做好“时尚水都”重点旅游区域和重点项目的规划编制、规划深化和规划建设协调工作。

（4）以整合“宁波的水”旅游资源为重点，要突破低层次的发展模式，集中力量打好“水都牌”，建设和培育一批代表宁波品牌的具有特色和规模的旅游区域；培育和打造一批具有世界级、国家级水平的旅游景区精品。

（5）抓好“时尚水都”路网体系建设，构筑核心景区间的快速旅游交通。核心景区间的快速交通建设是“时尚水都”的基础。建成“快速、畅通、舒适、安全”的交通路网体系，明确牵头责任人，创新投资体制。

（6）抓旅游市场宣传促销，进一步提升宁波国际旅游城市形象，打响“水都宁波”品牌。利用国内外新闻媒体、影视公司、互联网、旅行社以及旅游产品推介会等多种形式大张旗鼓地进行宣传，努力扩大宁波旅游产品的知名度和吸引力。

3.3 温州城市旅游目的地创新——体系创新

随着社会经济的发展，城市在旅游业发展中起到越来越重要的作用。温州市作为中国民营经济发育最成熟的城市，“温州模式”早已闻名中外，但温州的山水知名度却不高，尽管近几年温州旅游业有了较大的发展，但旅游产业的规模、在国民经济中的影响力以及作为旅游目的地在较大范围内的综合吸引力等都还较弱。

在未来旅游业的竞争中，旅游目的地的独特性将起关键作用。为了提升城市旅游目的地的竞争力，温州市结合当地旅游产业发展现状，从空间结构拓展创新、旅游目的地形象创新、营销创新和发展支持系统创新等几个方面，构建温州旅游目的地体系的创新框架，努力提升旅游目的地的“个性”，以吸引更多的旅游者，营造和谐的旅游发展环境，也为像温州这样拥有丰富旅游资源，但景区、景点知名度不高的城市发展旅游产业提供范本。

3.3.1 以雁荡山、楠溪江为核心——拓展与创新旅游空间结构

以温州为中心的雁荡山是温州旅游的主打品牌，但仅靠雁荡山不足以支撑温州旅游的区域化、国际化和持续增长。

通过旅游资源整合与创新，温州建立了城区旅游集散中心，北部（雁荡山、楠溪江）传统观光旅游区，西南（文成、泰顺）生态、古廊桥文化休闲度假旅游区，东南（洞头、平阳、苍南）滨海、海洋旅游休闲度假区，区域特色明显，区域间优势互补的旅游发展新的空间构架，做大旅游产业规模，提升旅游影响力，形成合力提高旅游产业的综合效益。

重点开发和营销一些具有轰动效应的旅游产品，如结合世界遗产项目的申报（如泰顺古廊桥文化遗产、雁荡山自然遗产），打造一批具有高知名度、影响力的旅游产品。

扩大与其他地方在旅游产业发展方面的合作，积极参与“活力浙东南”、“缤纷金丽温”等旅游联合体的协作以及同其他涉旅合法社团的合作。注重与青田等周边地方的发展互动。发挥温州加入亚太旅游协会后的有利条件，探索与境外旅游城市的互动，继续推进与中国香港、中国台湾、日本、韩国等旅游业界及有关国际旅游组织的合作，促成温州雁荡山与台湾阿里山签订旅游合作意向书，共享更多的国内、国际客源市场。

3.3.2 向“山上、海上、晚上”三面延伸——创新旅游目的地形象

形象建设是旅游目的地体系建设的核心内容，是旅游目的地综合吸引力的最基本的要素。

目前，温州旅游产品的定位是：以大众旅游为立足点，以高端化、特色化旅游为突破点，大力开发一批具有比较优势的温州旅游特色产品，引导商务奖励旅游和森林旅游、温泉旅游、度假旅游、文化旅游、自助旅游、体育旅游的发展和投资。通过一段时间的发展，基本构成特色鲜明、层次丰富的温州旅游

产品体系，并形成若干个跨区域无障碍旅游区。

2008年着重整合提升五大产品：

（1）温州旅游“金三角”。整合雁荡山、楠溪江、海上百岛（洞头）的“山江海”旅游资源，加上市区“晚上”温州，形成票务、优惠政策、旅行社地接和交通等方面基本无障碍的精品旅游线。

（2）“不夜瓯江·激情两岸”。争取形成一岛一线二街三点（江心岛、瓯江游线、五马购物街和江滨咖啡酒吧街，高端旅游休闲点、温州特色小吃点及古街特品交易点）的城市夜间旅游产品。

（3）中国东南滨海黄金旅游线。彰显海水海滩海鲜、渔村渔港渔船、蓝色绿色红色的旅游特色。在做大“海上百岛”（洞头）旅游区的基础上，强化它的外联功能，实现洞头与南麂等海洋旅游资源的整合与互动。有效利用渔寮沙滩、乐清湾和龙湾滩涂等旅游资源，丰富“海上”旅游产品。

（4）“中国·温州生态与文化之旅”。利用中雁、南雁、铜铃山、玉苍山、氡泉等生态旅游资源，注入玉海楼、千年木活字印刷、古廊桥、古碗窑、刘基文化、红色文化、宗教文化等颇有温州特色的文化景观元素，构成2～3条可供游客选择的线路。整合瑞安历史文化和平阳红色文化，开辟文化之旅；积极开发文成、泰顺等地的生态旅游和森林旅游，打造泰顺廊桥文化旅游——氡泉休闲旅游组合产品。大力推进乡村旅游发展，重点开发好“农家乐”、“渔家乐”、乡村休闲度假旅游产品，适应短线旅游和温州人游温州的需要。

（5）打造温州经济探秘游、非公党建工作考察游等温州特有系列旅游产品。借助温州市经济探秘游、工业旅游点全国领先的优势，积极探索与考察接待相结合的温州民营经济探秘游。

3.3.3 四项创新措施——全面构建旅游目的地营销系统

温州市采取以下4项措施，短期内优化提升旅游宣传促销方式：

（1）加快建立现代化旅游宣传营销机制。创造条件筹建温州旅游信息传播中心或营销管理公司，提高温州旅游营销的专业化水平，加快旅游营销产业化步伐，更好地运用市场化、社会化的理念和机制，加强市场宣传营销。

（2）充分发挥各地商会的旅游宣传作用。出台《各地温州商会参与支持家乡旅游发展的建议意见》。加强同外地温州商会与在外温州人的沟通与联络，引导在外温州人宣传温州旅游，使各地商会成为温州旅游在客源地市场的固定促销团体。充分利用商会优势，发动外地客人来温商务旅游。

（3）修改完善旅行社招徕游客奖励办法。用市场化手段动员各地旅行社为温州组织客源。鼓励本地国际社与国外旅行社直接联系，大力发展入境旅游，拓展入境客源市场。

（4）强化温州作为中国优秀旅游城市形象的展播。在主要客源地和国内外有影响力的媒体上播放温州“著名财富之城·优秀旅游之市”专题形象片，提升“时尚之都·山水温州”的旅游城市品牌。

通过旅游目的地营销系统的建立与运作，综合运用各种信息技术手段，整合各种相关资源，利用网络手段并结合各种媒体渠道和宣传形式进行有效的宣传，以提高温州的知名度，增加游客的来访量。

3.3.4 “旅游项目推进年”——旅游目的地体系发展支持系统创新

旅游业发达的地区和城市，通常第三产业也高度发达，能提供方便、快捷、周到、优质的服务，所需的各种社会支撑条件完美。

为了提高温州作为国际商务旅游目的地城市的综合接待功能，温州市突出了旅游基础设施配套建设工作，在2008年开展“旅游项目推进年”活动，主要实施“三大提升工程”：

（1）实施旅游星级饭店提升工程。争取到2010年全市星级饭店达到150家左右。2008年计划新增星级饭店8家以上，重新评定10家。在增加饭店数量的基础上，引导饭店扩大规模、提升品质。鼓励发展饭店管理公司，鼓励优质饭店输出管理，促进星级饭店服务质量再上新台阶。对现有饭店管理公司实施登记管理。加快高星级饭店的建设和投放使用，加强休闲度假式接待设施建设。

（2）实施旅游交通提升工程。促进旅游交通进一步发展，改善旅游景区的通达条件，完善旅游景区游路系统，进一步推进与完善旅游集散中心或景区车辆换乘中心建设，增加到景区的旅游公交班车。促进国际航线和温州与旅游热线城市之间航线、航班的增加。大力扶持旅游包机包列业务的开展，创造条件开辟邮轮业务。

（3）实施旅游信息提升工程。构建全覆盖、立体化的旅游咨询服务体系和旅游标志系统。加强重点区域旅游咨询中心和重点景区游客服务中心建设。进一步完善温州旅游网站，加强与外地旅游网站之间的链接与合作。开展信息化景区、信息化酒店、信息化旅行社建设，开发建设多语种、能为海内外广大旅游者提供全面服务的温州旅游咨询网，使之成为温州旅游形象宣传的第一平台。建立客源地旅行社信息网络平台。办好《温州旅游》杂志，扩大宣传效果。

旅游业是一个城市展示精神文明的重要窗口，精神文明建设又能促进旅游业的发展，特别是能够促进旅游目的地整体地位的提升。加强旅游目的地的体系建设，不仅有利于提升城市知名度，更能增强旅游城市的综合吸引力和竞争力，为当地的经济带来更多的机遇。

3.4 湖州市旅游业发展新格局

“十一五”期间，湖州市旅游业发展最突出的亮点将是“三带十区”的布局。“三带”即南太湖风情旅游带、西部自然生态旅游带、东部水乡民俗旅游带。“十区”为南浔古镇旅游区、太湖旅游度假区、湖州历史文化名城区、湖州南郊风景名胜区、莫干山风景名胜区、下渚湖湿地风景区、天荒坪风景旅游区、龙王山黄浦江源风景区、长兴古生态旅游区、顾渚山茶文化旅游区。

湖州市在“十一五”期间将以国际化、品牌化、生态化、网络化战略，努力把湖州建设成在长三角极具竞争力和吸引力的生态旅游强市。发挥区位、生态和人文优势，进一步开展“古镇、名山、太湖、竹乡、湿地、古生态”的旅游资源，着力构建以发展休闲度假旅游为龙头，以提升观光旅游为支撑，以推动商务旅游和专项旅游为两翼的旅游空间大格局。

南太湖风情旅游带：将着重发挥南太湖水体空间，沿岸山川田野风光、城市景观和人文资源的优势，通过一系列标志性、功能性兼备的旅游景观和接待设施建设，打造环太湖后工业时代色彩浓厚、生态环境优美、地方风情明显、建筑疏密有致、项目雅俗共赏，与湖州生态型滨湖大城市相得益彰，绵延60

多千米的休闲度假旅游带。

西部自然生态旅游带：建设长三角一流的，以休闲、度假、观光为主的生态旅游带。按照“大竹海、大天目、太湖源、黄浦江源、绿色生态休闲长廊”等的理念，在生态保护优先的前提下，以竹博园、天荒坪、龙王山、莫干山、顾渚山、下渚湖、扬子鳄、古银杏长廊、金钉子为发展核心，开发一系列符合市场需求的生态旅游产品，发展休闲产业。

东部水乡民俗旅游带：建设以地方民俗旅游、农耕文化旅游、古建筑观光旅游为特色的水乡民俗旅游带。将着重发挥“丝绸之府、鱼米之乡、文化之邦”的资源和品牌优势，以京杭运河为轴线，以平原水网（湖漾）为网络，以南浔、双林、菱湖、善琏、新市等水乡古镇为节点，充分体现江南水乡“水”的韵味。

湖州历史文化名城区：以湖州老城区为主要区域，在加强历史文化保护的基础上，最终形成全市重要的旅游中心。将着重充分挖掘名人、名园、名馆、名字、名画和古城、古街、古宅、古桥、古塔（寺）等“五名、五古”的文化内涵，并与城市建设有机融合起来，通过连片串线，水陆互动，加强旅游交通、购物、餐饮、娱乐等薄弱环节建设，延续历史文脉，提升城市形象。

太湖旅游度假区：打造长三角的“中央公园”，融商务会展、休闲度假、生态观光为一体的旅游度假目的地。将着重加快六大旅游景区建设，推进休闲度假设施建设，完善度假区功能，提升品位。

湖州南郊风景名胜区：建设长三角地区以“名山、名湖、名寺、名观、名人”为特色的城郊型风景名胜区。将着重挖掘山水风光、宗教文化、名人文化等资源潜力，以碧浪湖（岘山）、金盖山、道场山、梁希森林公园、青山、东林山等区块为重点。

南浔古镇旅游区：建成在国内外旅游市场上充满活力、极具魅力的水乡古镇观光休闲旅游区。将着重充分挖掘“江南大宅门（财富南浔）”和“中国近代第一镇”的历史文化内涵，在保护文物古迹和历史街区的基础上，维护古镇风貌特色，完善旅游接待服务设施。

莫干山风景名胜区：以中心景区为核心，向周边山区扩散，永葆华夏度假名山的魅力与活力。将着重以“竹、泉、云”胜景，“凉、绿、清、静”生态环境和颇具欧美风情的近现代别墅群为依托，在保护修复的基础上盘活名山、名人资产，加强冬季和夜间旅游产品的开发，改进管理机制，更新旅游产品。

下渚湖湿地风景区：建设长三角地区乃至国内一流的湿地生态旅游示范区。将着重在加强湿地保护的前提下，充分发挥芦茭丛生、菱藕掩映、竹树成林、水鸟成群的多样性生态景观优势，大力挖掘“防风”文化的现代旅游潜力。

天荒坪风景旅游区：以“大竹海、天荒坪电站、竹博园等特品级旅游资源为核心，建设集竹海观光、休闲度假、产业旅游、文化交流等功能于一体的高品位竹海旅游度假区。着重整合天荒坪镇、递铺镇和山川乡范围内分散、弱小的景区景点，加强产品的多样化建设，提升档次，完善设施。

龙王山黄浦江源旅游区：高举“黄浦江源”的品牌大旗，加强交通等旅游基础设施和生态建设，以龙王山自然保护区为主体，整合章村、报福、杭垓等镇域范围内的云龙山、深溪、双源顶、红石崖、马鞍山、西溪和赋石水库、老石坎水库等相关旅游资源，建设集生态旅游、休闲度假、素质拓展、康体养身于一体的山地型旅游区。

长兴古生态旅游区：建设长三角地区极具吸引力的休闲度假和古生态文化旅游区。高举“古生态”大旗，以十里银杏长廊、尹家边扬子鳄自然保护区、二叠纪灰岩（金钉子）的“三古品牌”（古植物、古动物、古地质）为核心，着重构建服务集中、游览分散的空间格局，开发具有动态性、参与性、体验性的系列专题旅游活动。

顾渚山茶文化旅游区：逐步建设以茶文化为特色的乡村休闲度假旅游区和国内外有一定影响力的茶文化朝觐圣地。以“中华茶文化圣地、茶经之源”为旗帜，着重在保护好古代摩崖石刻、金沙泉、紫笋茶园等旅游资源的基础上，进一步复建贡茶院、吉祥寺等历史景观，整合霸王潭、寿圣寺、九龙山等景区，完善旅游服务设施。

在推进上述重要景区景点建设的同时，湖州市旅游业积极提升现有景区景点的档次水平，形成“星月交辉”、适应市场、平衡发展的景区景点建设新局面。

构建湖州旅游大格局，必须要有一批重点旅游项目来支撑。整个“十一五”，特别是前三年，湖州市旅游业发展围绕“三带十区”，已确定35个景区景点重点建设项目。其中有：太湖度假区的邱城遗址公园、黄龙洞景区、小梅山山顶公园、长田漾湿地公园、法华寺景区、太史湾森林公园；南浔区的南浔古镇旅游区、荻港古村落休闲旅游区、双林三桥景区、菱湖水乡人家旅游区、英雄城堡；吴兴区的西山景区、白鹭谷生态旅游区、老虎潭水库旅游区、毗山遗址公园、妙峰山茶文化景区；安吉县的大竹海景区、天荒坪景区、黄浦江源景区、中南百草园、大汉七十二峰景区、灵峰胜景、天下银坑；德清县的防风古国文化园、碧坞龙潭景区、下渚湖湿地环湖景区、黄回山水云涧旅游区、孟郊故里苑、蠡山儒商文化园；长兴县的扬子鳄自然保护区、仙山湖（显圣寺）景区、陈武帝故宫、金钉子地质公园、古银杏长廊、顾渚山茶文化旅游区。

湖州还十分重视对桥文化、丝绸文化、名宅展示、民居风情、名人寻踪、工商旧迹等的保护。

第4章　浙江的城市化战略与城市旅游目的地发展

“21 世纪是城市世纪”、“城市经济才是一个国家的主导经济”、“城市文明是一个比农村文明更高的文明”、“中国农村改革必须走城市化战略”。中国国家发展与改革委员会宏观经济研究院副院长陈东琪认为，相对于全球来讲，中国的城市化水平还很低，城市发展还将持续下去，并带来很高的投资，这些都将促进国内经济的发展。[①] 陈东琪还指出，“入世”以来，特别是北京奥运会以后，中国的现代服务经济和全球服务经济都将会快速发展，加上新劳动力占就业人员的比例快速增加，对经济增长的贡献率在明显提高，这将对中国的总量经济增长做出巨大的贡献。早在 1999 年，浙江省委、省政府就颁布了《浙江省城市化发展纲要》的纲领性文件，提出：要以“推进城市化”为浙江提前基本实现现代化的必由之路。纲要提出：到 2010 年，全省城市化水平达到 50%以上；到 2020 年，全省城市化水平达到 60%以上。这一目标的实现将使浙江的城市化达到世界发达国家水平。

浙江是一个城市化水平较高的省份，也是一个旅游大省。在浙江城市化发展的进程中，有 32 个县市将旅游定位于当地经济的支柱产业，有 13 个县市则列之为第三产业的龙头产业（两者相加共有 45 个县市，占全省 70 个建制县市总数的 65%）；不少地方还提出了创建旅游大市（县）和旅游优秀城市的战略目标。浙江旅游在城市化中的地位由此可见一斑。城市化的最终目的是让人们生活更美好。浙江城市化战略从 1998 年实施以来已经取得了初步成果。

4.1　浙江农村城市化进程的历史回顾

4.1.1　浙江农村城市化进程

截至 2003 年年末，浙江省城市化水平达到 53%，高出全国 12.5 个百分点。建国以来，浙江的城市化经历了曲折的发展过程，大体可划分为以下 4 个阶段：

---

① 摘自广西南宁 2008 中国北部湾高峰论坛“北部湾·亚洲下一站”。

第一阶段（1949—1957 年），城市化进程的正常的上升发展阶段。在这 8 年中，伴随着国民经济的逐步恢复与发展，城镇人口平均每年增长 14.0 万人，快于全省总人口的增长。城市化水平由 1949 年的 11.8%上升到 1957 年的 14.3%。

第二阶段（1958—1965 年），城市化进程的剧烈波动阶段。在这一阶段，由于国民经济的大起大落，表现为城市人口的大进大出，城市化水平的陡上陡下。由此又可划分为两个时期：1958—1960 年，是以“超前城市化”为基本特征的非正常的发展时期。这一阶段由于经济建设指导思想上的急于求成，强调以钢为纲和大跃进，许多工业项目盲目上马，导致农村人口爆发性涌入城市。在这 3 年中，全省城镇人口净增 229.5 万人，每年平均增长 76.5 万人，为第一阶段年均增长 14.0 万人的 5 倍多。城市化水平由 1957 年的 14.3%骤升到 1958 年的 21.1%，直至 1960 年的 22.4%。1961—1965 年，由于贯彻“调整、巩固、充实、提高”的八字方针，停建、缓建了一大批建设项目，同时大力精简城市人口，充实农业第一线，导致城镇人口连续 5 年出现负增长，其减少额逐年分别为 45.2 万人、62.7 万人、39.3 万人、17.0 万人和 1.0 万人，5 年共计为 165.3 万人。全省城市化水平则由 1960 年的 22.4%下降到 1965 年的 14.3%，重新回落到 1957 年的水平。

第三阶段（1966—1977 年），城市化进程处于徘徊、停滞的时期。由于“文化大革命”，国民经济发展遭受严重挫折，同时知识青年上山下乡，城镇人口迁出大于迁入，城市化水平在 12 年中大多徘徊在 14%左右，最低年份的 1970 年只有 12.96%，竟然倒退到 1953 年的水平。

第四阶段（1978 年至今），城市化进入快速发展的阶段。这主要取决于两方面的因素：一是改革开放大大加速了浙江的工业化进程，进而为城市化发展奠定了坚实基础。二是得益于相关政策的调整。设市建镇标准的放宽，使得撤县建市、撤乡扩镇高潮迭起，城镇数目急剧增加；各类开发区的竞相建设更是带动了原有城市的建设。所有这些，都促进了浙江城市化进程的快速发展。据有关部门统计，1996 年底，全省共有设市城市 35 个（其中特大城市 1 个，大城市 2 个，中等城市 6 个），建制镇 965 个，城镇人口达 1 474 万人，城市化水平已上升到 33.5%，标志着浙江城市化开始进入发展最快的中期阶段。

4.1.2 浙江城市化的特点与面临的主要问题

浙江城市化具有如下特点：

（1）乡镇企业和专业市场的推进作用十分明显。浙江的乡镇企业起步早、发展快、产业规模大，已支撑起了工业经济的半壁江山。浙江又是“市场大省”，专业市场星罗棋布，其商品交易年成交额已连续5年保持全国第一。乡镇企业的崛起和专业市场的蓬勃发展，既对城镇的发展提出了新的需求，又为城镇的发展提供了资金、劳动力和人才，提供了高密度的社会联系和经济交换关系。其推进作用，一是表现为对现有城镇规模的扩大和功能的拓展，如义乌的“市场兴市”、黄岩路桥的“兴贸建镇”等；二是直接导致一批新兴城镇的诞生，如温州的农民城龙港镇等。以镇企业为启动点，在农村工业化基础上推进城镇化，或以市场为龙头，在第三产业蓬勃发展的基础上促进城镇化，是浙江城市化进程中两种基本的发展模式。

（2）小城镇发展快、数量多。大中小城市与小城镇之间比例落差较大，是浙江城镇体系中的一大特点。第4次人口普查结果显示，1990年浙江镇人口占总人口的比重为15.3%，而全国为7.5%，浙江高出全国一倍以上；而市人口占总人口的比重，浙江为15.9%，全国为18.7%，又明显低于全国平均水平。从城镇规模结构看，1994年浙江大、中、小城市和建制镇的比例为1∶2∶14∶475，而同年全国比例却为1∶3∶5∶222，浙江小城镇比例为全国平均水平的两倍多。事实证明，发展小城镇，是带动农村经济和社会发展的一个大战略，把小城镇作为城市化的突破口和主体任务，体现了中国特色的城市化道路。

（3）沿海平原和内陆山地的城镇密度反差强烈。总体而言，浙江城镇密度较高，平均每千平方千米有9.65个城镇。但城镇的地域分布受地形、人口、经济发展水平和交通网络布局的影响，主要集中在东部平原地区和交通干线。其中，浙北平原和温黄、温瑞平原等交通干线沿线地区城镇密集度高达20个/千平方千米，初步形成了沪杭甬铁路、高等级公路城镇连绵区的雏形和温台沿海城镇发展带。此外，浙赣铁路沿线的城镇密度也较高，已成为重要的城镇发展轴。而内陆山区的城镇较为稀疏，一些县市每千平方千米仅为3～6个。近几年上述状况有加剧的趋势。

浙江城市化当前面临的问题如下：

（1）相对于工业化进程，人口城市化进程仍然严重滞后，主要是农村人口的就业结构与农村人口的空间转移错位，导致了浙江农村非农化程度高而城镇化低的非常规现象。

（2）大中城市数量少，整体水平低，中心城市的集聚和辐射能力弱，城市特色功能的塑造和整体功能的优化更有待时日。

（3）小城镇发展面临着从重数量增长到重质量提高的转轨。由于全省小城镇发展过快，965个建制镇中，平均每个小城镇人口不足0.8万，建成区面积不足0.9平方千米，相当一部分新建镇仍停留在原农村居民点的层次上。此外，城市基础设施相对薄弱，环境质量下降，已成为制约城镇人民生活质量提高和投资环境改善的重要因素。

4.1.3 关于城市化发展的理性思考

（1）遵循规律，顺势应时，加快浙江城市化进程。世界城市化的实践证明，城市化是工业化的产物，是伴随工业化的进程而出现、发展的。这是城市化发展必须遵循的共同规律。因此，浙江的城市化既不能像过去那样脱离工业化的实际，搞超前发展，不能像“文革”时期那样搞“逆城市化”运动，同时也不能长久地滞后于工业化发展。必须顺势应时，努力加快城市化进程，以在下一轮竞争中取得更大的主动。

（2）制订规划，高起点、高标准地勾画浙江城镇体系发展的宏伟蓝图。在规划制订中，要注意以下几点：①接轨浦东，积极呼应并广泛接受上海辐射，把浙江城市化发展置于构筑长江三角洲现代化城市群这一大背景下去考虑；②要坚持塑造城市特色功能和城市体系整体功能优化并重的原则，以形成不同规模、各具特色、功能各异的城市，并最终建立功能互补、协调发展的城镇体系；③要突出城市产业结构和产业布局优化；④基础设施建设、城市管理、城市可持续发展等带有普遍性的问题，应该引起更多的关注，通过规划予以解决。

（3）小城镇整体发展思路，要从重数量增长转到重质量提高上。鉴于浙江小城镇发展较快的现状，今后工作的重点似应更多地放在提高档次和品位上：①要从区域经济整体发展的要求来思考小城镇的发展方向，使全局和局部有机结合，形成以强镇为节点的城乡一体化新格局；②要坚持分类指导，针对城郊结合型、专业市场型、旅游开发型、交通沿线型、开发新区型、古镇保护型等不同类型和性质的小城镇，提出不同的要求，充分发挥各自优势，形成各具特色的小城镇；③继续搞好小城镇综合改革试点和小城镇建设试点。

（4）扫清体制障碍，强化政策研究。①对于人口迁移政策和户籍制度，浙江省出台了《关于解决户口管理工作中几个突出问题的实施意见》，它的贯彻实施，必将对户籍制度改革产生深远的影响；②就业政策和住宅商品化问题，需要在实践中摸索和解决；③农村中的土地政策、宅基地政策、计划生育政策以及如何建立统一的城乡社会保障体系等问题也必须尽早通盘考虑；④行政体制和财税体制方面的问题，也需要认真地探讨和研究。总之，只有现有城乡体制和政策方面的问题协调、解决好了，才能为城市化发展创造一个良好的外部环境，才能迎来浙江城市化快速发展的新时期。①

4.1.4 浙江城市化建设的作用

1. 城市化加快产业结构调整和升级

城市化在产业结构调整中发挥着重要的作用。城市化不是简单的人口集聚，最重要的是生产要素的集聚，产生规模效益。城市化战略对推进浙江省经济结构的战略调整，提高产业层次、产品档次和国际竞争力，使浙江三次产业结构逐步从“二、三、一”向“三、二、一”转变，产生了巨大而深刻的影响。研究表明：杭州的经济场强在市区调整后半径由原来的40～50千米扩大到约90～120千米范围，面积扩大了近4倍，极大地加强了杭州对周围地区的影响，强化了杭州作为南翼中心城市的地位。在与南京的比较中可以看出，杭州的经济影响半径由原来小于南京转变成远大于南京，在一定程度上改变了长江三角洲南北翼的经济结构对比。②

① 资料来源：http://www.zei.gov.cn:8080/zjeco/9902/p15.htm。

② 杭州市城市空间结构研究报告（2003年5月）。经济场强$E=\frac{\sqrt{P\cdot V}}{D^2}$（单位：千元×百人/平方千米）。距中心城市距离为$D$处的城市“场强”$E$与该城市规模$P$（人口）和综合实力$V$（GDP）成正比，与$D$的平方成反比。

长期以来，浙江三次产业结构中的突出问题是第三产业比重明显偏低，尽管近年来浙江一直注重加快第三产业的发展，但收效不大。1998 年浙江省第三产业增加值占 GDP 的比重仅为 33.3%，低于山东 34.8%、江苏 35.3%和广东 36.9%的水平，远低于世界发展中国家 45%的平均水平，其中的重要原因是城市化滞后。城市化是第三产业发展的基础和依托，没有一定规模和水平的城市，第三产业就难以生成、发展和形成效益。推进城市化为浙江省第三产业的加快发展找到了一条切实可行的路子。城市化拓展了第三产业的发展空间和领域。随着企业和人口向城市集聚为特征的城市化发展，不仅会带动商贸流通、餐饮服务、交通邮电、旅游等产业的发展，也会带动科技、教育、文化、卫生保健、信息服务和社区服务等新兴第三产业的发展。从 1998 年到 2001 年，浙江第三产业占经济比重由 33.3%增加到 38.4%，在全国各省区中处于领先地位。

2. 促进经济持续快速增长

内需不足已成为目前制约浙江省经济持续快速增长的重要因素。内需不足的长期性、结构性、根本性原因是城乡结构严重失衡，城市化滞后。推进城市化进程，必将扩大消费需求，带动城市基础设施等投资建设，同时创造更多的就业机会，为浙江省国民经济的持续快速增长提供持久、强大的动力。

浙江省有关统计数据表明：推进城市化，能够有效拉动消费需求的增长。1998 年，浙江省城乡消费水平虽然略高于全国水平，但农村居民消费水平也仅为城市居民的 1/2。浙江省城市化水平提高 1 个百分点，将有 45 万农民转为市民，他们的消费支出若达到目前城镇居民消费支出的平均水平，增加的消费需求相当可观，这对扩大内需作用是十分明显的。而据不完全统计，浙江省自 1998 年以来共有 190 万农民进城，拉动消费约 72 个亿。

3. 城市化解决“三农”问题

推进城市化，就是从根本上打破城乡分割的二元结构，促进农业向非农产业、农村向城市、农民向市民的转移，实现城乡经济社会一体化发展。浙江省共有 4 400 万人口，其中 2 800 多万在农村。农民的收入水平不到城市居民的一半，三个农民生产的农产品供一个市民消费。这样，农民的收入水平怎么提高，农村市场怎么启动，结构性生产过剩的局面怎么改变？可以说，离开城市化去消除城乡差距是根本不可能的。

浙江省的有关统计数据表明：以浙西丽水市为例，由于他们改变过去“愚公移山”的做法，不再采取砍伐树木、破坏森林的开发政策，而是变“移山”为“移民”，让企业进园区、人民进小区、三产进商区、恢复自然保护区，不但保护了环境，而且进城农民的收入也得到了普遍提高。此外，进城农民的文化也得到了普遍提高，以浙江永康市为例，进城农民大专以上文化水平的占到38%，这都是在城市化战略实施过程中出现的新情况。

农民大量进城后，对于加大农村集约化经营，提高生产力和产品竞争力也非常有好处，农业与第二、第三产业的结合将更加紧密，这与发达国家发展情况是相似的。

4. 城市化让人们的生活更美好

推进城市化进程，促进农村人口向城市转移，必然带来经济、社会、人口、资源、环境的深刻变化，引起资源和生产要素在空间布局和使用时序上的变化。因此，城市的规划和建设必须走可持续发展的道路，正确处理好人口适度增长、经济社会稳步发展、资源合理开发利用和保护生态环境之间的关系。

城市的发展一定要考虑环境的承载能力，着力解决城市防洪、治污和绿化、美化问题。严格治理城市工业污染、噪声污染、光电污染和汽车尾气污染，集中处理生活污水和生活垃圾。实施“蓝天、碧水、绿地”和“绿化、美化、净化”工程，创建优美、舒适、安静，人与自然和谐相处的城市生态环境。城市化不单是“农民进城”，还将是“生活方式进城”和“文化水平进城”。

4.2 浙江的城市化战略

浙江城市化战略的提出，是浙江发展战略选择上的一个重大突破。近几年来，浙江全省各地推进城市化的步伐加快，规划、政策、城市建设和区域调整取得了实质性进展，成效明显。政府为了稳步推进城市化的健康发展，提出了以下举措：

（1）强化城市发展的产业支撑。加快城市产业结构调整和升级步伐，为城市化建设奠定最坚实的基础。城市发展，经济先行，城市化不是简单的人口集聚过程或是城市建设过程，而是企业、资金、人才、技术等生产要素不断向城市集聚的过程，第二、第三产业的比重不断增加。建立起富有竞争力的城市经济体系和产业集群是城市发展的必然要求。城市化的原动力是工业化，推进城市化必须以经济发展为基础。城市繁荣的基础在于经济发展，城市集聚、辐射功能的发挥在于经济，城市居民生活质量的提高在于经济，城市经济也是城市旅游发展的基础，这在第3章中已经阐述。

（2）注重城市功能的发展和完善。城市的基础设施建设是城市建设的重要组成部分，浙江要建立全省统筹、相互紧密联系的城市化发展模式，加强城市与城市之间的密切联系，就需要对交通基础设施进行大投入，兴建高等级公路、铁路等基础设施。令人欣喜的是，浙江在这方面已经作出了巨大成就，从沪杭甬高速公路、金温铁路的最早建成，到杭金衢、金丽温高速公路的建成通车，再到现在浙赣铁路的电气化改造、甬台金高速公路和甬台温沿海铁路的动工兴建，各地区的主要城市之间的空间距离将被大大缩短，南北联系，东西交流，地区与地区之间的关联度将更加紧密。此外，应建立起适应现代市场经济发展要求的信息网络平台，实现市场交易的多元化、高层次发展。这一系列的交通基础设施、信息网络建设无不展现出未来浙江城市化发展和城市间紧密联系的美好蓝图，将使城市与城市之间的经济联系更加密切，人流、物流、信息流的效率更加快捷和便利。①

（3）强化城市化的地域特色。加快三大都市圈和一个城市群建设，点轴发展，层层推进。浙江省的大城市主要是杭州、宁波和温州三个城市，它们作为一级中心城市，应该在城市化进程中发挥主导和先锋作用。通过发展核心城市，可以扩大城市网络覆盖的区域，而且可以有效促进三大经济区域的联动。通过大城市的区域辐射和溢出效应强的优势，来带动区域整体的城市化进程。当前要以杭、甬、温为核心的城市发展轴，以金华、嘉兴、绍兴、台州等为节点的

① 参见徐立：关于进一步推进浙江城市化进程的理性思考，《城市管理》，2006年3月。

区域中心城市，点轴发展，以点带面，层层推进。具体而言，就是要通过合理规划，形成一个“南北呼应，东西相连，中部传承”的多元城市化群发展新格局。以浙北的杭州、浙东北的宁波和浙南的温州为中心大城市，通过它们的城市化发展来形成一个南北遥相呼应、东西相连的大都市圈发展模式，并在浙江中部地区培育几个重点发展城市，比如金华市和义乌市等，通过它们来推动浙江中部地区的发展。

（4）坚持政府主导、市场化运作。[①②] 政府首先制订和执行城市基础设施中长期发展规划，其次确定重大城市基础设施项目，然后统筹预算内外等政府专项资金，在引导社会资金投向城市基础设施中起基础性作用。此外，还要制定好与市场运作配套的政策，管好价格水平和服务质量，协调解决好下一级行政区域之间基础设施建设的共享性和流域性问题。政府还要投资一些没有回报的公益性项目。

凡是有一定回报的城市基础设施项目均纳入市场化运作范围。政府投入部分委托政府投资管理公司运作，项目的实施与管理均按现代企业制度要求进行。打破所有制界限和行政隶属关系，采取各种措施，吸引社会各类投资主体进行城市基础设施。加大银行贷款、股票、债券等市场化融资比重。

4.3 浙江城市旅游目的地定位

我国城市化正进入加速发展的新阶段，城市功能的拓展、城市地域形态的变化、城市布局的调整、城镇体系的建设等方面都面临着新的机遇和挑战。伴随着新一轮城市化高潮的到来，浙江城市化中的一个突出的问题就是如何进一步拓展和完善中心城市的功能，发挥其“增长极”效应，使之成为推动经济和社会发展的主轴心。李建中、俞征等曾就浙江主要城市的功能定位进行过深入探讨。在这里，笔者综合政府部门以及专家学者的各方面意见，提出浙江 11 个主要城市的功能定位。

① 凌新兰：推进城市化须遵循规律，《浙江经济》，2002 年第 2 期。
② 浙江省计经委投资调研组孙永森等：政府主导市场运作，《浙江经济》，1999 年 12 月。

杭州市：建设成为以观光游览、休闲度假与会展商务为支柱的功能多样、特色鲜明、品位高尚的国际风景旅游城市和东方休闲之都，生活品质之城。

宁波市：着力构建“多彩五圈”总体空间战略格局和“一核两翼一廊”动态拓展轴向，建设成为国际一流的旅游经济强市和现代化国际港口旅游名城。

温州市：努力构建“一核两带四板块”旅游空间布局，打造最具山水情怀的国际商务旅游目的地。

湖州市：建设成为在环太湖和长三角“绿色、秀色、古色”兼备的极具竞争力和吸引力的生态旅游强市、文化旅游名市、旅游经济大市和休闲度假、商贸旅游胜地；以“太湖、竹乡、古镇、名山、湿地、古生态”为品牌的国内一流、国际有一定影响的旅游目的地。

嘉兴市：构筑大嘉兴、大旅游格局，确立浙北乃至长三角旅游中心地位，努力建设成为旅游经济强市。

绍兴市：建成国内观光、休闲度假的理想目的地、文化修学旅游的首选目的地、会议商务旅游的特色目的地。

金华市：加快构建以“三带八区”为框架的“大金华旅游圈”，建设成为风景秀丽、景观丰富、综合配套、连线成网的长三角重要旅游目的地和旅游经济强市。

义乌市：构建“山杰地灵，四季果香，购游便宜”的世界商贸城。

衢州市：围绕“山水名城、神奇衢州”主题，构建“三圈六区”，建设成为华东地区新兴的旅游城市和四省边际旅游集散中心。

舟山市：着力打造一个品牌，突出三条主线，建设十大旅游区，建设成为浙江省海洋旅游的核心旅游区和长三角区域性海洋休闲旅游度假中心。

台州市：构建“一核三带”的旅游发展格局，建设成为长三角、珠三角地区观光休闲度假旅游胜地。

丽水市：以“生态、休闲、养生”为主题，着力打造“秀山丽水·浙江绿谷·六江之源”品牌，把旅游业培育成为三产的龙头，把生态文化旅游业培育成为文化产业发展最大的亮点，建设成为名副其实的“艺术之乡、浪漫之都、休闲胜地”。

4.4 都市圈建设与长三角旅游联合体

旅游资源联合开发是旅游产品联合发展的关键。长三角旅游城市地理相近，人文相亲，文化同源，旅游资源具有一定的相似性。如何同中求异，避免恶性竞争，寻求共同发展，是旅游资源相似区域在旅游产品开发与设计中应该着重考虑的问题。长三角城市旅游产品联合发展也已经具有一定的基础，如我们熟知的江南古镇游、江南名园游、江南名寺游、江南名塔游、江南古运河游、长三角大江风貌带游、环太湖旅游带游、浙江新天仙配旅游线路、苏浙沪旅游年等都是旅游产品联合发展的结晶。杭州旅游集散中心集散客自助旅游、单位团队旅游、旅游信息咨询、旅游集散换乘、景点大型活动、客房预订、票务预订等多种功能为一体，是长三角最大的“旅游超市”。

长江三角洲地区 15 个城市市长联席会议和沪、苏、浙三省市的常务副省长沟通的渠道和机制已初步形成。另外，沪、苏、浙三省市正着手从交通、市场、生态、信息、金融和人才 6 个方面展开全面合作，以降低地区经济发展成本，提升区域整体国际竞争力。

例如，杭州市为了推进城市化建设，早日构筑大都市，调整了中心城市的发展空间，使得杭州在城市经济实力和城市规模上出现了质变。国内生产总值从原来的 675 亿元增加到 1 041 亿元，城市规模从原来的市区人口 179.18 万人增加到 372.55 万人。城市的综合实力将近翻了一番。这样，势必造成城市空间上的既成格局被打破，形成新的空间布局。

长江三角洲城市群是目前国内具有最佳城市群效应的沿海城市群，面积约占全国国土面积的 1%，人口约占全国总人口的 6%，生产总量占全国生产总量的 20%左右。其结构形式呈以上海为区域经济“发展极”，南京和杭州为“协调极”的品字形布局，以铁路、公路、海路、江运、航空为区域交通框架结构，以多种功能和不同规模的城市为结点，构筑长江三角洲区域经济网络。作为城市群空间结构对应的经济问题就是产业布局，基于产业梯度理论的研究成果，产业格局分为三个层次带：以上海为中心的上海辖区核心层次带；以苏锡常和杭嘉湖、宁绍为代表的中间层次带；江苏、浙江、安徽等周边省组成外部层次带。这种产业结构的布局与城市空间结构的三层布局相对应，是一种理想的城市群空间布局和产业结构布局。

在这个城市群中要明确杭州的空间定位，必须明确两个问题：一个是上海的"发展极"地位，另一个是交通体系的情况。抓住这两个方面，才能在现状的时间层面和未来的动态发展两个角度理清杭州与上海及整个城市群纷杂的关系。

"中心区位"理论强调在政策与理论上明确区域经济与社会的"发展极"，并通过发展特殊属性的带动，创造区域经济的结构性优势，进而在不同层面上发挥中心城市的作用，在形成城市群的过程中，实现区域经济的可持续发展。上海是政策和理论上都强调的"发展极"，在很大程度上都体现了区域最新成果的创新发展功能，包括制度创新、管理创新、服务创新、观念创新等，有着某种示范作用，上海这一"发展极"作为城市群的主体部分，不断向长江三角洲其他地区推出新技术、新产品、新工艺和新观念，而且在不断地创造着新的市场、新的组织、新的管理体制和新的生活方式，是长江三角洲经济发展的"引导区"。

在空间上，上海目前最突出的作用是其强大的辐射功能与其他中心城市辐射功能的重叠和冲撞，其表现形式是上海经济辐射区在一定范围内与苏州、无锡、常州、南京和杭州等城市的辐射区重叠，进而形成经济与文化的"辐射振荡"，并转化为经济与文化发展的"动力因"，这正是城市群整合功能的体现。正因为城市间这种相互作用的存在，才使得整个城市群在向和谐方向发展。这种相互作用是内在的，其表现形式是城市群中人流、物流、资金流和信息流的相互作用，通过"发展极"的特殊功能可以向周围地区扩散。长江三角洲地区经济的发展，在上海这一"发展极"的作用下，距离上海越近的城市，也是受益越大的城市。

对上海在未来对杭州影响的思考，主要关注浦东开发对长江三角洲的作用。上海是太平洋西岸有影响力的国际化都市，有地理位置优势，科技实力雄厚，人才荟萃，对外联系广泛，地域生产力构成相对合理，产业网络构成相对完善。从世界范围来看，整个长江三角洲处于两种或多种经济与文化的交汇点，经济和文化发展具有混合性、综合性和动态整合性。上海浦东的开发为长江三角洲城市群产业结构优化提供了发展条件，既表明了中国控制大城市发展战略的终结，强化了上海的发展极功能，也创造了新的城市群发展的"动力源"。上海在对杭州未来的带动作用中，浦东的地位将是起决定作用的。

新型运输交通体系是城市群发展的推力。21 世纪初叶，以长江三角洲为整体的大交通已经初步形成，长江三角洲集黄金海岸和黄金水道于一身，该区域水能资源丰富，水运潜力巨大，丰富的岸线资源为港口建设和沿江的工业布局创造了条件，特大组合港和中国国际航运中心的功能正在形成，以分处两翼的宁波港、南京港为核心的水运体系趋于完善；通过沪宁高速公路、沪杭高速公路、宁杭高速交通体系、京沪高速铁路及沿海、沿江公路与全国铁路运输系统联成一体，将使长江三角洲的交通成为区域一体化的推动力量。优化的交通格局与整个长江流域经济相互关联，促进长江三角洲地区产业巨大的经济效益和社会效益。

《解放日报》、《文汇报》等大报曾经连续对长江三角洲各城市领导进行了专访，显示该区域内城市高层在一体化方面的思路已基本形成，认识非常到位。现将有关谈话要点综述如下，从中可以看到，一体化的共识，正在长三角地区变成实实在在的行动，这是推动长三角区域经济一体化走在全国前列的根本所在。

链接 4-1

浙江省委常委、杭州市委书记王国平：接轨上海错位发展

长江三角洲是中国经济最发达、活力最充沛的地区之一，上海则是带动长江三角洲和长江沿江经济发展的龙头。在杭州市第九次党代会上，杭州作出了接轨上海、错位发展的重大决策。接轨上海是杭州扩大开放、融入全国、加快发展的重要途径。譬如，杭州的国内游客有1/4来自上海，境外游客也有不少是从上海转道来杭州的。今年1月至7月，杭州接待境外游客53万人，预计全年可超过100万人，而上海的境外游客一年已达到三四百万人。不言而喻，杭州的发展，一定要接轨上海。而上海的发展，对杭州是有力的促进和带动。

如今，杭州接轨上海的思路已愈加明晰——互补型、错位式。杭州将充分发挥自身优势，瞄准上海需求，服务上海发展。在产业上，上海有的、强的、优的，杭州不一定要搞，而要以比较优势作为“切入口”，做大做强“人无我有”的特色产业。上海是国际大都市，近年来大力发展会展游、商务游；杭州是“人间天堂”，自然、人文景观丰富，可以将商务游、会展游和观光游更好地融为一体；上海是国家芯片制造业的重要基地，杭州则是国家软件产业化基地和集成电路设计产业化基地，杭州可以为上海提供配套服务；杭州“旅游西进”，正在开辟一条高“含金量”的旅游新线路，把上海、杭州和黄山串在一起，形成世界级的黄金旅游线。目前，从杭州到安徽的高速公路已经开工……可以说，杭州“城市东扩、旅游西进、沿江开发、跨江发展”的四大发展战略中，都有接轨上海的“影子”：杭州从“西湖时代”步入“钱塘江时代”，大手笔建设钱江新城，宛如昔日上海的浦东开放开发；西湖南线景区整合，参照坐标系之一就是上海的衡山路。沪杭两地互动发展在新世纪里一定能迈出新的步伐。

链接 4-2

浙江省委常委、宁波市委书记黄兴国：依托上海发展宁波

甬沪地相近、人相亲、文相通，历史渊源深厚。从上海开埠起，宁波人就参与上海的经济社会生活，做了不少事情。改革开放以来，宁波继续参与上海的发展，大量企业为上海工业配套，两千多家企业进沪发展，宁波的建筑企业在上海取得的“白玉兰奖”难计其数。宁波还为上海提供菜园子、菜篮子、菜盘子，上海绿色蔬菜种植基地的牌子插到了宁波的田头。

宁波的发展也离不开上海。从二十世纪七八十年代宁波乡镇企业的发展，到如今享受浦东开发开放的成果，上海对宁波乃至浙江的辐射带动作用巨大，不只是在经济范畴，上海改革开放的成功经验、制度创新的成功做法，对宁波、对周边地区、对江浙都有很大的借鉴作用。我们明确提出两句话：“依托上海，发展宁波；服务上海，有所作为。”

我国东部沿海地区正在崛起环渤海湾、长江三角洲和珠江三角洲三大城市群。其中最有潜力、最有实力、发展最快的是以上海为“龙头”的长江三角洲城市群。上海是经济中心、国际大都会，它拥有的资源、成果是我们可以共享的。甬沪两地可以通过加强经济合作，实现优势互补、资源共享。党中央、国务院作出重大战略决策，建设洋山深水港，我们非常拥护非常支持。在把上海建成东北亚航运中心的进程中，北仑港可以发挥积极作用。

链接 4-3

嘉兴市委书记陈加元：从接受辐射转向全面“对接”

嘉兴正在从靠近上海向主动同上海全面“对接”融合转变。长江三角洲是一个共同体。如今，世界产业、国际资本向发展中国家转移，环太平洋地区是重点区域，中国则是这一区域中的“热点”，而长江三角洲则是“热点”中的首选之地。长江三角洲发展前景看好，上海的“龙头”地位、作用越来越突出。

长江三角洲经济合作的首先是15个城市搞好“大合唱”，淡化行政边界，强化经济联系，生产力布局、产业结构调整应做一体化考虑。其次，必须淡化单边动作，强化互动、协作。在经济一体化背景下，任何大小城市都不可能“包打天下”，万事不求人。各个城市只能在既有分工中扮演好自己的角色；再其次，必须淡化行政手段，强化市场作用。特别是“入世”后，企业是主体，主要途径是市场，政府主要做好引导、推动、促进工作，通过共同努力，变行政区划为经济区域，共同构筑经济圈、市场圈，形成像纽约、东京地区似的大都市圈，真正成为中国经济的“火车头”。那样长江三角洲的潜力、能量会进一步迸发出来。

互动、双赢，就是谁也不吃掉谁。过去人才流动，称为“挖人才”，现在叫做资源优化配置，从“留”转为“流”。要素流动起来才会增值，不流动就会价值递减。人流、物流、信息流……合理流动、共同利用，效益就成几何级放大，这完全符合长江三角洲15个城市的共同利益。

1992年，嘉兴提出接轨上海的战略，至今已过去了十多年，日益深入人心，得到社会认同。这种接轨将向全方位、宽领域、高水平的对接转变。嘉兴除了与上海进行产业“对接”外，还将大力推动两地资源互补、要素共享，比如与上海外国语大学合办宏达外国语学校，与中科院上海分院携手进军生物领域；上海有内联“24条”，嘉兴也要出台相应的政策与之接轨……真正和上海融为一体，你中有我，我中有你；嘉兴还要加快与上海大型基础设施如信息网、交通网等的“对接”步伐，成为上海功能区不可分割的一部分。

杭州湾跨海大桥把上海与宁波的距离缩短了一个多小时，嘉苏高速公路开通后，加上沪杭铁路、沪杭高速公路，嘉兴正处于这一“8”字型交通网的交汇处，可以更便捷地承接来自上海、杭州等大城市的辐射。嘉兴还将把上海规划中的经松江到枫泾的轻轨、环海铁路延伸到乍浦或嘉兴，从而与上海“环环相扣”。嘉兴作为长江三角洲的经济重镇、上海南翼的港口城市、江南水乡的文化名城，将在融入上海、融入长江三角洲中崛起。

第5章　浙江城市旅游目的地的生态化

5.1　生态旅游城市概述

生态城市是前苏联城市生态学家 O. Yanitsky（1987 年）提出的一种理想栖境，指按生态学原理建立起来的一类社会、经济、自然协调发展，物质、能量、信息高效利用，生态良性循环的人类聚居地，即高效、和谐的人类栖境。这一构想为人们指出了 21 世纪城市建设的总体方向，它是在城市经历了几千年的发展历史，针对今天在城市发展中出现的各种弊病和当代人类追求一个现代化、高效率、规范化的城市的现实基础上提出来的。作为对于生态环境要求十分高的旅游城市特别需要认真研究，着眼于跨世纪的可持续发展，把“生态城市”作为 21 世纪旅游城市发展的目标。

5.1.1　生态旅游城市的含义和基本特征

根据华东师范大学生态学教授宋永昌等的观点，生态城市应是结构合理、功能高效和关系协调的城市生态系统。这里所谓结构合理是指适度的人口密度、合理的土地利用、良好的环境质量、充足的绿地系统、完善的基础设施、有效的自然保护；功能高效是指资源的优化配置、物力的经济投入、人力的充分发挥、物流的畅通有序、信息流的快速便捷；关系协调是指人和自然协调、社会关系协调、城乡协调、资源利用和资源更新协调、环境与承载力协调。

1. 生态城市的内涵

生态就是生物和环境的关系。生态城市的“生态”，包括人与自然环境的协调关系以及人与社会的协调关系两层含义。生态城的概念包括三个层次的内容：第一层次为自然地理层，这一层次是城市人类活动的自发层次，是城市生态位的趋势、开拓、竞争和平衡的过程，最后达到地尽其能，物尽其用；第二层次是社会功能层，重在调查城市的组织结构和功能，改善子系统之间的冲突关系，增强城市这个有机体的共生能力；第三层次即文化意识层，旨在增强人的生态意识，变外在控制为内在调节，变自发为自觉。

2. 城市生态系统的特点

（1）城市生态系统是以人为主体结构的生态系统；

（2）城市生态系统是容量大、流量大、密度高、运转快的开放生态系统；城市生态系统的消费者与生产者之间是倒金字塔形；

（3）城市生态系统是一个独立性差、依赖性强的脆弱的生态系统；

（4）城市生态系统本身具有一定的负荷能力。

在城市生态系统中要建立和谐稳定的生态关系，取决于该系统的结构完善和功能的增强以及和其他生态系统的协同关系。

3. 城市生态系统的结构

城市生态系统可分为社会、经济、自然3个亚系统，各个亚系统又可分为不同层次的子系统，彼此互为环境。社会生态亚系统以人口为中心，包括基本人口、服务人口、抚养人口、流动人口等。该系统以满足城市居民的就业、居住、交通、供应、文娱、医疗、教育以及生活环境等需求为目标，为经济系统提供劳力和智力。它以高密度的人口和高强度的人口消费为特征。经济生态亚系统以资源（能源、物质、信息、资金等）为核心，由工业、农业、建筑、交通、贸易、金融、信息、科教等子系统所组成。它以物质从分散向集中的高密度运转，能量从低级向高级的高强度集聚，信息从低序向高序的连续积累为特征。自然生态亚系统以生物与环境的协同共生及环境对城市活动的支持、容纳、缓冲及净化为特征。总之，自然亚系统是基础，经济亚系统是命脉，社会亚系统是主导，它们相辅相成，相克相生，导致了城市这个复合体兴盛衰亡的复杂的人工生态演替现象。

4. 城市生态系统的功能

（1）生产功能。为社会提供丰富的物质和信息产品，包括第一性生产、第二性生产、流通服务及信息生产4类。

（2）生活功能。为市民提供方便的生活条件和舒适的栖息环境，满足居民基本的物质、能量、空间、精神、信息和时间的需求。

（3）还原功能。保证城乡自然资源的永续利用和社会、经济、环境的平衡发展，即一方面必须具备消除和缓冲自身发展给自然造成不良影响的能力；另一方面在自然界发生不良变化时，能尽快使其恢复到良好状态，包括自然净化和人工调节两类还原功能。城市生态系统的功能是靠其中连续的物流、能流、信息流、货币流及人口流来维持的。它们将城市的生产与生活、资源与环境、时间与空间、功能与结构，以人为中心串联起来。

5. 生态城市与传统城市的比较

（1）和谐性。生态城市的和谐性，不仅反映在人与自然的关系上，自然、人共生，人回归自然、贴近自然，自然融于城市，更重要的是在人与人的关系上。生态城市不仅是一个自然绿色的人居环境，而且是关心人、陶冶人的“爱的器官”，文化是生态城市最重要的功能，文化个性和文化魅力是生态城市的灵魂，这种和谐性是生态城市的核心内容。

（2）高效性。生态城市提高一切资源的利用效率，物尽其用，地尽其利，人尽其才，各施其能，各得其所，物质、能量得到多层次分级利用，废弃物循环再生，各行业、各部门之间的共生关系协调。

（3）持续性。生态城市是以可持续发展思想为指导的，兼顾不同时间、空间，合理配置资源，公平地满足现代与后代在发展和环境方面的需要，不因眼前的利益而用“掠夺”的方式促进城市暂时的“繁荣”，保证其发展的健康、持续、协调。

（4）整体性。生态城市兼顾社会、经济和环境三者的整体效益，不仅重视经济发展与生态环境协调，更注重对人类生活质量的提高，是在整体协调的新秩序下寻求发展。

（5）区域性。生态城市作为城乡统一体，其本身即是一个区域概念，是建立在区域平衡基础之上的，而且城市之间是相互联系、相互制约的，只有平衡协调的区域才有平衡协调的生态城市。

5.1.2 旅游与环境的辩证关系

与旅游相对应的环境，一般是指具体的旅游客体（如旅游区、旅游景点、旅游产品等）影响旅游主体（游客）旅游行为的各种外部因素的总和，具体包括社会环境、自然生态环境、旅游气氛和旅游资源。这里所讨论的环境，仅仅指旅游资源和自然生态。旅游业与环境是紧密相联的，一方面，旅游业所能提供的旅游景观特点由环境决定，保护好自然环境和旅游资源是旅游发展的先决条件；另一方面，旅游业的发展，也能对环境产生相当的积极或者消极影响。

正如一把双刃剑，随着大批游客涌入各旅游区，旅游对环境产生的影响具有双重性，既可能是积极的，也可能是消极的。世界旅游组织顾问爱德华·英斯基普（Edward Inskeep）先生曾对这种双重影响做了大量的研究，其研究成果大致可归纳如下。

1. 积极的影响：环境效益

如果对旅游业进行良好的规划、开发和管理，就能产生重要而且积极的环境影响，主要包括：

（1）发展旅游是环境保护的重要手段。因为发展旅游有助于调整和支付对自然景观、野生动植物、历史遗迹以及建筑特点的保护费用。

（2）发展旅游有助于提高旅游区的环境质量。因为游客都喜欢到富有魅力，干净而未受到污染的地方旅游，从而刺激各地对环境的净化与保护。

（3）发展旅游是增强环保意识的有效方法。旅游可以通过让当地居民，尤其是年轻一代看到游客们对环境保护的浓厚兴趣，从而提高环境保护意识。

（4）发展旅游改善旅游地基础设施。有助于减少环境问题，变生态循环的无序为有序，促进环境的健康发展和合理优化。

2. 消极的影响：环境问题

如果旅游的规划、开发和管理不当，就会对环境产生如下消极影响：

（1）水污染。指旅馆、饭店和其他设施中的污水和固体垃圾处理不当，可造成地表水资源（河流、湖泊和海滨水资源）污染以及地下水资源污染。

（2）空气污染。指过多地在旅游地使用的内燃机车辆，其排放物所产生的空气污染，以及旅游设施构筑过程中所产生的空气污染。

（3）噪音污染。指旅游交通运输产生的噪音污染，以及因旅游活动、旅游设施的集中而造成的噪音污染。

（4）视觉污染。指设计不良的旅游设施、规划拙劣的旅游布局、风格不当的建筑物等所引起的视觉污染，以及垃圾及其处理所导致的视觉污染。

（5）废弃物污染。指游客在旅游区乱扔废弃物引起的垃圾弃置问题和由于旅游设施本身的原因而引起的废弃物弃置不当所产生的固体废弃物污染。

（6）生态污染。指游客的行为不恰当，以及旅游设施布局不合理所造成的生态破坏。

（7）土地浪费。指不恰当的规划、旅游设施选址、旅游景点布局以及对旅游景点及设施的管理不力引起的土地使用问题。

中国学者曾经对旅游产生的污染进行了定量测算，其结果如表 5-1 所示。

表 5-1　旅游者产生的主要污染物量（中国）[①]

1．粪便	400 克/（人·日）
2．BOD	40 克/（人·日）
3．氨氮	7 克/（人·日）
4．悬浮固体	60 克/（人·日）
5．不居住游人产生垃圾	200 克/（人·日）（公园）
	500 克/（人·日）（远足）

总之，在旅游与环境之间，既存在着相互促进的正面效应，也存在着相互矛盾的负面效应，那种视“旅游业”为“无烟产业”，认为发展旅游业不存在环境污染的看法，是与客观实际相违背的。造成这种认识错误和行动盲从的根源在于没有把环境资源的消耗纳入旅游成本，从而忽略或歪曲了旅游成本的构成，低估了旅游成本水平，虚增了旅游新创造的价值。从私人成本和社会成本的关系来讲，如果旅游对环境的消极影响能够控制在旅游区生态系统自我调节的限度内，私人成本和社会成本是一致的；如果这种消极作用不能控制在相应

① 《旅游与环境》编写组：《旅游与环境》，中国环境科学出版社，1986 年，第 14 页。

的限度内，私人成本就大大低于社会成本，产生外部不经济。

作为社会发展的重要组成部分，旅游业是实现国家可持续发展不可缺少的因素。而且，无论是从旅游业对自然禀赋和社会遗赠的依赖，还是从旅游与环境的辩证关系来看，旅游业都是最需要实现可持续发展的领域之一。

5.1.3 旅游城市环境生态化是旅游发展的必然趋势

1. 人类文明的可持续发展规律的要求

就人与自然的关系而言，人类文明是从原始文明发展为农业文明，由农业文明发展为工业文明，然后由工业文明发展为生态文明。这是一条文明发展的规律。在人类文明发展的各个阶段，特别是农业文明、工业文明、生态文明阶段，旅游城市相应呈现出不同特点，如建筑、道路、河流湖泊、山林岛屿以及绿色环境，乃至于天空，都会呈现出不同的形态。人类在向自然索取的过程中，既给自己营造了幸福，又给自己造成了祸患。只有迈向生态文明，才能可持续发展。所以这个生态文明的大趋势，必然促进旅游城市环境的生态化。

2. 治理种种污染是建设旅游城市的当务之急和长期任务

当今城市的污染主要有以下几种：

（1）水污染。例如长江水环境污染日益严重，全流域污水排放量每年约以3%的速度递增，目前每年排放量约为150亿吨，占全国废水年排放总量的36%，其中工业废水年排放总量85亿吨，城市生活污水年排放总量为65亿吨，分别占全国工业废水和城市生活污水年排放量的42%和34%。从攀枝花开始到入海口，沿长江干流岸边污染带已长达560余千米，严重恶化了长江沿岸的旅游城市的水环境。

（2）空气污染。据国家环保局2000年5月统计，在重点城市功能区环境质量方面，全国有30座城市大气未能达标，15个城市水环境未能达标，有32座城市两项均未能达标，也就是大气质量未达标的城市有62座之多。这就使营造“天要蓝”的旅游环境遇到了很大困难。

（3）噪声污染。据上海环保部门监测显示，离火车头 8 米左右的躁音为 100 分贝，其声浪构成的污染范围为 100 米左右，如此高的分贝量让人难以忍受。在车水马龙的繁华街道，由于车流量大，人员繁杂，分贝也较高。例如法国、德国等欧洲许多国家公交车报站用电子显示，乘客到站可以按按钮告诉司机，车上没有车载广播。

（4）道路污染。道路污染的最明显表现是各类垃圾未及时清扫。现在许多城市的马路是水泥路、柏油路，还有的是彩色大理石或水泥路面，外形美观。但给城市生态环境留下很大隐患：封闭性道路阻隔了雨水与地下水的交融，使污染物混入其间，加重城市的环境污染；水泥路面和柏油路面吸收、储存并反射太阳的热量，提高了地面平均温度，强化了城市的热岛效应。

（5）垃圾污染。城市工业垃圾、生活垃圾、旅游垃圾等构成污染。就旅游景区而言，其中“白色污染”尤为严重。2000 年“五一”期间，杭州西湖周边 20 多个风景区，7 天内共清运垃圾 400 余吨，而且 80%的垃圾是杭州市早已禁止使用的泡沫塑料饭盒等不可降解垃圾。

要建设好一座旅游城市，上述种种污染必须及时得到治理，这是当务之急，也是一个长期的任务，旅游城市说到底，首要的是要有一个良好的环境，特别是要有一个良好的生态环境。只有将种种污染加以治理，才能从根本上营造好一个旅游城市的旅游环境。

3. 现代旅游者对旅游城市的最基本要求

竞争的社会，繁重的工作，紧张的节奏，使人们产生了在旅游中回归自然的要求；个人经济能力的提高，可自由支配时间的增加，也使在旅游中回归自然成为可能。在旅游城市中，旅游者回归自然的最根本问题，就是城市必须自然化，必须营造完善的生态环境。城市的山川河水，城市的生态建筑和马路，城市的绿色商品和食品，城市的生态园林和动植物，乃至于城市的空气、声音等，都要达到生态平衡的要求。营造完善的生态环境，不仅是城市休闲度假的需要，也是城市风貌观光旅游的需要，同时也是城市商务旅游、会议展览旅游以及工业旅游、农业旅游、科普旅游、修学旅游、体育旅游、医疗卫生旅游等专项旅游的必备条件。

5.2 “生态浙江”与浙江城市旅游目的地发展

随着旅游活动的蓬勃开展和旅游资源的不断开发，传统旅游发展方式中的一些不足（如只顾眼前利益而忽视旅游资源的可持续利用，只注重经济利益而忽视旅游的社会、生态效益等），已经成为旅游城市进一步发展的严重障碍。如何克服这些弊端，用可持续发展理论指导旅游业，推广可持续旅游，并实现旅游城市的持续发展，已经成为所有旅游城市关注的焦点。

浙江省地处中国东南沿海长江三角洲南翼，是一个地域小省、资源小省，同时又是一个人口大省、经济大省。全省环境容量非常小，产业分布也很不平衡，70%的人口集中在20%的平原地区，经济布局也相对集中于沿海及平原地区。改革开放以来，浙江经济持续快速发展，国内生产总值年均增长13.1%，2004年实现GDP 11 243亿元，经济总量跃居全国第4位。经济的快速增长给资源、环境带来了很大的压力。特别是跨入新世纪，浙江省进入了加快推进工业化、城市化，全面建设小康社会、提前基本实现现代化的新阶段，经济社会的发展对资源、环境提出了更高的需求。如果不从根本上转变传统的粗放型经济增长方式，必然会带来更严重的资源浪费和环境问题，反过来严重制约经济社会的持续发展。因此，必须按照科学发展观确立新的发展理念，更加注重生态建设和环境保护，更加注重经济社会与人口资源环境的协调和可持续发展。正是立足于这样的基本省情和发展理念，浙江省委、省政府把握规律，审时度势，作出了进一步发挥浙江的生态优势，建设生态省，打造“绿色浙江”的重大战略决策。2003年1月，经国家环保总局批准，浙江成为继海南、吉林、黑龙江、福建之后的全国第5个生态省建设试点省份。2003年7月，浙江省委、省政府组织召开全省生态省建设动员大会，动员全省力量，开始全面启动建设生态省。在国家环保总局的关心和支持下，浙江生态省建设呈现良好的发展态势，全省各地齐心协力，各项工作相得益彰、整体推进。

中国科学院公布的2004年中国可持续发展战略报告中，浙江环境支持能力排在西藏、海南之后，居全国第3位。环境支持能力主要根据区域环境水平、区域生态水平、区域抗逆水平三个指标体系科学设定。中国可持续发展战略报告由中科院每年公布一次，在环境支持能力方面，浙江省已连续三年居全国第3位。

数据显示："十五"期间，浙江省经济在保持年均两位数增长的同时，环境质量总体保持基本稳定，环境污染和生态恶化加剧的趋势得到初步控制。

水质：2004年，浙江省有52.1%的断面水质达到或优于地表水环境质量III类标准，而同期全国七大水系的413个国控断面中，I～III类占41.6%。地处平原河网地区的嘉兴市多年来首次实现部分出境水质优于入境水质。

空气：全省11个市空气质量年均值均达到国家二级标准。2004年被列入全国113个重点城市的浙江省5个城市中，按综合污染指数由小到大排序，湖州、绍兴、宁波和温州市分别位居达标城市的第23、第25、第30和第32位，属中上水平。

海洋：近岸海域水质基本稳定，2004年海洋富营养化程度略有减轻。食用贝类麻痹性贝毒测试结果均在安全食用的标准范围内。

噪声：全省城市声环境质量多年来总体保持稳定水平。

5.2.1 科学发展观加速生态革命

浙江在保持经济高速增长的同时能获得骄人的生态成绩单，实属不易。成绩的背后，是省委提出的建设生态省战略的结果。

生态兴则文明兴，生态衰则文明衰。创建生态省，打造"绿色浙江"，是保护和发展生产力的客观需要，是实施可持续发展战略的具体行动，是增强浙江省综合实力和国际竞争力的必由之路。

2003年1月，浙江省十届人大一次会议把"生态省建设"列入《政府工作报告》，成为浙江人民今后20年的奋斗目标。

2003年3月18日，《浙江生态省建设总体规划纲要》在北京通过了省政府和国家环保总局主持的专家论证会。习近平在会上要求，坚持不懈地推进生态省建设，一任接着一任干，一年接着一年抓，努力把浙江率先建成经济繁荣、山川秀美、社会文明的生态省。

2003年7月11日，省委、省政府举行"全省生态省建设动员大会"，生态省建设正式拉开序幕。

2004年10月12日至13日，"2004中国·浙江生态省建设论坛"在杭州召开，通过了《浙江宣言》。

此后，在省委、省政府的部署下，从组织机构的建立到工作责任的层层落实，从生态规划的全面编制到配套政策的相继制订，从资金的投入到重点项目的建设推进，生态革命在浙江各地迅速展开，如火如荼。

生态省建设离不开政策的推动。目前，浙江省正建立健全生态补偿机制，《浙江省绿色国民经济核算和环境污染经济损失调查工作方案》正在实施中。同时，生态省建设有关指标被浙江省委组织部列入了干部考核的重要指标。《浙江省生态功能区划》、《浙江生态省建设科技促进纲要》、《关于加快全省工业循环经济发展的若干意见》等一系列配套政策的制定，为生态省建设提供了技术支持和法律保障。

生态省建设离不开资金的保障。2005年，浙江的百亿生态环境和生态建设重大项目累计投资额达到168亿元，比上年增长14.7%。全年争取到环保设施和污水处理项目国债资金4.2亿元。省级财政全年安排生态环保建设专项资金6.55亿元，比上年增长16.5%，重点生态公益林建设补助标准由每亩3元提高到8元。一些市、县（市、区）设立了生态建设专项资金，省、市、县三级财力在生态省建设中的聚合作用正在逐步形成。

生态省建设必须以环境污染整治为前提和突破口。2004年10月，浙江省政府又提出“用三年多时间，集中力量解决各地突出的环境污染问题”的“811”环境污染整治行动，并确立了本届政府要达到的“两个基本”和“两个率先”的目标，即“全省环境污染和生态破坏的趋势得到基本控制，突出的环境污染问题得到基本解决，在全国率先全面建成县以上城市污水、生活垃圾集中处理设施，率先建成环境质量和重点污染源自动监控网络”。

5.2.2 生态建设实践亮点纷呈

经济增长与环境保护这对曾被认为难以调和的矛盾，正在浙江的每一步向前发展中逐渐融合和协调。

在建设生态省的道路上，政府部门的工作思路正在发生深刻的变化，各行各业的发展轨迹正呈现可贵的转向：从重工业轻生活向工业与生活并重转变；从重城市轻农村向城乡统筹一体化转变；由末端治理向源头和全过程控制转变；

从重污染防治轻生态保护向污染防治与生态环境保护并重转变。

2005年，杭州环境质量在全国47个重点城市中列第30位，环境问题较严重。为此，杭州市下发《关于建立健全生态补偿机制的若干意见》，启动生态补偿机制，用经济杠杆淘汰污染企业。

杭州市十届人大五次会议上，钱塘江流域生态保护成为出席会议的人大代表的关注焦点。会议的“一号议案”就是“关于加大钱塘江流域生态保护力度，建立生态补偿机制的议案”。杭州市有关部门制定科学的生态补偿标准体系，根据市政府对下属区、县（市）政府环境保护和生态建设目标的责任考核内容，结合流域生态环境质量指标体系、万元GDP能耗、万元GDP水耗、万元GDP排污强度、交接断面水质达标率和群众满意度等指标，科学地安排生态补偿专项资金。为公平合理安排生态补偿专项资金，对生态环境保护好的区、县（市）给予重点补助，对生态环境保护欠佳但考核结果比上年有进步的区、县（市）给予适当补助，对生态环境保护不力的区、县（市）则相应减少补助。

以前的政策是“谁污染谁治理”，治污效果不明显，现在政策变为“谁治污谁收费”，这给投资环保业带来了巨大的收益想象空间，许多浙商纷纷投资。

在环境污染整治方面：探索实践出了“减量化、再利用、资源化、无害化”的路子。截至2005年底，全省累计建成运行污水处理厂43座，处理能力达到372.82万吨/日，污水管网7 488千米；累计建成生活垃圾处理厂82座，处理能力达23 812吨/日。建成生活垃圾无害化处理厂（场）36座，日处理能力达到10 621吨。新增城市绿地面积1 000公顷。截至2006年底，全省创建国家级生态示范区的市、县（市、区）39个，生态乡镇24个，环境优美乡镇10个；杭州、宁波、绍兴等城市建成了国家环保模范城市。以畜禽养殖污染防治为突破口，全省规模化畜禽养殖场污染治理率达到60%。

“千村示范、万村整治”工程顺利进行。据浙江省农办统计，2005年上半年启动建设示范村200多个，启动环境整治村2 500多个，道路面积、自来水使用人口、绿化面积、公共厕所、垃圾箱和路灯安装数等都有大幅度地增长，用于村庄整治建设的资金投入总额达58.14亿元。截至2007年底，浙江省累计建设全面小康示范村1 181个、环境整治村10 303个，超额完成第一轮“千村示范万村整治”工程的建设任务。

积极推进清洁生产，实行生产过程的污染控制。全省已有100余家企业通过了清洁生产审核，编制了环杭州湾产业带生态建设规划和温台、金丽衢产业带建设的生态环境保护规划；全省4个市、10个县（市、区）、20个工业园区（块状经济）和100家企业成为省级工业循环经济首批试点单位。

生态保护与建设整体推进。到2004年底，建成各级自然保护区50个，占全省国土面积的1.42%；省级以上森林公园78个，省级以上风景名胜区53个。

绿色学校、绿色社区、绿色家庭、绿色医院、绿色企业、绿色饭店等绿色系列活动更是风起云涌。

尤其值得一提的是，在“811”污染整治风暴中，不少地方政府下了大决心，动了大力气，取得了真实效。“811”污染整治中首当其冲的钱塘江水系水质有了明显好转。

衢州人彻底告别了沿袭400多年的土法竹造纸历史，可使钱江源头每年减少2 000多万吨造纸废水排放。

环保压力成为企业的发展动力。巨化集团、浙江蜜蜂集团等企业通过巨资投入、科技创新、清洁生产，努力提前实现氨氮治理目标，并以此为契机，加快推进企业结构的调整和产业的提升，创造了新的效益。

“要真金白银，更要青山绿水。”近年来，就有二三十个投资项目因过不了环评关在常山吃了“闭门羹”。在安吉，投资项目再大，但要是不合环保要求，那就免谈。绍兴还建立了生态环境质量的责任考核机制。

问渠哪得清如许？仅有源头的活水是不够的，只有观念更新、设施到位、执法严格、公众参与，各方面都行动起来，才能让人与自然真正做到和谐相处。

5.2.3 生态经济和生态文明蓬勃兴起

务实的浙江人民正在以务实的行动实践着经济社会发展与环境保护“双赢”的目标。生态工业、生态农业、生态旅游业……这些生态战略的实施，让浙江的天更蓝、水更清、人更美。

在杭州、上海等各大超市，“个个健”、“竹康宁胶囊”被摆上了显眼的位置。来安吉旅游的外地人，总要喝瓶“竹啤”润润喉。这些产品中的主要成份竹叶黄酮，是从被废弃的竹叶中提取的。安吉圣氏生物制品有限公司就是专门“吃”废弃竹叶，将竹产品延伸至医药中间体、保健品及原料等的企业。竹制品高新技术企业不断引进，竹资源利用以物理利用为主向生化利用为主转变，安吉的“看家”产业——竹制品产业，已迈出二次创业的步伐。而这正是安吉大力发展生态工业的一个缩影。

在上虞，蓝星造纸厂的原料是回收来的废纸，而产生的碱性废水最终去向是蓝星热电厂，在这里被水膜除尘器脱硫、除尘，到达废水集中处理站。经过处理后的中水，回用于造纸厂的废纸制浆、企业消防、绿化灌溉。废纸、废水、电厂煤渣、煤灰……通过一个资源、能源的利用互补网络，蓝星形成了符合循环经济方向的生态产业链，把污染消灭在产业链当中。

改变环境治理与生产过程相脱节的旧模式，注意从源头上减少污染；在资源节约中实现增长，并以循环的方式推动发展。浙江省正沿着生态经济的发展路径前行，并努力在企业内部、企业之间、企业与社会整体之间形成循环发展的良性格局。

绿色社区让环保成为一种生活方式，一种文化品味，一种家家户户参与的行为。谁能想到吃剩的鱼骨头、蟹壳，凋落的花瓣、枯叶，剩余的布头、纸片，还可以派上大用场？的确，这些“废物”经过杭州德加社区居民高思信老人的巧手，却变成了梅、兰、竹、菊四君子图。

绿色生活正在日益成为社区居民关注的话题。绿色社区不只是城市居民的专有名词，农村居民也能创造崭新的绿色生活，让日子过得更加有滋有味。开化钱江源、柯桥七里乡农家乐的崛起，靠的就是“真山真水真空气”；浙北三大古镇的蹿红，靠的就是未遭破坏的原生态。

5.2.4 城市旅游服务设施抓到实处

浙江省各地十分重视城市公共服务设施，各市、县（市、区）旅游集散（咨询）中心、旅游厕所及旅游标志牌建设进展情况如下。

杭州市：市区及淳安、临安、余杭、建德、桐乡旅游集散中心已建成投入运作；杭州黄龙旅游集散中心已与长三角各旅游城市联网运行，市区已建成7个旅游咨询中心（点），建成黄龙、之江旅游换乘中心，紫金港旅游换乘中心正在建设中；新建改建旅游厕所125座；新设旅游标志牌500多块，总投资约150万元。

宁波市：建成宁波旅游咨询服务中心，计划建设集旅游集散、咨询、购物、行政管理等功能于一体的更大规模的宁波旅游中心。奉化市、北仑区、余姚市、江北区已建成旅游咨询中心，鄞州区正在筹建；已建成三星级以上旅游星级厕所90座；新设旅游标志牌250多块，总投资约255万元。

温州市：市区及永嘉旅游集散中心已建成投入运作；新建改建旅游厕所35座；新设旅游标志牌178块，总投资约300万元。

湖州市：市区及德清、安吉、南浔旅游集散中心已建成投入运作；新建改建旅游厕所30座；新设旅游标志牌120块，总投资约100万元。

嘉兴市：桐乡乌镇旅游集散中心已建成投入运作，市区旅游集散中心正在筹备建设中；新建改建旅游厕所37座；新设旅游标志牌18块，总投资约25万元。

绍兴市：市区及绍兴县、诸暨市旅游集散中心已建成投入运作，其他县（市、区）正在筹备建设中；新建改建旅游厕所85座；新设旅游标志牌95块，总投资约180万元。

金华市：市区旅游集散中心2006年11月投入运作；新建改建旅游厕所30座；在重要交通干道上均设置了重点旅游区的旅游标志牌。

衢州市：在市区火车站、民航站等主要游客集散地设立了10个旅游咨询服务中心（点），正在启动衢州浙赣闽皖旅游集散中心项目建设；新建改建30多座旅游厕所；新设旅游标志牌300块，总投资约100多万元。

舟山市：市区及各县区、重点旅游景区设置了10个游客集散（服务）中心，总投资约1 160万元；新建改建旅游厕所15座，总投资130万元；新设旅游标志牌320块，总投资约100万元。

台州市：2006年建成台州市旅游咨询服务中心，下设7个旅游咨询服务中心（点）；临海旅游集散中心已建成投入运作；新建改建旅游厕所101座，其中，按四星级标准改建1座，按三星级标准改建的已完成5座，按二星标准改建的已完成4座，有91座处于在建阶段；新设旅游标志牌180块，总投资约200多万元。

丽水市：已建成市区和青田、龙泉、景宁4个旅游集散（咨询服务）中心，其中市旅游集散中心投资1 100万元；新建旅游厕所40座；投资40万元在杭金丽温高速公路两侧竖立了11块广告牌，投资209.3万元新增旅游标志牌138块。

5.2.5 “生态浙江”战略取得成效

1. 规划先行，政策引导，生态建设全面展开

在国家环保总局的指导下，浙江省政府制订并颁布实施了《浙江生态省建设规划纲要》，明确了生态省建设的总体目标和主要工作举措。总体目标是：充分发挥区域经济特色和生态环境优势，在发展中加强生态环境建设，经过20年左右的努力，基本实现人口规模、素质与生产力发展要求相适应，经济社会发展与资源环境承载力相适应，把浙江建设成为具有比较发达的生态经济、优美的生态环境、和谐的生态家园、繁荣的生态文化，人与自然和谐相处的可持续发展省份。确定的主要任务是：通过2003—2005年的启动阶段、2006—2010年的推进阶段、2011—2020 年的提高阶段等三个阶段，实施生态工业与清洁生产、生态农业与新农村环境整治、生态公益林建设、万里清水河道建设、生态环境治理、生态城镇建设、下山脱贫和帮扶致富、碧海建设、生态文化建设、科教支撑与管理决策制度建设等十大重点工程，努力完成构建生态省建设五大体系的主要任务（一是建设以循环经济为核心的生态经济体系；二是建设可持续利用的自然资源保障体系；三是建设山川秀美的生态环境体系；四是建设人与自然和谐的人口生态体系；五是建设科学高效的能力支持保障体系）。

在该规划纲要的指导下，各市、县和省级各有关部门都结合自身实际完成了规划的编制工作。在此基础上，各地加大了对生态乡镇建设工作的指导和推进力度，全省已有400多个乡镇开展了生态乡镇建设规划或实施方案的编制。在组织编制完成环杭州湾、温台沿海、金衢丽高速公路沿线三大产业带规划时，同步完成了生态环境和环境保护规划的编制。各设区市人大或人大常委会均作出了建设生态市的决议或决定，各级政府积极出台相应的配套政策，从统筹规划、分类指导、强化考核、健全机构等各方面入手，建立生态省、市、县建设的行政推进机制。

2. 加大投入，调整支出结构，生态项目稳步推进

为加快推进生态省重点领域和重大项目的建设，浙江省政府进一步完善了对市、县（市、区）的财力补助政策，加大了环境整治与保护生态公益林的政

策补助力度。2004年，省级财政安排生态建设转移支付资金6.55亿元，比上年增长16.5%，重点生态公益林建设补助标准由每亩3元提高到8元，安排300万元作为年度生态省建设目标责任考核奖励资金。与此同时，充分发挥民间资金充裕的优势，积极引导、鼓励、支持社会资金投向生态省建设，将污水处理、垃圾处置等一批项目推向市场，吸引民间资金投入。近年来，全省坚持以统筹区域协调发展为主线，通过实施省级财政转移支付、推行资源有偿使用、实行异地开发、开展水资源交易与排污权交易等方式，为建立健全生态补偿机制作了一系列探索和实践，不仅促进了浙江欠发达地区和重要生态功能区的发展，也进一步强化了全省的环境保护和生态建设，在整个生态环境的稳定和改善中发挥了积极的作用。

3. 整治环境污染，强化执法监督，生态环境持续改善

浙江不断强化环境保护和生态建设的执法监督管理，相继开展了各部门联合的整治违法排污企业专项行动、清查放射源专项行动、清洁饮水源执法检查、海洋环境保护执法检查和矿山生态环境专项检查等，严厉打击各种环境违法行为。针对重点流域、重点区域、重点行业存在的突出问题，部署开展了“811”全省环境污染整治行动。按照“治老控新，监建并举”的要求，对全省八大水系及运河、平原河网和11个设区市以及11个省级环境保护重点监管区，开展为期三年的环境污染集中整治。省政府出台了《关于进一步加强环境污染整治工作的意见》，省政府办公厅发布了《浙江省环境污染整治行动方案》，分解落实各项整治任务。各地大力加强水土流失治理、清水河道整治、矿山生态修复、生态公益林建设工作，完成了1600平方千米的水土流失治理任务，清理疏浚骨干河道4800千米，建成30多处矿山生态环境治理示范工程，生态公益林累计建成面积达653万亩。经过努力，全省环境质量基本保持稳定，环境污染和生态恶化加剧的趋势得到初步控制。2004年，全省地表水主要水系中有54.5%的断面达到国家一至三类标准，地处平原河网地区的嘉兴市多年来首次呈现了年度出境水质不差于入境水质的状况。城市环境空气质量总体良好，11个市空气质量年均值达到国家二级标准，宁波、温州、绍兴和衢州4个城市全年空气质量二级以上天数均达到90%以上。近岸海域环境污染程度略有减轻，总体水质比上

年有所好转，环境功能区水质达标率略有上升。国家环境监测总站公布的《生态环境质量报告》显示，浙江省生态环境质量指数仅次于海南，位居全国第二，有5个县（市）生态环境质量名列全国前10位。

4. 调整产业结构，转变增长方式，生态经济孕育成长

浙江省按照走新型工业化道路的要求，贯彻实施宏观调控政策，积极培育和发展循环经济，着力构建生态经济体系。围绕省政府《关于开展资源节约活动的意见》，以节能、工业节水、垃圾发电、废旧金属拆解、清洁生产等为重点领域，积极运用高新技术和先进适用技术改造传统产业，淘汰落后生产工艺、设备，积极推行清洁生产，从源头防治污染。全省累计通过清洁生产企业达到123家，年废弃资源利用量超过3100万吨。结合各类园区的整顿、提升和先进制造业基地的建设，规划建设环杭州湾等沿海、沿江、沿路产业带，启动了杭州技术经济开发区等“生态工业园区建设试点工作”。以实施绿色农业示范县建设、健康肥沃标准农田建设等工程项目为重点，大力发展绿色食品和有机食品产业，全省累计通过绿色（有机）食品认证企业数412个，建成无公害农产品基地555万亩，生态农业已成为农民增收的重要途径。不少市、县立足自身优势，以生态环境资源为载体，打响生态旅游的品牌战略，全省80%的A级旅游区（点）达到环境质量标准要求，有130家饭店被授予省级“绿色饭店”的称号。

5. 统筹城乡发展，优化人居环境，生态家园崭露雏形

按照《浙江省统筹城乡发展推进城乡一体化纲要》的要求，在加快推进城市化进程中，加强城市环境综合整治工作。全省已有35个市县累计建成运行污水处理厂42座，处理能力达到367万吨/日，污水管网7 488千米；已累计建成生活垃圾处理厂86座，处理能力达25 733吨/日，所有市、县平均有1座以上的垃圾处理场；建成烟尘控制区3 572平方千米，噪声达标区1 721平方千米；加大城市绿色系统建设的投入力度。杭州、宁波、绍兴等一批城市已成为“国家环保模范城市”或“国家园林城市”，杭州还获得“联合国最佳人居奖”，并被评为“国际花园城市”。以实施“千村示范、万村整治”工程为抓手，推进城市基础设施建设向农村延伸、城市公共服务业向农村覆盖、城市现代文明向农村辐射，

大力推进生态型镇（乡）和农村新社区的建设。全省建成全国环境优美乡镇 10 个，省级生态乡镇 24 个，“全面小康建设示范村”300 个，环境整治村 3 554 个。加大生态示范区、自然保护区、重要生态功能区的管理和建设力度，全省创建国家级生态示范区 39 个，已建成自然保护区 50 个，省级以上森林公园 78 个，省级以上风景名胜区 53 个。积极开展绿色社区的创建活动，倡导绿色文明的生活方式，共命名表彰 237 家省级绿色社区。

6. 加强组织领导，引导公众参与，生态理念渐入人心

浙江省切实把环境保护和生态建设作为各级党委、政府的重要工作来抓，省委、省政府成立了生态省建设工作领导小组，召开了动员大会；省人大常委会通过了关于建设生态省的决定，开展了全省联动的生态省建设和环境保护法执法检查；省政府制定并颁布实施《浙江生态省建设规划纲要》，签订生态省建设目标责任书。通过工作推动和广泛宣传，统筹人与自然和谐发展逐步成为全社会的共识。各级领导干部积极调整工作思路，改变工作方式，着力于把生态理念体现到制定决策、部署工作的各个方面，贯穿到经济社会发展的各个领域。各地切实转变经济发展模式，打生态牌、走特色路，纷纷提出了“生态立市”、“生态立县”、“生态富民”等发展战略。与此同时，全省积极探索建立有利于树立正确政绩观的领导干部考评考绩体系，将生态省建设和环境保护纳入党政干部政绩考核评价指标体系，从体制上、制度上引导各级各部门用科学发展观指导推动生态省建设。通过举办生态省建设论坛、印发《生态省建设知识读本》、积极推进“绿色系列”创建活动等多种形式，广泛开展贴近实际、贴近生活、贴近群众的生态省建设舆论宣传和科普宣传，广大人民群众生态意识逐步增强，“生态兴则文明兴、生态衰则文明衰”的理念已渐入人心。

实践表明，浙江省把生态省建设作为“八八战略”和建设“平安浙江”的重要组成部分，完全符合党中央确定的一系列方针政策和浙江省的实际；这一全局性、长远性、战略性的重大决策，直接关系到浙江经济社会全面、协调、可持续发展，关系到浙江人和自然的和谐发展，关系到浙江人民的根本利益。经过近两年的努力，生态省建设启动阶段的宣传发动、组织构建、制度建立、规划编制、政策制订等各项基础性工作均已完成。这些进展标志着浙江省生态

省建设工作已经提前进入生态省建设的第二阶段，即“推进阶段”。

5.2.6 旅游环境的保护和建设

旅游与环境的辩证关系决定了旅游发展必须以环境保护和建设为前提，这是实现可持续旅游和旅游城市可持续发展的基础。旅游环境的系统性使得旅游环境的保护与建设成为一个复杂的系统任务，不同于一般意义上的环境保护和环境建设，具有更丰富的内涵，至少包括生态、科技、文化、美学保护与建设4个方面。

旅游环境的美学保护和建设，就是运用美学原理与方法对旅游“三要素”的美学价值进行保护和建设。钱塘江、西湖以及浙江的天然山水是具有较高美学价值的大自然杰作，是浙江的旅游环境建设和保护的基础。维护自然美是浙江旅游环境美学保护与建设的浅层意义；保护京杭大运河，并使之与自然美相协调，这是深层意义。因此，要做好旅游环境的美学保护和建设。浙江的旅游业规划意识强、注重管理与服务的艺术水平。新建宾馆、道路等设施的布局与自然、人文景观和谐一致，给人以美感；旅游区景观线路的选择和景物景点设置，处处体现为游客着想；杭州西湖南线游憩带、杨公堤等传递着审美信息，协调游客的审美行动；服务人员在形体、服饰、发型、表情、语言、操作等方面都体现出了高水平的美学修养，能引起游客的审美情趣，等等。运用美学原理与方法提高管理与服务水平，使旅游客体的美学价值得到充分展示，使旅游主体获得更丰富的美感享受和体验，这是浙江城市旅游发展的重要方向。

5.2.7 城市绿化建设

城市生态化发展的主要途径，除了适度控制城市人口规模、加强产业生态化和提高公众生态意识外，更重要的是城市绿地系统建设，包括城市园林绿地建设、城郊森林斑块建设和城市绿色廊道（绿色隔离带）建设。

城市园林绿地被称为“城市的肾脏”，在维持城市人居环境的生态平衡，树立城市良好形象，满足居民休闲、游憩生活的需要方面发挥着重要作用。此外，它能通过物理化学反应达到净化水质、空气，吸附粉尘，防风固沙的功能。

城郊森林斑块一般是在城市外围建设的面积较大的绿色斑块，如防护林、森林公园、自然山林保护区等。除了净化空气，它一方面可以为野生动植物提供良好的栖息环境，有利于生物种类的迁徙与生存繁殖；另一方面可作为城市园林物种的种源，是增加城市生物多样性的良性生态库。

城市绿色廊道可以将孤立的园林绿色斑块、城郊森林绿色斑块，提高物种、群落和生态过程的连续性。绿色廊道建设还起到了通风引道的作用，将城郊绿地系统形成的新鲜空气输入城市，改善市区环境质量。

绿地系统建设在提高人居环境水平，改善城市生态环境质量方面起了非常积极的作用，但在建设过程中也存在一些问题。一些大城市对绿地的规划和建设缺乏从系统、生态角度进行综合考虑，过于突出绿化对城市的装饰美化作用，片面追求视觉景观效果。如在城市中心建立大面积单物种的草坪或花卉图案、以城市几何形态而不是以环境价值为依据建设绿化隔离带。类似这样的绿化建设不但对减少城市环境污染、提高城市自然生态承载能力的效果不明显，反而会因土地低密度开发而使房价上涨，以及因城市蛙跳式蔓延而增加交通出行距离与时间。

5.3 “生态浙江”与生态旅游城市个性创新

5.3.1 富阳打造“山水”城市

富阳在打造“山水”城市品牌中悄然转型。从单纯保护自然环境、简单开发旅游资源，到如今大力宣传推广“山水”牌，打出富阳的城市品牌——富裕阳光之城。这是小城富阳与杭州同步转而经营城市品牌。

当今，城市之间的竞争犹如企业竞争，胜负结果不仅取决于产品，更多地在于企业品牌之间的较量。一座城市要在激烈的竞争中脱颖而出，也必须从经营土地等有形资产，转向经营城市品牌等无形资产。“十一五”之初，杭州亮出“生活品质之城”城市品牌，就是最好的印证。无独有偶，就在杭州确立城市品牌的同时，杭州的郊县富阳也在酝酿自己的城市品牌。“生活品质之城”的诞生，也为富阳人注入了灵感。在广泛征集专家和百姓意见建议，认真研究的基础上，“富裕阳光之城”的城市品牌也由此出炉。“富裕阳光之城”，蕴涵了富阳人民追求“生活富裕、生命阳光”的美好愿望，又与“生活品质之城”城市品牌一脉相承。富阳人认为，他们的城市品牌，是杭州城市品牌战略在富阳最具特色的贯彻和最具个性的落实。

“生活富裕、生命阳光”，既将“富阳”二字融入其中，又包含着“以人为本”、“和谐发展”的理念，既是生产力和生产关系的统一，又是物质与精神的相融，也是城市品牌与城市精神的完美结合，是真正意义上的科学发展，是更高层次上的和谐。

“生活富裕了、身心健康了、生命阳光了，这才是完整意义上的幸福，才是真正意义上的生活品质。这样的城市品牌，是独一无二的，也是富阳差异性最强、认同度最高的品牌。”当前富阳正在学习杭州经验，成立城市品牌推广委员会，大规模地挖掘、宣传这一城市品牌和城市精神，从经营土地等有形资产走向经营城市品牌这一无形资产。

打山水牌是“富裕阳光之城”的必然选择，转而经营“富裕阳光之城”城市品牌，走山水路、打山水牌、建山水城，从某种意义上而言，这是富阳的必然选择。这种选择从今天开始作出，也许富阳就可以跳过发展的诸多瓶颈，实现跨越式发展。跳出富阳看富阳，跳出眼前抓长远，跳出工业抓工业，做到长短结合、远近结合，实现先进制造业和现代服务业“两轮驱动”。因此，富阳要推进整体发展战略的转型提升，使富阳在更大范围、更宽领域、更高层次、更新理念上实现更好更快发展。

对富阳稍有了解的人都清楚，电缆业和造纸业一直是富阳的支柱产业，然而，因进入门槛较低、重要原材料价格上涨，近年来电缆行业已出现产能过剩、利润空间缩小的现象。造纸业虽是富阳的“功臣”，然而也面临着治污和转型的双重压力。更重要的是，在环境保护意识日渐强烈的今天，传统造纸业和以牺牲环境为代价的铜业粗加工、建材业，与美丽的富春江已格格不入。一组数字，也许就可以清晰地告诉我们答案：2006 年，富阳全市工业性固定资产投资 59.3 亿元，实现工业增加值 137.3 亿元，但是投入产出比仅为 1∶2.3，大大低于杭州市 1∶3.4 的平均水平；全市万元 GDP 综合能耗为 1.7 吨标准煤，大大高于杭州地区 1.23 吨标准煤的平均水平；杭州市区酸雨频率为 79.8%，降水 PH 范围为 3.31～

7.27，大部分地区处在重酸雨区，最低值就出现在富阳。人无远虑，必有近忧。加快产业结构调整，转变过度依赖硬资源的经济增长方式已迫在眉睫。

5.3.2 湖州市安吉县打造“生态文化”

湖州市安吉县“生态立县”的战略和经验很有典型意义。建设“生态文化”不仅可以始终保持安吉得天独厚的生态环境，而且可以使“生态经济”、“人居环境”始终走在一条“绿色通道”上，使安吉的经济、社会始终保持可持续发展态势，从而保证“生态立县”发展战略的实现。安吉县的“生态文化”建设也已取得了初步成效。首先，从各级领导到乡、村群众和企业主，都已有了明确的生态伦理意识、生态保护意识和生态科技意识；其次，已经制定并积极实施了许多生态保护的制度、法规和措施；第三，已经积累了一些实现生态与经济、社会良性互动的经验，广大群众从实际经验中认识到了保护生态环境对发展经济、提高收益的积极意义，增强了保护生态环境的自觉性；第四，一些不利于生态环境保护的旧的生活习俗正在改变，有利于保护生态环境的新的生活方式和社会风尚悄然形成。

第 6 章　科学发展观与城市旅游规划

6.1　城市规划与城市旅游规划

城市旅游规划是以特定的经济区域——城市作为对象而编制的有关旅游及其相关产业发展的规划，是国民经济和社会发展总体规划在城市这一特定区域内的细化和落实，是旅游业战略性、空间性和有约束力的规划。规划工作作为政府的一项重要职能，是对旅游经济工作进行有效管理和调节的重要手段。①城市旅游规划要考虑这个城市的个性化需要，从以下几方面进行：

（1）随着城市居民周末度假、观光休闲需求的增加，城乡结合部和郊区旅游逐步兴起，近远郊旅游可能成为城市旅游的重要补充和新的旅游经济增长点。为保证城市旅游的健康发展，必须把近郊区的旅游功能定位列入城市旅游规划的范围。至于郊区的范围有多大，要视需要而定。

（2）城市康体休闲设施越来越成为城市旅游的重要内容，特别是晚间娱乐活动，已成为一个城市品位的关键因素和吸引游客逗留的核心竞争力，因此，不可忽视这些传统上不算是城市旅游要素的规划。

（3）要注重将城市公共产品转化为旅游产品。一般认为，城市越来越成为一个不可替代的旅游产品，城市本身就是旅游产品。

6.1.1　从旅游规划看城市旅游规划

旅游规划按照空间尺度，从大到小分为三类：区域旅游规划、城市旅游规划、景区景点规划。区域旅游规划属于宏观尺度，侧重于旅游业的布局分工；景区景点规划属于微观尺度，侧重于景区的开发，包括景观的配置、道路等基础设施和旅游服务设施的建设等。而城市旅游规划是属于中观尺度的规划，虽然城市有大有小，但是，规划内容大同小异，既要有宏观上的定位，又要有微观上的建设规划，因而是一种旅游综合规划。

---

① 崔凤军：关于城市旅游规划几个基本问题的思考。《规划师》，2004 年第 11 期。

6.1.2 城市规划中的城市旅游规划

城市规划中必不可少的一个组成部分就是城市旅游规划。在这里，城市旅游规划作为城市规划的一个专项规划而存在。虽然与城市规划一样，具有很强的操作性和法律性，但其内容十分单一，主要成果是旅游景区（点）在城市中的布局（有的规划还包括了部分旅游接待服务设施的内容），以及旅游线路的组织等。显然，这是一个城市的“游览规划”或观光规划，而不是真正意义上的旅游规划。由于这种背景下的城市旅游规划主要依托在城市规划之中，它的完成单位基本上是城建规划设计单位，而这些单位的技术人员多为城市规划出身，鉴于其学科背景，对旅游产业和文化的理解存在着较大的局限性；同时，规划人员依照1933年的《雅典宪章》提出的城市四大功能（即居住、交通、生产、游憩）来进行空间布局，而游憩不等于旅游，范围比较小，因此，把城市旅游规划做成“游览规划”是在情理之中的。不过，作为具有法律效应的城市规划，如果城市旅游规划包括过多的不可预测的旅游经济内容，在一定程度上就降低了城市规划的可操作性和权威性，这也是不得已而为之。

6.1.3 从“冲突”走向“协同”

两种从不同角度制定的城市旅游规划在理念和内容上的冲突，其表面原因在于城市旅游规划是一个新兴课题，尚无一定之规，单凭专家和学者自己的理解，而深层次的原因则在于中国的城市发展过程中没有将城市的旅游功能纳入到城市整体功能系统中来。薛莹（2004）认为，考察东京、伦敦、纽约等城市的游客旅游动机可以发现，大都市景观是拉动游客前来旅游的首要因素，包括食、住、行、游、娱在内的游览系统和商务系统是否配备齐全是游客关注的内容。反观我国，以外地游客为服务对象的城市景观、城市服务功能的完善和配套、文化内涵的赋予等方面逊色很多，多年来片面强调城市的生产功能，忽视城市游憩功能的开发，一旦开始重视旅游业，又主要把笔墨放在景点建设上，城市总体规划对城市旅游的规划主要限定在土地的规划和利用方面，对于旅游和城市其他功能的整合规划则缺乏思路和措施。

这实际上就是一个城市发展旅游的理念上的差距：中国重视的是城市的景点旅游，而发达国家重视的是渗入城市肌理的城市旅游。

科学性和政治性地把握是对城市旅游经济发展过程和发展趋势的准确把握，特别是要分析这个城市的旅游发展“路径”，找准原有的“路径依赖”，寻求新的“路径依赖”。就这一点而言，凭借科学家们的智慧和艰苦不懈的劳动，一般容易实现。根据城市旅游发展状况，分为三种情况来处理科学性的问题：城市旅游处在起步阶段，规划的核心在于寻找城市旅游发展的引爆点；城市旅游处在徘徊期或滞胀期，规划的核心是找出主要的制约要素，寻求解决的途径；城市旅游处在高速发展期，规划的核心是“把脉”，既不能阻止高速发展的趋势，又要找出可能出现的“危机”，提出规避危机的措施。对于政治性地把握有一些技巧，最大的技巧在于对城市人脉的把握。

由于城市已经成为现代旅游的支撑点，很多城市把旅游当作支柱产业来对待，因此，城市党委和政府对旅游业非常重视和热心，有的领导甚至已经成为这个方面的专家，所谓的“旅游书记”、“旅游市长”屡见不鲜。他们对这个城市非常熟悉和热爱，战略构思也基本形成，一个规划如果与他们的战略背道而驰，即使通过评审，也会被束之高阁，落入“纸上画画、墙上挂挂”的俗套，甚至规划是一套，做的又是另一套。这种规划因为不具备可操作性，所以是失败的。其实，规划就是一个甲乙双方思想博弈的过程，规划组没有思想是不会被甲方看重的，而思想与当地政府完全背离则是行不通的，只有你中有我，我中有你，互相借鉴和启发后形成的规划才是成功的。例如，北京大学在做杭州的旅游规划时，按照国际化的要求，听取了西方专家的意见，提出了“大运河”是杭州旅游的核心竞争力的概念，结果与当地政府培育“西湖”作为核心竞争力的理念相“冲突”，使得规划编制陷入僵局。最终通过多次交流、沟通、论证，科学地提出了国内市场和日韩、东南亚市场对应西湖，欧美市场对应“西湖+大运河”的概念，圆满解决了矛盾。

6.2 城市旅游规划与城市旅游目的地形象

6.2.1 城市规划设计对城市旅游目的地形象建设的作用

1. 塑造城市旅游目的地形象

（1）要素构成。城市特色的构成要素很多，从规划建设角度分析，主要有规划布局、建筑与小品雕塑设计、自然景观的改造利用（主要为地形地貌和城市绿地系统）等。规划布局如北京古城区等；建筑如悉尼歌剧院等；小品雕塑如珠海渔女、比利时布鲁塞尔尿童；自然景观的改造利用如意大利的威尼斯等。

（2）形成条件。城市规划在塑造城市特色、城市形象时应注意：充分利用好自然条件与资源；历史文化的继承与发展；精心规划与设计；严格的科学规划管理。

（3）规划案例。宁夏吴忠市的城市特色：具有浓郁回族文化和塞上江南景观的现代化城市；开敞式的城市布局与开放型的路网结构，体现塞上江南的粗犷豪放；秦渠水系与绿地系统的规划设计与充分利用，展示江南般的秀丽；在城市规划布局与建筑功能和风格上，反映了浓郁的回族文化；在经济、社会、科技、管理、政治、环境、基础设施和城市建设、市民素质等8个方面达到现代化。

2. 营造城市旅游目的地环境

城市规划设计“能在把城市变得更高贵、更宜人方面起着重大作用”，“从自然环境中得到灵感而去建造一个更好的人类环境”。城市旅游环境包括自然环境、人文环境和心理环境三个方面。自然环境包括要有良好的城市绿化，优美的城市景观，无（或轻）污染、无（或轻）公害，保持生态平衡和良性循环，并具有周全的环卫设施；人工环境主要包括城市规划布局与建筑的艺术化、宜人性，具有民族性又具有时代性，即融时代文明于民族优秀文化之中；心理环境主要指外来游客对城市环境的亲近感与环境本身的安全性。如新西兰的基督城（Christchurch），人口30余万，有300多个公园，平均每千人就有一个公园。南太平洋温湿的海洋气候，充裕的土地资源，精心的绿地系统规划，使基督城成为世界最美的花园城市，每年会吸引大量来自世界各地的观光游览、休闲度假和会议旅游的客人。

3. 强化城市旅游目的地整体功能

通过城市规划，尤其是道路交通规划和旅游项目的空间布局，使游客在旅游过程中节省旅游时间，提高旅游效用，从而强化城市旅游的整体功能。英国的 Hook 城在布局形式上是集中的。建筑沿一条带型鱼骨状道路多层次配置，好似一条海轮。集中型布局可以使人们步行到市中心，同时使开阔的自然界近在咫尺。

4. 创造城市旅游区

成功的城市规划设计能够在城市主导功能得到满足的基础上创造旅游点（区），甚至提高城市整体的景观价值。具体地说，就是通过对自然环境与资源的利用，或历史文化遗产的继承与发展，并通过景观与环境及建筑的设计艺术，使城市、城市的局部或城市中的一个点，如一座建筑、一个小品、一个小的自然景观单元，成为旅游城市、旅游区、旅游点。巴黎从旧城到德方斯新区，是通过城市规划设计形成的旅游区。从老城区的特色建筑罗浮宫到凯旋门，再到新区德方斯（由现代化的高楼和繁华的街道组成新区的景观，建筑艺术新颖，空间通透活泼，强调轴线对景，作了许多精致的设计小品），沿东南—西北轴线展开，在空间上形成了一种很好的新老城区的结合与呼应关系，把巴黎的文化发展与历史延续通过空间序列很好地反映了出来，从而成为世界级的著名旅游区（巴黎有两千多年的历史，游客们的印象是：从罗浮宫走到德方斯，就像走过了巴黎的历史、法国的历史）。一个好的建筑本身就是一个好的景点。如 Rogers、Biogiogoso 和 Peressutti 设计的意大利米兰的 Torre Velasco 大楼，在建筑和城市设计方面极具特色：它是按卓越的米兰乡土建筑方式设计的；它是为一个独一无二的基地而特殊设计的；它的外观和细部是从通常观赏它的角度——透过米兰城市轮廓线并从塔基几乎垂直朝上看而确定的。这是从一个特殊地点发展出来的一座现代化摩天大楼。它决不可能在别的什么地方建造起来，因而成为著名的旅游景点。城市设计还包括在城市建筑的每一个细部运用艺术。如等候公共汽车的地点、儿童游戏的场所、闲坐游览的处所、擦皮鞋的亭子、城市照明用的路灯、指示方向的交通信号灯以及雕塑与小品等。

5. 提升城市旅游目的地的旅游价值

旅游包括“食、住、行、游、娱、购”六大要素，旅游效用的高低不仅取决于“游、娱”等主要旅游要素，还包括“食、住、行、购”等其他要素的配合，在少数地方，“食、购、行”等甚至能成为对游客的主要吸引要素，如德国的高速公路在设计中要求密切结合所穿过地区的地形，通过设计显示出自然风貌和现有城镇的最佳景色。因此，城市基础与服务设施的配套是增加游客的旅游效用、提升旅游价值的重要途径。

6. 进行游线组织（市内）与区际联系等，促进城市旅游目的地发展

增加游客的旅游效用，减少游客的旅游成本。城市内部的道路交通规划有利于减少旅游交通成本（包括时间成本），城市的对外交通规划，有利于市场的扩大和游客的可进入性，另外，有利于与其他旅游地之间的联系，通过集聚协作以增加对游客的吸引力。

7. 改造原有旅游区（点），提升其旅游价值

通过对原有旅游区（点）的规划设计，可改变其景观价值；或通过基础与服务设施的配套，提升旅游区（点）的旅游价值。意大利水城威尼斯的圣马可广场（San Marco）是世界上最精致的广场之一，形成于公元830年，是最卓越的建筑组合。两个广场结合成L形的一个空间。空间有一端敞开，凹角处布置独立的钟塔。广场长175m，宽79m，三面拱廊，一面临海。钟楼高99m，由于钟塔起了轴心的作用，与圣马可大教堂形成了公共的焦点。圣马可大教堂在功能和美学上是建筑群中最重要的建筑，从远处的各个方向眺望时，钟塔形成了景色中的冠：从海上望去它与平坦的海边风景形成强烈的对比。站在广场看风景时，钟塔让位给圣马可大教堂和其他建筑物。拿破仑曾誉之为“欧洲最美丽的客厅”[①]。圣马可广场现已成为威尼斯最著名的旅游景点，是著名的旅游地，游客最多时每天可达万余人。

8. 能够形成旅游地特定的旅游项目体系

旅游项目策划应以资源的供给（可开发的旅游产品）为基础，以市场需求（市场调查和国内外市场需求趋势分析）为导向，以产品（旅游项目）生命周期演替为依据，以旅游环境容量为限制，综合效益最大化为目标。参照国内外著名旅游地发展的成功案例形成的特定的创意思路，能够形成某旅游地特定的

① F. 吉伯德等著，程里尧译：《市镇设计》。北京：中国建筑工业出版社，1983年。

旅游项目体系。

旅游项目的策划都是建立在当地资源和环境的基础之上，或以当地自然资源和环境的利用，或以当地文化的继承和发展，即使是一些娱乐性旅游项目，也是以当地的资源、坏境、文化为基础而发展的，并且追求空间上的和谐性和时间上的延续性，因此形成了旅游地间的差异性和旅游地特色的独特性，这是这些旅游地长盛不衰的主要原因。如澳大利亚阿耶尔巨石公园（Ayers Rock Resort）（由当地土著阿瑞吉诺人的洞穴艺术、独石岩景观及澳大利亚特有动物，如考拉、熊等组成），美国的夏威夷（主要岛屿檀香山、瓦胡岛、考爱岛，因自然资源和条件的不同，分别形成了峡谷岛、兰花岛、民俗风情与水上运动岛）等。

6.2.2　城市旅游形象的提升

1. 城市旅游形象的界定

迄今为止，国内研究城市旅游形象的学者还不多，他们对城市旅游形象下了几种定义，如“城市旅游形象是指旅游者在游览城市的过程中通过对城市环境形体（硬件）的观赏和市民素质、民俗民风、服务态度等（软件）的体验所产生的总体印象。”“城市旅游形象是人们对该城市总体的、抽象概括的认识和评价，是对城市的历史印象、现实感知与未来信念的一种理性综合，它既包括旅游者对城市的整体环境、各景点的游览和对市民素质、民俗民风等的体验，又包括旅游者对城市内在素质如运行管理、经济水平、城市文化和发展前景等的感知和概括。”以上定义中有以下几个局限：

（1）产生城市旅游形象的主体过于狭窄或不够明确。城市旅游的主体不仅仅限于“城市旅游者”或“旅游者”，而应该是包括潜在旅游者在内的所有旅游者和城市内的所有居民和旅游从业者，简言之，即城市所有的内外部公众。

（2）城市旅游形象的客体阐述不够清楚。旅游业发展到现在，“旅游吸引物”已经是无所不包，从海滩上的沙子，到涨涨落落的潮水，从“可以出卖的荒凉”，到新千年的第一缕曙光，因此，旅游城市中的一切都可能成为吸引旅游者的因素。

（3）未分析公众对城市旅游形象的形成机制，从而造成在策划城市旅游形象时没有针对性。

根据以上分析，城市旅游形象是城市的内外部公众对城市的方方面面在无意识或有意识的情况下所形成的整体印象和评价。公众在无意识的情况下，通过大众传播媒介、计算机网络或道听途说也会形成对某一旅游城市的印象和评价，在有意识的情况下，更会通过看广告、找旅行社等渠道来形成自己对某一旅游城市的印象和评价，而城市旅游形象策划就要在这两种情况下，都力争通过自身的设计，树立起有利于自身发展的城市旅游形象，从而对旅游者进行有利的旅游消费教育。

2. 城市旅游形象的类型

城市旅游形象可以按照不同的分类标准划分为不同的类型，为了使研究更具有针对性和操作性，可以按照下列标准划分。

（1）按照状态可分为静态和动态的城市旅游形象。

城市旅游形象从静态角度讲，就是指一种形象状态。这种形象能够反映出城市与公众之间某种关系的程度，或者说这种形象状态反映公众对城市的支持程度。作为静态理解的形象状态，是任何一个城市都有的，它并不取决于城市一方是否主动开展形象策划活动。分析出形象分类的这一分类层次，城市旅游形象的平时的点滴树立以及维系与更新工作的必要性就容易引起重视了。

城市旅游形象从动态的角度讲，就是指一种为追求良好的形象状态而主动进行的专业活动，即城市旅游形象的策划活动，它应该包括设计与定位、树立、更新与维系这几个环节，缺一不可。

（2）按形成的时间可分历史形象、现实形象和未来形象。

所谓历史形象，是指城市在历史发展过程中在人们心目中形成的形象。现实是历史的积淀，每一座旅游城市在策划城市旅游形象时都要追本溯源，因为历史本身就是城市的重要的旅游资源。

所谓现实形象，是指针对目前情况策划出城市旅游形象。

所谓未来形象，是指根据城市的未来发展情况所策划的一种城市旅游形象，往往是指形象的远期规划。

需要指出的是，旅游城市的历史形象往往需要互相衔接，有一定的连贯性。

（3）按可见性可分为有形形象和无形形象。

凡是通过人们的感觉器官直接能够感受到的与城市有关的实体，都构成旅游城市的有形形象。这一般包括以下几个方面：旅游城市所提供的服务质量，这是城市旅游形象的重要因素；旅游城市的旅游资源，这往往是吸引旅游者的首要因素；旅游城市接待的设施与功能；旅游从业人员的行为。

无形形象是在有形形象的基础上，通过人们的记忆、思维等心理活动在头脑中升华而得的城市旅游形象。这种形象是无形的，是有形形象的抽象，因而更加深刻，它主要由以下两方面构成：一方面是旅游城市的信誉。这是无形形象的主体内容。信誉本身是看不见、摸不着的，它体现在一座旅游城市的方方面面中，对旅游者来说，它更多地体现在旅游经营活动中。旅游城市的信誉的好坏在一定程度上会左右旅游者对该旅游城市所采取的行动；另一方面是旅游从业人员的精神面貌，这是旅游城市无形形象的一个极为重要的方面。

3. 城市旅游形象的塑造

无论对于城市旅游的供给方，还是对于城市旅游的需求方，城市旅游形象的树立都具有重要意义。

从旅游供给方来说，良好的城市旅游形象的作用主要有以下两个方面：

（1）提高旅游经济效益。良好的城市旅游形象有利于扩大旅游城市的知名度，拓展客源市场；有利于旅游城市内各旅游企业相互协作，发挥整体优势，从而有利于旅游地旅游大环境的建设；有利于旅游产品的宣传促销，有利于吸引外来投资资金、管理人才及管理经验；有利于旅游地对外交流与合作，与国际接轨等。

（2）提高社会效益。城市旅游形象的塑造能营造良好的文化氛围，促进城市文明建设，提高城市整体素质。通过对城市的历史文化、自然风景及现代风貌的展现以及市徽、市歌、市花等的宣传，促进旅游工作者、政府和市民的归属感、认同感。

从旅游需求方来说，良好的城市旅游形象的作用主要包括以下两方面：

（1）诱发旅游者的出游动机。城市旅游形象往往成为旅游者做出某种旅游决策行为的重要影响因素，旅游产品依靠形象的传播，为潜在旅游者所认知，从而产生旅游动机，并制订出旅游计划。

（2）增强旅游者的购买信心。旅游产品具有无形性，旅游者在购买前只能预想其品质，从而使得旅游者在做出购买决策时对自己将要享受到的服务没有把握，而良好的旅游形象可以增强其购买信心。新加坡和中国香港就是注重形象塑造使其旅游业长盛不衰的成功典范。

正因为一个城市的形象对于城市发展的重要性，关于城市形象的研究早已成为城市规划、建设和管理等方面长盛不衰的研究课题，在强调城市经营理念对城市发展的指导作用的观念下，如何树立良好的旅游城市形象已经成为城市经营成功与否的重要环节。

6.3 浙江城市旅游规划创新

1. 杭州城市旅游发展定位与战略目标

（1）目标定位。

杭州这座城市最大的特点就是西湖山水与历史文化的完美结合与和谐统一，“三面云山一面城”使其具有不可多得的休闲度假环境。

一份根据新经济学的理念进行的幸福感调查发现，杭州是中国最具幸福感的城市。用保持并增强幸福感的观念来建设、管理城市，是一种超前的城市发展意识。建设“最具幸福感的城市”就是建设一座人们热切向往，乐意停留，并在那里居住、生活、工作、学习、创业的和谐城市。

从旅游特性来看，杭州作为中国七大古都之一，并且作为省会城市，保留了非常丰富的江南特色，如茶叶、丝绸、艺术、山水等景观。特别是山水和谐，更加增添了杭州的独特魅力。

对中国重要旅游城市（上海、北京、广州、深圳、西安、厦门、大连、天津、南京）进行竞争分析发现，各城市普遍强调“国际性”、“个性（主题）化”，这说明国际化、个性化是中国城市旅游未来发展的主旋律。

综上所述，将杭州定位为：最具幸福感和中国江南个性的国际风景旅游城市与东方休闲之都。

（2）功能定位。

杭州旅游的功能定位是：国际风景旅游城市、东方休闲之都、“长三角”休闲度假中心城市、浙江省的旅游中心城市。这反映杭州在不同空间尺度与市场范围内的功能定位有所侧重。

2020年，中国将成为世界最大的旅游目的地国家。杭州作为中国少数具有代表性的旅游城市之一，理当承担起国际旅游城市的重任。同为国际旅游城市，杭州与西安的国际遗产旅游城市、上海的国际商务会展旅游城市相比，具有自身独特的价值识别，就是国际风景旅游城市。这里的风景旅游，不仅仅是指观光旅游，更涵盖以优美风景和园林为环境基础的观光、会展、休闲、度假等以经营或利用风景为主的城市旅游形态。

杭州旅游的资源和产品特征，已经为日、韩、东南亚所认同和欢迎。作为未来中国主要的休闲度假目的地城市，杭州仍应保持其鲜明的东方特色和江南个性。一方面保持并扩展其对东方市场阵营和海外华人市场阵营的魅力，另一方面也需提高其对西方市场阵营的吸引力。“东方休闲之都”的功能定位，不仅是一种产品价值诉求，更可提升为相当长时期内整个杭州城市的品牌形象。

作为长江三角洲副中心城市，杭州旅游以其独特的资源优势和历史地位，并凭借更加便捷的交通、区位与可达性优势，可充分发掘长江三角洲地区以及浙江省内呈旺盛增长态势的休闲度假需求，因此，杭州同样有实力和潜力成为长江三角洲休闲度假中心城市和浙江省的旅游中心城市。

（3）总体战略。

为实现上述目标和定位，杭州旅游需实施个性国际化、区域旅游中心地、旅游西进，城市·文化·旅游一体化等战略。其中，以个性国际化战略统领其他各战略。

① 个性国际化战略。

这一战略首先强调城市的国际化大方向。但在实施国际化过程中，要尽可能多地保留、发挥、创造具有杭州城市个性的内涵，这一内涵至少包括幸福感和江南个性两个方面。

实施个性国际化战略是个长期而复杂的过程，其主要内容包括产品国际化、营销国际化和服务国际化三项具体战略。

② 区域旅游中心地战略。

区域旅游中心地战略主要是指建设杭州作为长江三角洲休闲度假中心地和浙江省旅游中心城市，与区域内的其他城市在资源共享、景区组合、客源互动、联合营销等方面进行充分的合作，在更大范围内发挥旅游中心地的辐射带动作用与示范影响意义。

杭州实施“区域旅游中心地战略”，首先是以杭州为一级中心地，在浙江省内的区域旅游协作方面推出实质性举措；然后在更大范围的“长三角”城市群（类似 15+1）之间，尤其是沪杭甬宁苏（上海、杭州、宁波、南京、苏州）五城市之间，加强区域旅游合作，使杭州真正发挥“长三角”休闲度假中心和浙江省旅游中心城市的辐射带动与先进示范作用。区域旅游中心地战略的实施，必将促进以杭州为区域中心地的“长三角”范围内资源要素的合理配置，推动杭州及其伙伴城市旅游的稳步快速发展。

③ 旅游西进战略。

“旅游西进”战略，通过整合以“三江两湖两址一山一河”为重点的大杭州旅游资源，形成大杭州、大旅游、大发展格局，加快推进杭州现代化国际风景旅游城市建设步伐。“旅游西进”战略是一个长期的发展战略。通过政策倾斜保护和改善郊区旅游环境、大力发展郊区旅游业，最终将城区和郊区共同建设成为资源、环境和市场共享、优势互补、结构稳定、良性循环的旅游系统。

④ 城市·文化·旅游一体化战略。

城市·文化·旅游一体化战略是指把建设城市整体作为目的地和综合吸引物的战略。杭州旅游与城市密不可分，具有天然的历史联系。其西湖风景名胜区与城市在空间上有很大的叠合，城市与旅游的紧密联系更为突出。很大程度上，杭州旅游是在以西湖风景名胜区为依托的城市周边展开。同时，杭州作为国家级历史文化名城和七大古都之一，城市的文化内涵十分深厚，对旅游的发展起着举足轻重的作用。而且，现代文化产业的发展也对城市旅游的发展有着重要影响。因此，实施城市、文化和旅游的三位一体的协调发展，具有战略性意义。实施城市·文化·旅游一体化战略，既是拓展文化产业和省会城市经济的需要，也是充实旅游文化内涵、提高旅游城市竞争力的内在要求。

第7章 浙江城市旅游目的地的文化创新

城市旅游作为一种跨时空的消费活动，从表面上看是一种经济活动，但从实质上看则是一种游览性和观赏性的审美活动和捕捉美感的文化活动，是城市旅游资源与城市文化资源、城市旅游经营与城市文化经营、城市旅游消费与城市文化消费的结合。城市基础设施条件和城市经济发展水平虽是城市旅游发展的重要基础，然而城市文化更是城市旅游的灵魂和城市旅游持续发展的动力。没有文化内涵的城市难以成为城市旅游目的地，离开城市化的城市旅游是不充实的，是难以实现持续快速发展的。在旅游产品文化性回归的大潮中，追求文化品位，体验文化享受，感受文化氛围，接受文化熏陶，以取得情景交融的休闲、身心享受的愉悦和人生气质的升华，已成为人们的必然选择。所以，挖掘城市文化内涵，弘扬城市文化个性，营造城市文化氛围，提高城市旅游产品文化含量，确保文化品牌的不可替代性，提升旅游产品的观赏性、启迪性、教育性和参与性，增强城市文化的厚重感，是加速城市旅游发展的迫切要求。

城市文化是历史发展的积累、沉淀、更新的表现，是人类聚居活动不断适应和改造自然特征的反映。因此，人类共同的文化情感将那些先辈们经过创造性劳动获得的文化凝结成城市永恒的标志；与此同时，现代化程度在城市上又表现出时代的气息特征。笔者在为期一年的赴法访问留学期间对日内瓦、洛桑、琉森、科隆、波恩、巴黎、里昂、马赛、尼斯、圣马洛、布鲁日、布鲁塞尔、海牙、鹿特丹、阿姆斯特丹、伦敦、剑桥、罗马、威尼斯、梵蒂冈等十余个城市进行过深度的游学考察体验。体验到这些城市深厚的城市文化氛围，它渗透在政治、经济、社会生活的方方面面，其中最为突出的是城市的建筑文化、商业文化和环境文化。

旅游的价值核心是文化，旅游业是一个由于消费文化差异而产生的产业，因为有了文化的差异才使得这个城市产生个性，进而产生强大的吸引力。对于自然风景区而言，优美的自然风光以及良好的生态环境是环境文化的一部分，它使人感观愉悦，心灵放松；而独特的历史文化能使人积累知识、陶冶性情、充实思想、延伸想象乃至产生精神的依托，永远给旅游者以心灵的召唤。历史文化类的景点（宗教型除外）吸引的是中远程市场的客人，而自然风光类的景点（世界知名的自然景观除外）吸引的是近距离的游客。前者是一次性消费居多，后者是多次消费；前者是观光型，后者是休闲型；一个世界知名的旅游城市一定是由三方面的共同优势合力形成的，否则会对游客的吸引力造成影响。例如，济南在中国旅游市场上属于非热点地区，但是，济南地处中国东部沿海发达地区，人口众多，群众的休闲消费和近距离旅游需求规模巨大，加上周边地区缺乏自然风光型休闲类景点和设施，“红叶谷”的魅力就展现出来了。所以，在山东这个自然景观相对缺乏的人文大省，要想使旅游业出现红火局面，要景点出效益，就应多开发一些以自然风光型为主的休闲景点。

但是，从地方经济发展来看，毕竟外来旅游者的消费才是“纯正”的经济增量，因此，吸引外地游客成为城市管理者的重要目标。

7.1 历史文化与城市旅游发展

中国旅游城市和历史文化名城之所以能互相拉动旅游产业的发展，必有其内在机理。旅游城市特别是优秀旅游城市，是国家旅游局系统公布的，侧重旅游管理；历史文化名城是建设部系统公布的，侧重旅游资源。但它们共同的服务对象是旅游者，这使得它们的互动发展成为可能。

1. 历史文化名城是文明古国的突出表征，名城资源对旅游者有极大的吸引力

中国历史文化名城的优势突出表现在：一是承载着5 000年文明，二是依傍绮丽山水，三是集聚民俗风情。

（1）中国历史文化名城历史悠久，文脉连续，旅游景观完整。城市的出现是人类进入奴隶社会的标志。所谓四大文明古国，一定意义上也就是全球范围内最早进入奴隶社会的4个古国。中国作为世界文明古国之一，最鲜明的个性是文脉连续，遗存的历史文化景观令世人瞩目。中国早在公元前2 000年前的三

皇五帝时期就有城市的萌芽。从今天发掘出的公元前2 000年至公元前1 000年间的夏商都城遗址来看，已具有相当的城市规模，如安阳殷墟发掘出有宫殿遗迹、甲骨文、穴状民居等，这使安阳成为我国七大古都之一，同时成为一个重要的旅游资源城市。进入封建社会，我国曾为都城的城市约有三百余处，含古都在内的城市体系，除其文字记载反映了中国是世界上最系统、最完整和最连续的城市体系外，更重要的是这些悠久、连续的历史都积淀在传承至今的实物景观中。这些古城景观，凝聚着悠悠往事，刻记着辉煌文明，使中国的古城系统独树一帜。对比世界其他文明古国，中国传统文化的延续性最强，中国古城传统文化体系最为完整，并覆盖了古代日、韩等国文化，扩展成了东方文化圈。中国历史文化名城对旅游者具有特殊的吸引力。此外，近代中国的沿海大城市被西方殖民者入侵，形成了一批西洋建筑景观，不可否认它们也构成了今天重要的旅游资源。

（2）中国历史文化名城类型多样，城市职能和旅游景观的综合性特征鲜明。古朴的中国历史文化名城并不是千城一貌，而是类型多样，能满足多类型观光游客的需求。主要类型有：古都型，如北京、西安、洛阳、开封、杭州、南京、沈阳等；民族风情型，如拉萨、喀什、大理、丽江、呼和浩特、银川等；山水园林型，如桂林、杭州、扬州、苏州、肇庆、承德等；革命纪念地型，如遵义、延安、广州、长沙等；古城古建筑型，如平遥、保定、敏县、建水、寿县、漳州、阁中、韩城、祁县等；摩崖造像型，如敦煌、大同、天水、乐山等；名人故里型，如曲阜、邹城、淮安等；异国建筑风光型，如上海、天津、哈尔滨、青岛、武汉等；经济或军事重镇型，如景德镇、泉州、自贡、张掖、武威等。事实上，上述许多历史文化名城都是集多类型于一城的，从而遗留给今天城市的旅游资源类型多样，景观的叠加和魅力度大。

（3）中国历史文化名城旅游资源的品位高，知名度大。中国历史文化名城中，许多都是世界级的，如北京保存了世界上最大的皇宫建筑群，并以宫殿为中心，保存了圈层状的皇家建筑群布局结构体系，有皇家坛庙、皇家园林、皇家陵寝等。故宫、颐和园、周口店猿人遗址等被列入世界文化遗产。山西平遥、甘肃敦煌、云南丽江等整个古城都被列入世界遗产。唐长安曾和古罗马并列为古代世界最大的两大城市。中国有七大古都、三百余个次级古都，还有经济、政治、宗教名城等。历史文化名城是中国成为世界文明古国的主要依据，是中华民族发展史的重要丰碑，是集中表现人们各个历史时期的生产、生活、交往、娱乐种种行为的大舞台。城市是建筑集中的空间，也是重要的世界年鉴。

（4）中国历史文化名城数量众多，分布面广，便于组织网络游线。中国目前公布的99个国家级历史文化名城遍及神州大地，加上尚未公布的和省级名城，其数量是世界其他文明古国无法相比的。这些名城北起冰城哈尔滨，南至南国琼山，东至上海、青岛等，西达喀什，古迹、风光、民情等各具特色。中国的历史文化名城系统，既融合中华民族同一文化，又展现各族、各区域的特色文化。散布在古老中国大地上的名城，为组织密如蛛网的旅游路线提供了有利的物质基础。

（5）中国历史文化名城城址迁动少，文化积淀丰厚。中国历史文化名城基本上是大河养育起来的农业、手工业中心，是传统农业文明养育的城市，其历史时期变化缓慢，文化积淀悠久。它们基本上没有工业的斧凿之痕，不像近代有的工矿业城市那样变迁迅速。在中国传统农业文化社会里，人们在选择城址时，把城市和周围环境视为一个统一的生命体，运用“风水”理论，审时度势。由于城址的选择注意了与周围环境的协调，注意了趋利避害，注意了区位的联系，所以城市选择合理，很少大搬大迁，只是受自然、经济发展的制约，城市变化缓慢。古城文化积淀和渊源会聚于现代城市，大幅度提高了旅游资源的丰度和品位，甚至城市地名的由来与城市中所居住的名人，都无一不是旅游资源。例如山东曲阜，从三皇五帝时的少昊陵，到博大精深的“三孔”，再到现代儒文化主题园，其古城儒文化积淀令游客折服。

2. 历史文化名城对现代文化名城的内在拉力

现代文化城市是指不具备悠久的历史，而靠现代经济大潮兴起的全新著名城市，深圳就是典型的例子。1996年深圳接待入境旅游者约234万人次，仅次于广州，居全国第二位，故现代文化名城在旅游城市中的地位绝不可小视。理论上说凡现代文化名城应该也是旅游城市，但现代文化名城和历史文化名城一样，并不一定全部都是现实中的旅游城市。只有现代文化名城和历史文化名城中能大量吸引旅游者的城市，才构成全面的旅游城市。

现代文化名城中主要旅游资源的文化底蕴仍靠从历史文化名城中传承过来。尽管现代文化名城有辉煌的市政工程景观，给人以改革开放的激情和力感，但毕竟只是背景型景观，而不是旅游的拳头产品。深圳特区在20世纪80年代缺乏具有文化内涵的拳头产品，尤其对境外游客而言，因此发掘文明古国的文化底蕴势在必行。深圳华侨城首先利用全国历史文化名城及其主要名胜古迹进行浓缩，创意开发“锦绣中华”主题公园，然后滚动发展其他二园，终于形成像今天这样旅游形象鲜明的现代文化城市。

7.2 城市文化建设与城市旅游发展

城市一般都是一定区域的政治、经济、文化、交通中心和一个完整的空间系统与社会、经济、文化系统，拥有悠久的文明历史、灿烂的古代文化、神秘的宗教文化、独特的民俗文化，杰出的建筑文化和优秀的艺术文化等。城市建设的迅速发展和现代文明水平的不断提高，为城市文化注入鲜活的时代内容。城市建设中注入文化内涵越来越多，荷载的文化附加值越来越高，城市文化的覆盖面越来越广，渗透力越来越强，城市旅游竞争力和发展活力越来越强。源远流长的历史文化和多姿多彩的现代文化直观而生动地反映了某一地区一定时期内的文化史、民俗史、政治史、经济史、建筑史、军事史、科学史、艺术史和教育史等人类活动的历史轨迹与城市风貌，多方面、多角度、多层次地体现城市的总体文化和发展轨迹。一座城市就是一部百读不厌的历史全书和人文画卷，城市文化既是城市旅游的精华，又是城市旅游的形象。城市文化力已经成为城市旅游经济结构升级和城市旅游活力提升中起核心作用的重要因素。城市文化成为城市旅游的第一品牌，城市文化与城市建设的互动，构成了新时代全新的城市发展模式。所以，应该把城市文化建设提升到城市旅游发展的战略高度来统筹和谋划，把城市文化优势转化为城市旅游优势。

7.2.1 城市文化的内涵

广义的城市文化又称“都市文化（Urban Culture）”，是市民在长期的生活过程中共同创造的、具有城市特点的文化模式，是城市生活环境、生活方式和生活习俗的总和。狭义的城市文化则专指城市的戏曲、歌舞、美术、文物等文化艺术形态。从城市文化的结构看，可将广义上的城市文化分为城市的物质文化、城市的制度文化和城市的精神文化三个层次。城市的物质文化是城市文化的表层，由城市的可感知的、有形的各类基础设施构成，包括城市的道路、建筑、绿化、公共文化娱乐设施、交通工具等。城市的制度文化是城市文化的中层结构，是城市文化制度化、规范化以后的一种结果，是城市文化的一种实体化的表现形式，包括城市家庭制度、经济制度和政治制度等。城市的精神文化是城市文化的深层结构，它包括城市居民的社会心理、价值观念、知识、信仰、艺术、道德、习俗等。

城市文化是城市发展过程中所创造的物质财富和精神财富的凝结物，它贯穿于城市发展的全过程，表现各自鲜明的地域性、时代性和民族性。厚重深邃的城市文化底蕴和博大精深的城市文化内涵一般都蕴涵在历史古迹、旧坊民居、寻常街巷、园林胜迹、名楼古阁、寺庙碑亭等丰富的物化形态上，更形象而鲜活地表达于戏剧、古乐、歌舞、特色工艺品等门类齐全的艺术形态。因此，发展城市旅游必须在整合城市文化旅游资源上积极探索开发城市文化旅游资源的新途径，突出竞争对手难以复制的个性，从蔚为壮观的城市文化资源中独具慧眼地选择具有排他性的特色文化作为永久性的识别标志，精心包装，大手笔推介。为此，应该准确把握城市最具地方特色的文脉（城市文脉是城市文化、文明生成、衍生、演化、传递等文化现象的地理空间表征，是城市文化的精神与灵魂，具有承上启下的传承功能以及阐述城市居民生活的符号功能，具有较强的独特性与差异性、不可移植性与复制性，具有较强的展示城市个性与特色的标志功能），因地制宜，分别采用集锦荟萃式、原生自然式、原地浓缩式、仿古再现式、主题附生式等开发方式，深入挖掘和提炼城市文化内涵，突出文化的地域特色、时代特色、艺术特色和习俗特色，有效保护和合理开发建筑文化、艺术文化、宗教文化、饮食文化、民俗文化、历史文化、现代文化、社区文化、广场文化、企业文化和校园文化，丰富城市旅游的文化内容，拓展城市文化空间，塑造城市文化形象，提升城市旅游品牌，真正给人以悦身悦目、悦心悦意、悦志悦神的文化审美意境和美感愉悦。

城市文化挖掘的关键在于城市文化品牌的挖掘，因为城市文化品牌是城市文化价值、城市整体风貌特征、城市主导意识形态、市民素质的体现，也是城市内在素质和文化内涵的外在表现，对凝聚城市精神和升华城市形象具有十分重要的作用。所以，要打造城市文化品牌，凸显城市文化的地方特色、民族特色和历史特色，弘扬城市的历史文化传统、建筑外观风貌、社会文化活动及文化产业、文化产品、文化氛围的鲜明特性，维护好城市的历史传承，留住城市文化的“命脉”。塑造城市文化品牌，关键在于挖掘城市文化的特点。特色不仅是城市文化品牌的生命线，而且是城市最有价值的名片。一个城市一旦形成了鲜明的特色，就能获得长久的、无穷的生命力。

城市文化建设是城市旅游开发的基础。城市文化建设，首先就是要建设好城市文化的载体，即建设好那些能体现城市文化的自然景观和人文景观。在城市文化建设过程中，应把握时代性与民族性的统一，先进文化发展方向与满足人们精神需求的统一，立足当代与理性地、创造性地继承、弘扬优秀文化传统的统一；要认真剖析城市历史和文化历史，研究城市文化个性与灵魂，有计划、有目的地保护、修缮、重建那些具有历史价值、能展示城市历史风貌的古代建筑、历史古迹、文化遗迹、特色街巷等。再现城市各个时期独具纪念性和标志性的建筑物，培育具有强烈渗透性的先进城市文化，以传承、记忆城市发展过程的历史信息与完整的城市文脉，展现鲜明的城市文化个性；在继承的基础上，结合当今的时代性特点，创造城市的新文化内涵，塑造独特、鲜明、富有现代特色的城市形象。

7.2.2 城市文化环境的营造与优化

城市文化环境是城市文化的母体，城市文化环境由文化景观、文化建筑、文化设施、文化活动、民俗民风、市民素质和文化产业等组成，而支撑这些因素的是城市市民。所以，城市文化环境的营造与优化，既要注意硬环境，更要注意软环境，全面提高城市生态质量、文化质量和市民生活质量，促进城市文化向更高层次发展。营造与优化对旅游者具有吸引力的城市文化环境，是城市旅游发展的基本立足点。

旅游城市既是一定旅游区域的旅游中心，又是国内旅游和国际旅游客流的集散地，城市旅游环境的好坏，直接影响城市旅游发展的水平。一座旅游城市就是一个大的旅游景区，一座旅游城市与周边若干个城市、若干个旅游景区组合就是一个大的旅游区。所以，必须将城市旅游作为一个大系统来考察，将其人流、物流、信息流、货币整合起来，增强城市旅游的吸引力。为此，城市旅游发展必须纳入城市经济发展的整体规划中，城市旅游开发应该充分考虑城市社会资源的潜在保障力、城市社会经济的潜在支撑力和城市环境容量的潜在承载力，将旅游服务设施（如综合旅游服务中心、特色小吃中心、旅游饭店、旅游娱乐中心、旅游购物中心）和旅游景区（点）建设（城市内部及其周围的风景名胜区、城市园林）与城市建设（如城市基础设施、城市绿化亮化美化、历史象征性建筑、标志性建筑、绿地系统、街头小品、博物馆、纪念地、交通设施、通信设施、会展中心、体育中心、旅游中心、音乐广场、文化艺术广场、文化产业园、名人伟人塑像广场、歌舞剧院、主题公园等的建设）有机结合起来，促进城市旅游与城市自然、经济、社会的和谐发展，将丰富多样的文化资源充分融汇到城市旅游中，把城市文化主题与内涵转变为城市旅游形象，形成城市文化的整体效应和特色效应，增强城市文化品牌的生命力和扩张力。同时，要注意全面提高市民的文化素养和精神面貌，把反映城市文化的主体与体现城市文化形象的客体完美地结合起来，使城市文化主体的精神面貌所产生的形象和城市文化客体所展现的形象产生叠加效应。

由于城市物质构成要素在历史时间上和构成形态上的差异性，以及历史渊源、地理区位、民族文化特性和功能特点的不同，每座城市都以某一历史时期的文化为特征，以某一文化内涵为代表，以某一建筑为标志，表现出明显的个性，形成鲜明的城市形象。所以，城市旅游开发必须以文化开发为主导、以文化主题宣传为中心，以文化内容策划为重点，以文化互异性为引力，以文化的碰撞和互动为过程，以文化的融合和吸收为结果，切实注意文化开发的导向（确定城市的文化格调或旅游开发的方向，特别是城市的文化属性和审美价值）、文化主题的确立（城市文化主题是城市旅游景区建设的灵魂，文化主题越突出，就越具有特色，越具有吸引力）、文化品牌的定位，对那些具有强烈可识别性的、在一定区域内独树一帜的、能体现城市特色的文化资源进行有效的集聚、整合和利用，使其以独特的魅力在城市旅游竞争的舞台上独领风骚，使之能享誉全国，走向世界。城市文化品牌定位的重中之重是确定城市文化品牌的载体，以及充当这个载体的形象或形象组合的唯一性和垄断性，重视文化内容策划（围绕城市文化主题，紧扣城市文脉，开拓格调高雅的文化内容）和文化形象设计（包括城市景观综合形象设计，主体形象策划和城市建筑格调、标志系统、旅游企业服务理念的设计），强化文化整体包装和载体建设，彰显建筑文化，构建公共环境文化，凝聚文化个性，拓展文化空间，美化城市文化环境，通过美的城市哺育美的城市文化，提高整个城市的文化品位，形成低成本竞争优势和产品差异型竞争优势。

营造和优化城市文化环境，应着重做好以下工作：建立城市标志性景观（如澳大利亚悉尼的港湾大桥、悉尼歌剧院，马来西亚吉隆坡的石油大厦，美国纽约的自由女神像，法国巴黎的凯旋门，上海外滩，南京夫子庙，武汉黄鹤楼等）；保护与继承好祖先遗留下来的珍贵城市历史遗产（包括古街巷、古建筑等）和现代典型代表物（如能够反映现代普通人生活的建筑、生活器具、生活习俗表征物等物质实体）；构建生产、生活、生态协调发展的城市环境（建设分布均匀的城区公园、市区植物园、街区花园、居民区花园、远郊专项度假休闲景区、街心花园、近邻休闲公园、缩影公园、沿街绿化带、沿江休闲风景带、公共绿化花园）；在机场、车站、主要街道、景点周围，塑造能体现城市文化特点和旅游功能的大型古今名人雕塑和大型灯箱广告，充分展示城市文化特征和旅游品牌；通过已有的街区的更新与积累、历史沉淀街区规划开发与积聚、全新街区的开发规划与积聚等方法，建设集观光、休闲、餐饮、文化、娱乐、购物等多种功能于一体的综合街区，或建设业态集中、独具特色的主题型街区、多功能的文化产业园、不同模式的复合型旅游区和历史古街、美食街、文化街、休闲街、古玩街、休闲娱乐街、文化名人街、步行街等，满足人们日益增长的多层次休闲和旅游需要；运用视觉识别系统设计能反映城市文化品牌的城市旅游形象，借助一整套名称、标志、象征、口号等统一的形象特征，强化和突出城市形象，扩大城市知名度。

城市旅游形象设计主要应做好以下工作：旅游标徽设计、旅游标准字体设计、旅游标准色设计、旅游吉祥物设计、旅游象征性人物设计、旅游户外广告设计、旅游纪念品设计、旅游交通工具设计等。随着人们对社会全面发展的关注，文化的地位与作用日益显现，特别是在形象塑造中，无论是个人、组织，还是城市，在某种意义上可以说，没有文化就没有美好形象。因此，塑造美的城市形象，势必要丰富城市的文化内涵（这种文化内涵是现代文化和历史、文物、风景等各种要素的组合），提高城市形象的文化含量。

城市形象的文化含量主要表现在三个方面，即：城市的名称、城市的标志和其他符号（市徽、市标、市树、市雕塑等）、城市的布局与建筑物。[①]

城市形象是现代文化和历史、文物、风景等各种要素的结合，所以城市名称的定位首先需从这些对象中提取，从而反映出这个城市的多方面特点，比如民族特色、历史文化、自然风貌等。

1. 城市的名称

城市名称和人的名字一样，要想让别人记住你，最有效的手段便是突出自己。现在城市本身的名称绝大多数是历史延续下来的，但是人们会依据一定的思想文化附加给城市一个鲜明的主题。在这里值得强调的是，很多著名的城市都有一个鲜明的主题，像“浪漫之都——巴黎”、“水城——威尼斯”、“音乐之都——维也纳”等。想宣传自己的城市，想扩大城市的影响范围，就得有一个让人一听就能记住并为之向往的主题。为此，先给自己的城市形象定位，确立一个主题，是城市CI设计中一个必不可少的环节。

2. 城市的标志

国内有很多城市自然资源和文化资源都很丰富，但往往因为城市定位不当，或者不知道该如何去定位，导致城市在塑造自己时游离不定，或者因模仿他人失去自我，结果出来的形象千篇一律，无任何特色可言。一个城市只有吸取本身的历史文化，才能传承本身所固有的特色。

城市的标志，也是显示特色的手段。当人们记忆起某城市时，在脑海中泛起的往往会是这些城市的象征标志。具有代表性的标志物的选择，将使城市更

① 余明阳主编：《城市品牌》，广东经济出版社，2004年。

大范围地得到人们的喜爱。它可以是市建筑、市雕塑、市徽、市标、市花、市树等。比如纽约的自由女神像、开罗的金字塔，这些城市标志都蕴涵着一个城市的历史文化。墨西哥城以仙人掌作为城市标志。其实植物本身没有任何意义，但人们选择它们作为城市的标志和符号，就加上了自己的想象与艺术创造，使它们具有了文化传递意义。

现在国内一些标志性建筑或景观不明确，或因时过境迁损坏严重，失去了鉴赏的价值。还有，很多城市市民并不清楚自己城市的标志是什么，以及一些城市因为发展的缘故，曾经的标志已经不能代表现在的城市形象。所以，树立城市形象，就得开展城市标志性建筑物或景观的推荐活动。另外，通过市民推荐和广泛公决城市标志的方法，会加强城市标志在本市居民中的印象，从而使城市形象在人们的生活中得到不断延伸。同样，缺乏标志的城市也需要加以决策、规划、设计和建设，重整城市形象，以此来唤醒人们对这个城市的记忆。

3. 城市的布局与建筑物

在城市布局与建设方面，尽量根据城市自身的风格进行配套设计，注重创造鲜明的结构和形状，据调查，大多数人都能够回忆起几种自己喜欢的特殊场景。为此，城市 CI 的设计讲究总体色彩和建筑构成。世界名城都有色彩限定，如伦敦为土黄色，巴黎为米黄色，北京率先在国内提出城市主色，即“北京城市建筑物外立面粉饰主要选择以灰色调为主的复合色，以创造稳重、大气、素雅、和谐的城市环境”。环境组织清晰，个性鲜明，加强了人们对城市的记忆。选择什么样的色彩、搭配什么样的材质，必须结合城市的历史传统、文化传承和它的性格特点来确定。

在城市规划设计中，需将建筑小品（座椅、书报亭、花坛等）和城市设施（IP 电话亭、垃圾桶、指示标牌等）统一起来进行设计、实施及管理。在基础设施建设上突出城市的特色，能大大增强自身的吸引力，从而强化城市主题。

另外，国际性大都市的建筑与规划，特别注重城市的文化设施，它们是图书馆、博物馆、文化馆、美术馆、体育馆、展览馆、俱乐部、少年宫、学校及公共娱乐设施等。文化的魅力是永恒的，城市文化设施为营造城市文化氛围打下坚实基础，使市民受到了现代文明熏陶的同时，又提高了市民的思想文化素质，增加了人们对城市的自信心和自豪感。

以吉隆坡为例，吉隆坡是世界著名的观光城市，有人称它为“世界建筑博物馆”，其外形别致、风格各异的建筑遍布全城。古老的、现代的、东方的、西方的、方形的、圆形的、宝剑形的、腰鼓形的，林林总总，和谐并存。有人说，吉隆坡是学建筑的人一生必去之地。位于国家广场一侧的司法部和最高法院是古老的“阿杜勒·萨马德建筑”，被视为吉隆坡乃至整个马来西亚的象征。这幢摩尔式建筑曾经是殖民者的总部。设计这幢大楼的两名设计师都曾在印度待过一些日子，为此他们把大楼设计成印度和阿拉伯风格奇妙的混合体。楼中央有一个40米高的钟楼，设计师又在钟楼顶部加上了一个金色的半球形圆顶。钟楼两侧各有一个塔楼，顶部也有金色圆顶。每逢重大庆典，五光十色的彩灯会照亮整个大楼，使之宛如阿拉伯神话世界中的城堡，雄伟而又有几分神秘。

除此之外，吉隆坡的精美建筑比比皆是，在那里，积极奔放的现代建筑与传统古老的风俗遗址交相辉映，汇成了一幅精妙绝伦的交融着古代与现代、东方与西方风格的立体图画。由此可见，吉隆坡多种多样的建筑布局和设计是它的最大特色，从而给这座城市打上了个性鲜明的烙印。

7.3 城市文化与城市旅游竞争力

1. 城市是人类文明的结晶，文化是城市的灵魂

文化无处不在。城市作为人类物质文明和精神文明的载体，本身就是一件杰出的文化产品，是文化的最高表现。所以有专家说，城市文化既是民族精神的结晶，又是民族发展的动力源泉，一个没有文化的城市是没有品位的城市，不可能深层次发展，城市文化是城市的灵魂、现代化的根基、城市的气质，城市的主体功能是文化功能，城市在现代化过程中具有重要的作用，起着巨大的推动作用。所以，巴塞罗那提出了这样的口号：城市即文化，文化即城市。

城市是人创造的，城市的主体是人，所以，城市文化离不开人。城市叙述

的是人的故事，表现的是人的情感、魅力，城市的一切都是为了人；离开了人，城市是一座空幻的迷雾，城市文化的核心是关爱人、贴近人的生活。

城市是文化的容器。北京的四合院，湘西的吊脚楼，山西的大院文化，体现了内容和形式之美，成为一种地方文化的符号。

2. 城市的魅力是文化

具有独特个性的城市才有独特的地位和作用。城市的魅力在于特色，能够体现出一种文化，表现出独特的民族风情。没有魅力、特色，城市就没有生命力、竞争力。丧失个性，城市也就丧失了自己的文化，丧失了自己发展的根基。所谓城市品牌，实际上就是特色文化。风景可以大同，文化却是大不同。

城市的个性文化诞生了个性化的文化地区。在国际上，“文化地区”是指艺术和文化成为主要吸引力的特定地区，大致可以分为 4 种类型：产业文化地区、制度文化地区、艺术文化地区、大都市型文化地区。

西欧国家尤其是法国巴黎的建筑有着深厚的文化底蕴。从 12 世纪的哥特式建筑到13 至 15 世纪文艺复兴时期的建筑乃至近现代建筑如同匠心独具的建筑博览馆，形成极为一致的时间、空间的延续性和协调性，建筑风格统一协调。如果说文化是城市的灵魂，那么，建筑就是城市文化的标签。“以人为本，为人创造舒适、方便的公共活动空间”是初到巴黎者对西欧城市环境的综合印象。巴黎的大片绿地、水面、林荫大道、大型纪念性建筑物和广场及城市中轴线深深地吸引着游人的目光，走在大街上，随时都可以在路旁或广场边看见成群或单只的鸽子在嬉戏、追逐行人。人与自然的和谐统一在这里得到了充分体现。综观巴黎城市环境设计，有三个方面值得我们借鉴：

（1）结合周围的纪念性建筑或构筑物形成强烈的城市中轴线。这种中轴线由纪念性建筑（或构筑物）、大片森林或草坪绿化或广场街道，构成城市景观轴，统一着城市的空间构图。如巴黎的香榭里舍大街城市中轴线将协和广场、新老凯旋门及罗浮宫有机地联系在一起，形成强烈的城市特征。

（2）结合自然景观，形成城市的空间视觉走廊。如巴黎的母亲河——塞纳河水面景观及西方古典式建筑及绿化、雕塑，这个视觉走廊可使城市的优美景观处在最佳的可视范围之内。

（3）重视城市景观点设计。主要包括标志性建筑（如巴黎圣母院、罗浮宫、圣心教堂）、构筑物（如艾菲尔铁塔、凯旋门）、广场（如协和广场、巴士底广场、蒙马特画家广场）、绿地及建筑小品（如雕塑、喷泉、碑塔、柱廊、花坛、座椅）和环境设计（候车亭、邮筒、垃圾箱、导游牌、路灯等），这些街头饰品都经过精心设计并且从古延续至今，如街头座椅都是遵循16世纪遗留下来的木式长排座凳，借以保护城市的传统符号。

处于两条大峡谷交叉会合处的卢森堡，整座城市就是一个大的生态公园，峡谷中的古堡，古堡中的街道、广场，街道上的古建筑，广场上的雕塑、草坪，一切都如诗如画、自然和谐。每一座建筑都能够展示这个城市的信息，每一座古建筑都凝结着历史文化信息和时代特征，记述着一个或者几个历史人物和故事。城市的灵魂就是由大大小小有灵魂的建筑所构成的。（张俊生，2000年）

3. “千城一面”的中国城市失去了城市固有的旅游吸引力

很多国内外专家对中国的城市建设提出了严厉的批评，其中最突出的问题就是中国城市的“千城一面”。实际上，在城市快速发展的今天，中国的城市不约而同地出现建筑风格缺乏特色，南北风格趋同，布局毫无新意等问题。学者王又丰（2005年）认为，我国城市特色的丧失有4个表现：一是争建国际化大都市；二是争建中央商务区（CBD）；三是盲目追求高层建筑和西式建筑；四是追求大广场、大草坪、大马路。这些误区源自于对西方建筑文化的盲目模仿。例如，广场的好坏不在于大小，而在于精美。中国很多城市的城市广场已经超出了20公顷，而简单对比一下国际上著名的广场就可以看出问题的所在：著名的莫斯科红场只有4.95公顷，巴黎的协和广场4.28公顷，被拿破仑誉为“欧洲的客厅”的意大利威尼斯圣马可广场则只有1.28公顷，罗马市政广场1.28公顷。这些广场在全世界都知名，是由于设计精美，而且周围有精美的建筑围合，有很高的艺术性。况且，经过了长年累月的熏陶和岁月的留痕，才使得广场成为文化经典和旅游胜地。中国一些城市的广场铺满了草坪，把绿化简化为种草，烈日炎炎之下，游客怎能留得下？

全国政协委员、老舍文学馆馆长舒乙曾经批评了当前不少地方城市建设中存在的几种不良现象：第一，我们的民族的老建筑被大规模地消灭掉，在推土机的轰鸣声中永远地消失了，其中包括许多优秀的建筑，包括名人故居，很多有纪念意义的东西都不存在了。第二，从整个建筑形式上来看，新建筑简单地用“洋”来代替“中”，不再姓“中”了，整个儿姓“外”或“洋”了。第三，不注重地域性，在很炎热和很寒冷的地方建造的房子是一样的，在干燥炎热的地方和潮湿多雨的地方建造的房子是一样的。第四，由老房子构成的城市传统格局被彻底改变了，老的格局不存在了，而新出现的格局没有个性，你抄我，我抄你，格局上丧失了个性。第五，千城一面。甲城市和乙城市从外观上没有区别，乙城市和丙城市从外观上也是一样的。他说，我们综观世界各地的城市，罗马就是罗马，巴黎就是巴黎，伦敦就是伦敦，而我们的城市却热衷建造洋的东西、外国的东西，没有个性。因此他呼吁“城市应该有一张民族的脸”。

4. 作为重要旅游资源的城市历史建筑惨遭破坏

一位著名的专家说过一句很经典的话，“你可以用很多钱来建设一个新城，却无论花多少钱也造不出一个古城”。无独有偶，一位西方的高级官员曾经告诫我们说，“北京可以用 20 年建成一个纽约，但纽约即使用 100 年也建不成一个北京”。可以说，历史建筑是我们的真正的“宝贝”。但是，我们对自己的宝贝太不珍惜，特别是近 20 年来，我国的城市建设发展迅猛，掀开了历史的新篇章，但是随着城市的发展，大量优秀的传统民族建筑被毁，在这个新的发展时期，不少新建筑也失去了民族性，失去了地域性，失去了个性。

一篇在网上非常流行的文章叫做《中国城市十大败笔》，这十大败笔中的第一条就是“强暴旧城”。文章说，英国文物建筑学会指出，20 世纪 70 年代发展的旧区改造所破坏的具有文物性质的建筑，竟比第二次世界大战中被炮火摧毁的还要多。我国文物保护界也有类似说法，即中国改革开放 20 年来以建设的名义对旧城的破坏超过了以往 100 年。在古建筑保护与城市发展的冲突中，牺牲的往往是前者。例如，1992 年 7 月 1 日，矗立了 80 多年的济南标志性建筑——具有典型日耳曼风格，可与近代欧洲火车站媲美的济南老火车站被拆除，拆除的原因在今天看来十分可笑。起因是某官员说“它是殖民主义的象征，看到它就想起中国人民受欺压的岁月……那钟楼的绿顶子（穹隆顶）像是希特勒军队的钢盔，有什么好看的?”1999 年 11 月 11 日夜，国家历史文化名城襄樊千年古城墙一夜间惨遭摧毁，还有福州三坊七巷的建设性破坏、贵州遵义和浙江舟山市定海老街区被拆……类似的例子实在太多了。

有专家指出，旧城的破坏业已成为20世纪中国城市建设者们最短见的行为。旧城被荼毒之后，宝贵的文明传统被割断，新城市对未来表现得无所适从，只好一味地抄袭，拆了又建，建了又拆，无休止地折腾。《信息时报》发表文章说，“文物古迹拆迁厄运，彰显了中国的文化愚昧”（姚仰生，2005 年）。著名作家冯骥才甚至认为，经济上处于弱势的民族和国家，在文化上往往会自我轻贱，会盲目抄袭强势经济国家的文化。可是，一旦丢掉了自己的文化，那这个民族就会面临很大的精神危机，这比物质贫困还要可怕!

5. 城市：在追求个性中提升旅游竞争力

中国城市严重的“同质化”，已经大大降低了人们视觉上的美感和城市旅游的魅力。德国建筑学会会长汉派尔在看过中国的城市建筑之后，感慨万千：“现在我驾车从北京外围向内时，我不知道自己在哪里。我可能是在迈阿密、新加坡或在法兰克福，所有的高层建筑都是一个样，没有各自的个性，只有从写的字上我才能看出是在中国。这不是一个好的未来。我到过上海等其他中国城市，我认为中国的城市正在发展中一步步失去自我……”（肖来青，2004 年）城市特有的审美价值和旅游价值丧失殆尽，城市的个性特征一天天从人们的心目中淡化和消失，城市的生命力与竞争力就会彻底葬送在盲目效仿中。

城市旅游呼唤个性化的城市。个性是城市独特的、持久的内涵。有个性的城市，才是有特色的城市，有魅力的城市，也才是有生命力和竞争力的城市。城市的个性，体现在主要构件的独特性（专有性）或显著性。城市旅游吸引力，很大程度上来自于这座城市物质和文化的独特个性。城市建筑最能显示民族特色和文化传统，反映的是一个国家的面貌。在巴黎，我们时时为其高雅浪漫的拉丁气息的个性风格所倾倒；在罗马的黄昏，目睹泰伯河的静静流淌和即将为暮色所吞没的古罗马废墟，我们为其载满历史沧桑感的个性风格而感动；在威尼斯，你处处可以呼吸到刚朵拉小舟挟着亚德里亚海腥风扑面而来的热情；在维也纳，一草一木都洋溢着贝多芬、莫扎特的音乐华章

（肖来青，2004年）。就国内来说，北京的大气、上海的时尚、西安的古朴、杭州的精致，成为中国具有标志意义的旅游吸引资源，在海外旅游市场上产生着永远的魅力。正如易中天所言，城市的魅力在于城市的真实生活和历史传承的文化个性。中国城市魅力排行榜见表7-1。

表7-1　中国城市魅力排行榜

城市魅力	城市名称	城市魅力	城市名称
最大气的城市	北　京	最平民化的城市	武　汉
最男性化的城市	大　连	最火爆的城市	重　庆
最女性化的城市	杭　州	最奢华的城市	上　海
最浪漫的城市	珠　海	最欲望的城市	深　圳
最古朴的城市	西　安	最说不清的城市	广　州
最温馨的城市	厦　门	最伤感的城市	南　京
最神秘的城市	拉　萨	最陌生的城市	台　北

资料来源：《新周刊》第14期，1998年。

7.4　城市历史文化资源保护与开发

城市在发展过程中积淀的历史文化资源是一种宝贵的资产，通过开发城市的历史文化资源，塑造城市个性，打造城市品牌，对于提升城市形象和核心竞争力具有重要的战略和现实意义。

1. 城市历史文化保护的四大难题

当前，很多城市的管理者们已经非常明白以下的道理：城市历史遗产的保护意义不仅仅在于保存城市历史发展的轨迹，也不仅仅是继承传统文化，延续民族发展的脉络，更重要的还在于保护城市的历史文化遗产，使之成为城市进一步发展的基础和契机之一。然而，面对全球化和市场转型的双重挑战，要协调好保护与发展的关系，传承城市历史文明，实现城市的现代化，毕竟不是一件容易调和的事情，虽然我们经常讲“一个越现代化的城市，应该是一个越注重历史文化的城市；一个越国际化的城市，更应彰显地方文脉，创造一个有根的现代化城市”（杨戍标，2004年）。但是在具体项目的操作上仍然会遇到一些不能回避的难题。集中表现在以下几个方面：

（1）旧城改造过程中如何把握保护与经济发展的矛盾。世界上许多城市的发展进程表明，保护古城与发展经济似乎是一对不可调和的矛盾。中国改革开放30年以来的发展也充分证明了这一点：越是经济发展快速时期，历史遗存消失得也就越快。这反映了一个问题，就是建立在长久意义上的可持续发展往往被眼前的利益驱使所击败。

（2）如何解决保护与开发过程中的土地利用问题。由于历史文脉区对于城市建筑物的高度、体量、风格等都有很多的限制，而且区内的文物遗存占用了较多的土地，对周围建设项目的限制也很多，加上传统的旧城改造采取就地平衡的运作模式，这就给区内的人口疏散、工业搬迁、第三产业的发展带来很多困难。

（3）如何把握历史遗产区的整体风貌。由于历史的原因，很多即使是文物相对集中的区域，相当一部分文物也往往成为了“碎片”，在现代建筑和居民住宅区的包围下失去了原有的历史文化氛围。如果从延续历史文脉的角度出发，仅仅保护几个历史文物古迹是远远不够的，一旦文物古迹生存的历史环境被破坏了，城市的历史脐带就被无情地割断了。近年来各地的实践表明：如果从单纯的文物保护角度出发，对古迹文物进行点对点的孤零零的保护是相对容易的，但从投资、旅游、第三产业的角度出发，按照“点、线、面”结合保护脉络的要求，将这些“历史的碎片”串珠成链，有机结合，恢复历史建筑、历史地段、历史街区、历史文物相结合的整体风貌的难度是巨大的。很多城市就是因为没有把握好这种关系而进行了失败的旧城改造。

（4）如何有效改善历史建筑内居民的生活状况。由于历史原因，历史建筑内的城市居民的密度非常大。例如，杭州的8 000家老房子中就居住了近10万居民。但是，由于老房子的建设年代久远，历史条件与当前的社会经济发展背景也出现了严重的落差，土地利用不经济，基础设施不完善，建筑的质量和居住适宜性与现代住宅相差甚远，难以适应现代城市生活的需求，居民的居住生活质量已经大大落后了。居住在历史街区老房子里的居民也要享受改革开放的成果，需要改善居住条件。而把老房子的居民迁走显然不太可能。一方面，居民往哪里搬？另一方面，从历史街区的文化氛围的营造考虑，把居民迁走，历史文化的氛围和生活气息就没有了，很可能被异化为“人造景点”。但是，让住在危房中的群众“承受”历史带来的“原罪”也不符合“三个代表”的要求。可见，在当前中国城市经济还不发达的今天，保护老房子与改善居民生存状况是一对矛盾。

（5）如何平衡建设资金。过去，旧城改造的建设资金主要是通过土地出让和提高建房容积率来实现资金平衡。但在受历史街区建设条件诸多限制的背景下，传统的手段不灵了，这就带来一个让人头疼的难题：建设和改造资金从哪里来？各地政府的财政难以弥补建设资金的平衡，贷款虽然是个现实的办法，却让城市管理者们心有余悸，所以有人说，如果从资产负债率的角度来考虑，很多城市的政府早就“破产”了。

以上矛盾归结为：在历史文化遗产的保护与开发关系上如何解答“地从哪里来？人往哪里去？钱从哪里出？”三个非常现实的问题。

2. 国内外文化遗产保护的成功经验

以上矛盾的出现，直接的原因是我们的城市政府太强调“发展政绩”了，这既有体制的原因，也有我们的政府承受着太大的发展压力的原因，还有我们的政府太想“有所作为”了。其实，城市的保护与开发不能够自求资金平衡，应当依靠财政的投入，需要依靠其他产业带来的税收对文物保护进行“反哺”。既然目前城市经济发展实力不够，技术、观念还不到位，那么，少提开发，多讲保护和利用，把开发的重任留给后人，也许是一个好的思路，是真正落实“科学的发展观”。

现有社会经济条件下历史遗产的保护与开发，笔者主张采取以下措施：第一，制定严格的保护条例和科学的保护规划。该抢救的抢救，该恢复的恢复，该控制的控制。按照保护规划，依据自己的经济实力，分阶段进行，且不可“一口吃个胖子”，期望一劳永逸的办法是行不通的。当然，这与我们的政府施政机制有些冲突。但既然是人民的政府，就应当以国家和人民的长远利益为重。第二，合理置换功能，适度发展休闲旅游。历史街区的公共环境整治，要借助于“城市记忆”，促进个性化的休闲商务旅游的开展。欧洲的很多大教堂等历史游览区周边建设的旅游休闲购物街就是很好的案例，既延续了历史，又增加了旅游服务的功能，两全其美。济南的芙蓉街、杭州的河坊街等也是很成功的例子，成为城市重要的观光游览区。还有上海南京路的改造、西安钟鼓楼广场的开发、深圳东门老街的改造等，都结合了历史文脉，尊重了商业规律，开发公共空间，达到了保护城市记忆、焕发城市青春的效果（戴一晖、柴闻乐，2004年）。第三，动员社会力量，探索多元化保护利用方式。在国外，通过市场化的运作体制来进行历史遗迹保护和开发的例子也不鲜见。德国许多在第二次世界大战中被毁的城堡就是政府通过转让的方式，交给一些有足够经济实力的名门望族进行修复和保护。苏州市鼓励国内外的组织和个人购买或者租用古建筑；杭州市的个别名人故居租给企业和个人进行有文化意义的合理利用（例如“梁宅”转让给中医院开“名中医诊所”）；北京市也允许和鼓励群众参与四合院的改造，允许外国人购买四合院等等，实践证明，这些办法是十分有效的。不过，政府要加强监管，要竭力避免市场行为的短视和建设性的破坏。对于居住在老房子的居民，可以鼓励居民自己动手修缮房屋，与以往开发商实施整体的危房改造相比，这更容易取得老百姓的支持。因为毕竟“故土难离”，老百姓对自己的居住环境已经适应了，而对自己居住的房屋的感情也会随着时间的延续越来越深厚。

3. 有形文化资产的合理开发

生态环境是形，人文环境是神，追求形神兼备境界是城市的目标。保护城市文化，首先要保护和恢复的是自己的有形文化载体。

（1）要善待自己的标志性建筑。有人说，标志性建筑是有着浓厚的历史文化背景与内涵的城市精神载体，有着强烈的依附性和不可替代性，因而是一个城市的形象代表，是一座城市的灵魂（马承钧，2005年）。就像郑州的二七纪念塔，澳门的大三巴牌坊和镜海大桥，哈尔滨的尖顶红楼，重庆的红岩村与和平碑，拉萨的布达拉宫，南京的中山陵和夫子庙，香港的维多利亚港，巴黎的凯旋门、艾菲尔铁塔和香榭丽舍大街，纽约的自由女神和华尔街，华盛顿的华盛顿纪念碑和白宫，莫斯科的克里姆林宫等，这些标志性建筑已经融入各自城市的血脉，充分展示其人文历史、地域特色和个性化魅力，成为一种举足轻重的城市品牌和无形资产，并且是永不衰竭的旅游资源。

（2）要积极保护自己的古建筑文化。苏州市为加快城市“申遗”过程，特别制定了《苏州市城市紫线[①]管理办法（试行）》，加强对古城、古镇、文物古建的保护，加大对古典园林的保护及其周边环境的整治力度；有计划、有步骤地整修一批重点文物、古建筑项目；抓紧对濒危古建筑、古村落、古镇、水乡的抢救性保护等等，这些工作的实施，进一步提升了苏州古城的魅力和文化含量。

（3）有步骤地恢复一些有价值的古建筑。由于历史的原因，很多城市的古建筑被拆除或者毁坏。一些城市在认识到自己的错误之后，主动按照原貌进行了恢复。很多专家认为这会导致中国的城市到处都充满着“假古董”，但笔者认为，这是一种积极的开发行为，应当予以支持。只要“假古董”不是杜撰出来的，有它的历史依据，总比不恢复强。何况，“假古董”经历了新的历史的检验，也会成为“真古董”。杭州新恢复的雷峰塔就是一个杰作，既成为杭州新的标志性建筑，又成为一个重要的旅游景区，完美地解决了开发与保护的问题。

4. 无形文化资产是一种城市精神

每个城市都有自己的历史文化，在城市建设和发展过程中具有稀缺性和不可替代性。一座城市的历史文化，也就是这座城市的个性和品位所在。因此需要继承和发展。子德认为，城市历史文化是一笔宝贵的无形资产（子德，2004年）。所谓无形资产，是指不具备实物形态，但可以持续为所有者和经营者带来经济效益的资产。它有5个基本特征：第一，城市历史文化资源本身无实物形态，需要依托于一定的实体，如文物、记载、学术著作、口头传说等；而城市形象则通过实物——建筑、环境、地方艺术、市民行为等综合反映出来。第二，城市历史文化具有资源性。第三，城市历史文化具有高效性，在实践中产生巨大的作用，影响城市建设的风格和方向。第四，城市历史文化具有垄断性，只能为特定主体所占有或利用。第五，城市历史文化具有长期性。即城市历史

① 城市紫线是指城市各类已登记的文物遗存范围控制线。

文化是在漫长的历史过程中逐渐积累起来的，并通过长期的潜移默化在人们心中形成心理定势和心理认同。总之，城市历史文化一旦形成，就会以独特的发展逻辑而长期发挥作用。

5. 善于经营历史文化资源

文化具有传承性，善于保存、创新历史文化的城市才能长盛不衰。有文化专家指出，在经营城市土地这一重要资源的过程中，要深化文化资源的挖掘，根据一个城市的历史背景，挖掘内容，并根据这个城市的历史文化特点对其进行整体包装、提升和推广，通过无形资产的增值带动有形资产的升值，从而提高城市的整体价值。那种通过对土地进行简单炒作来实现土地增值的做法，容易对土地造成透支和破坏性使用。可持续之道是：在现代文明中增加历史文明元素，树立城市品牌，附加文化价值，提升城市形象。爱尔兰在10年前开始发展旅游业，但他们没有盲目地追逐时髦，而是精心挖掘并展示自己的独特文化（施晓慧，2005年）。例如，位于爱尔兰西部的邦拉蒂古堡和民俗公园是一个旅游景点，距著名的香农机场仅十几分钟的车程。邦拉蒂古堡建于15世纪，16至17世纪属最显赫的公爵奥布赖恩所有。现在只做了一些保护性的修缮，内部恢复了15世纪的家具和布置。白天进去参观可体会古堡的一段政治历史，晚上在城堡里的大宴会厅，可亲自体会古代公爵的盛宴文化。与古堡相接的民俗公园，在原有房舍的基础上略加修整，再现了一个世纪前的爱尔兰乡镇生活小景：乡间农舍、村庄商店和街道，还有镇公所，包括当时英国统治者的卫兵站，农家院里喂着鸡、鸭。你不仅可以看到那时的卧室、厨房、土冰箱，也可以与“农妇”一起用传统的方式做点心，酒吧餐馆和商店也照常营业。4月至10月还有爱尔兰乡间舞蹈表演。古堡和公园外围虽然增建了一些购物中心和餐馆、酒吧，也仍保持着乡村的静谧气息。这里吸收的大部分农村劳动力，甚至不需要转换角色就可就业。

爱尔兰的酒吧文化也别具特色。由于爱尔兰气候潮湿，冬季阴冷，乡村酒吧甚为流行，历史久远。晚上，村里人到酒吧里去喝杯啤酒、听段故事、唱首歌，再欣赏凯尔特人的音乐舞蹈。现在，旅游者可以与当地人分享这些原汁原味的酒吧，体会爱尔兰人的热情好客。不仅酒吧，制作威士忌的老作坊和著名的吉尼斯黑啤酒屋都已开发为吸引旅游者的场所。镇上的老字号酒吧、老吧台、老桌椅，还有乡间老艺人弹唱小曲，弥漫着古老的情调。

农产品的加工也成为旅游项目。二十多年前，爱尔兰的出口还是以农产品为主，熏制的三文鱼、奶酪等许多土特产远销世界各地。现在这些家庭作坊都成了观光点。在爱尔兰，汽车一出城市，乡土气息便扑面而来。岛国海洋性的气候滋润着这里的农田牧场，满目青翠中点缀着悠闲自得的马儿、牛羊。而这些开放的乡土旅游项目恰似打开的一扇扇门，把你带进了一幅幅画中。它对厌倦了喧嚣都市生活的人来说，有着特殊的吸引力。

当世界上许多国家在经济现代化过程中丢失了历史和田园风光的时候，爱尔兰人却留下了这份祖业，把它直接转化成丰富的旅游资源，这无疑是爱尔兰人的聪明之处。

6. 在经营历史文化资源中打造城市旅游品牌

城市旅游打文化牌已经成为一个真理。因为一个城市的魅力在于有鲜明的个性。城市的定位离不开城市的历史和文化。城市文化本身已经为城市贴上了自己的标签。例如，提到北京，就会想到故宫、长城等典型的“京城文化”；提到西安，就会想到秦始皇兵马俑；提到上海，就会想到外滩、海派文化；提到杭州，就会想到西湖、六朝古都、休闲之都。这些文化形成了根深蒂固的印象，在打造城市品牌上不容忽视。如果能够很好地利用现有的历史文化资源，城市品牌的打造就会事半功倍，产生乘数效应。

例如《新周刊》说广州是一个“说不清的城市”。“说不清”的原因在于文化过于“纷杂”，内容“庞杂”，文化的主脉络、城市的性格很难用几句话说清楚。实际上，从历史文化的角度来梳理，广州是一个有着独特文化内涵的城市：三朝古都、海上交通贸易的重要港口、中国近代革命策源地、我国著名的华侨城市、岭南商业和文化中心。如果将这些内容通过一些载体展现出来，就可以成为很好的城市旅游品牌。

在老厂区的基础上建立起来的，位于北京朝阳区大山子的著名的798艺术区，被称为“城市文化的神来之笔”，美国《纽约时报》将它与美国纽约当代艺术家聚集区的苏荷区相提并论。另外，上海、杭州等地也有类似的“创意产业”集中地。艺术家在从事艺术创作的同时，还可以展示、交流、交易。显然，这是对历史资源最好的利用方式之一，有利于提升城市的魅力指数，也会成为城市重要的特色旅游资源点。

案例 7-1

绍兴文物保护与城市旅游和谐发展[1]

绍兴是国务院首批公布的24座历史文化名城之一，也是中国优秀旅游城市，4 000多年的文化积淀和近2 500年的建城历史，留下了许多弥足珍贵的历史文化遗存，为绍兴文化旅游业的长足发展提供了坚实的基础。改革开放以来，全市上下承前启后、继往开来，合理处理文物保护与旅游发展关系，使文物工作与旅游经济相互支持、协调发展，走出了一条文物保护和城市旅游和谐发展的独特道路，并正在沿着这条轨迹前行。

文物支撑绍兴旅游市场、旅游叩开文物利用大门

以文物为重点的历史文化资源奠定了绍兴旅游生存和发展的基石。我国现有101座历史文化名城，大致分成6种类型，而绍兴包含了古都、水乡风光和传统建筑风貌3种文化类型。从时间分布看，绍兴自夏以来直至清末的各个朝代都有着相应的文化遗存，从舜禹遗迹、越国古址、秦汉碑刻、唐宋摩崖到明清故居可谓应有尽有，宛如一座“没有围墙的博物馆”。从类别看，包括了古遗址、古墓葬、石刻；古建筑、古典园林、名人故居，以及近现代重要史迹，尤其以名人故居为主的地上文物众多。到目前为止，全市共有各级文物保护单位271处，其中国家级重点文物保护单位9处，省级54处，县（市）级208处。馆藏各类文物3.5万余件。从风貌看，城内幽深的台门，狭长的弄堂，潺流的小河，景古、街古、城古的古城风韵处处可见。由此形成的“三乌文化”、“酒文化”、“桥文化”、“兰文化”、“石文化”、“戏曲文化”、“名士文化”、“宗教文化”等绍兴地域文化个性清晰。

历史文化遗产在绍兴文化旅游业的可持续发展中逐渐为世人所知。自改革开放以来，绍兴旅游业大体经历了三个发展阶段。第一阶段为上个世纪

① 宣传中，绍兴市文物管理局局长。2005年度全市县（局）级领导干部优秀理论文章。

80 年代中期以前，这一时期以“参观学习”为主，绍兴的人文景观成为国内游客接受教育和参观学习的重要阵地，绍兴因此成为国内最著名的旅游城市；第二阶段为 80 年代后期至 90 年代末期，这一时期以观光游览为主，绍兴以其众多的旅游景点和丰富的文化底蕴深受国内外游客的欢迎，绍兴也因此成为首批中国优秀旅游城市；第三阶段为上个世纪末、本世纪初，我国旅游业开始出现了明显的休闲度假趋势，游客对旅游活动和旅游产品的需求出现了多元化，体验、感受、参与以及与休闲度假相结合，逐渐成为旅游活动的时尚和主流。绍兴旅游也顺势而动，从古巷深处的酒旗风，到老台门里的饭菜香，从环城河上的桨声橹影，到夜排档中的灯火市声，处处弹奏着休闲感受的动人乐章。三十年来，绍兴的不少历史文化遗产，特别是名人故居和风景名胜因为旅游的开发和发展带来了千载难逢的机遇和效益，许多文物古迹也伴随着文化旅游业的发展在合理利用中闻名全国，走向世界。

通过资源整合、产品打造、品牌培育，绍兴旅游品牌引起了社会各界的广泛关注。以中国兰亭书法节、鲁迅文化艺术节、中国水城旅游节、东湖乌篷船风情节为重点的节会品牌享誉海内外。如一年一度的中国兰亭书法节，已经举办了 21 届，历久弥新，每年的书法节都有创意。2004 年的兰亭雅集诗书大会，云集当代中国最著名的 42 位诗人及书法家，再造 1 651 年前的曲水流觞、文人雅集之盛况；2005年的书法节，由王羲之的后裔广发“英雄帖”，邀集中国历代书法名家后裔聚会兰亭，发表了关于弘扬先贤书法精神的《兰亭宣言》，推出了汇集今人和晋人两次曲水流觞雅集成果的《兰亭诗书集》。作为一项长期坚持的活动，兰亭书法节已经成为扩大城市旅游影响力的一个知名品牌。以“文豪诞生地鲁迅故里、书法圣地兰亭、水石盆景东湖、爱情名园沈园”为重点的景区品牌影响深远，通过内涵挖掘打造的“三味早读”、“仿晋曲水流觞”、“十八缸习字”、“坐乌篷、品黄酒、看社戏”、“坐三轮、游古城、访名居”等动态活动品牌，深受游客欢迎。以寻踪鲁迅文化为特色的鲁迅故里修学游，以体现书法艺术为特色的兰亭书法朝圣游，以体现山水文化为特色的东湖乌篷风情游，以体现名士文化为特色的名人故居文化游，以挖掘古越文化为特色的古越文化寻踪游，以解读中小学语文课本中与绍兴相关课文为特色的“跟着课本游绍兴”等修学游品牌，满足了不同层次游客的需求，得到广大旅游界同行的认同。如2005年策划推出的“跟着课本游绍兴”，广大青少年学生十分喜欢。绍兴丰富的人文资源进入中学课本的篇目已达35篇之多，学生走出学校走进绍兴的兴趣越来越浓。产品推出后，广大青少年学生和旅游界同行认为，在观赏水乡美景中解读鲁迅作品，在领略古城风情中发掘名士文化，真正使课本中的绍兴和旅游中的绍兴得到了有机结合。

从故居到故里、从景点到景区，弹奏出文物保护的和谐音符

文物史迹具有重大的历史价值、艺术价值和科学价值。利用文物优势，发展旅游产业，然后哺育整个文物保护事业，通过近几年的实践，绍兴走出了一条文物史迹、风景名胜及周边环境保护与利用的成功路子。从1999年至2005年的6年间，绍兴共投资5亿多元，全面修复了周恩来祖居、蔡元培故居、鲁迅祖居、大通学堂、秋瑾故居、范文澜故居、古越藏书楼等各级文保单位，实施了鲁迅故里保护一期工程、兰亭保护一期工程、沈园三期工程、周恩来祖居环境改造工程、秋瑾故居保护整治工程、东湖绕门山休闲工程，在加强对文物史迹、风景名胜保护的同时，大大改变了绍兴人文景观景点散、小、浅的格局，实现了从故居到故里、从景点到景区的提升，特别是鲁迅故里保护项目的成功实施，使长期困扰绍兴旅游业发展的“满天星斗，独缺月亮”局面得到了显著改变。

鲁迅故里是鲁迅先生青少年时期生活过的故土，历史悠久，古迹众多，内有全国重点文物保护单位鲁迅故居（包括鲁迅祖居、百草园、三味书屋），有寿家台门、陈家台门、朱家台门、邹家花园、长庆寺等5处绍兴市级文保单位（点），以及大量与鲁迅文化和绍兴传统文化有关的历史文化遗存，如：都昌坊口、咸亨酒店、土谷祠、塔子桥、街亭、恒济当铺等。周边还保存着一批相当规模并传承了丰富历史信息的传统民居台门建筑。街区因伟人鲁迅而声名显赫，被列为全国爱国主义教育示范基地，是广大青少年和文化人对大文豪的“朝圣”之地。但随着城市的发展，鲁迅家门口的都昌坊、秋观第，路面已拓宽到25米，昔日屋檐相对、隔窗相望的石街，变成了单面建筑的交通干线；鲁迅出生的周家新台门的主轴线改建成了具有绍兴标志性的现代建筑——鲁迅纪念馆，绍兴市委党校、百草园公寓等钢筋混凝土楼房替代了那些让人抚今追昔的老屋，在建筑尺度和风貌上与街区的历史氛围不相协调。居民的私搭乱建现象严重，部分老屋年久失修，严重影响了街区历史风貌的协调，街区已无法与鲁迅笔下的风土人情和江南水乡绍兴古城相联系。我们认为，保护名人故居，不仅要保护故居本身，更重要的是保护名人生活的真实环境。

2002 年 6 月，鲁迅故里保护工程开始启动，规划面积 51.57 公顷。通过采用保护、改善、保留、整饬、拆除、重建、移建、新建等 8 种保护与整治模式，全面实施鲁迅故里保护工程。2003 年 9 月一期核心保护工程竣工并对外开放。原汁原味的文物保护，古朴厚重的步行街道，老房子新空间的鲁迅纪念馆的移建，传统风格的民居维修，风貌协调的街区氛围，受到了各方好评，被评为绍兴市区 1992 年以来的十大明星建筑。“从故居到故里，从景点到景区”的保护利用模式引起国内外旅游、城建和文物等方面专家的广泛关注，被专家和领导称之为文物保护和利用的经典之作。在 2003 年、2004 年分别举行的全国名人故居保护和利用论坛和联谊会上，被称为中国名人故居保护和利用的“绍兴模式”。鲁迅故里开放两年多来，尽显了绍兴市区文化旅游的龙头风范。2004 年度参观游客超过 100 万人次，门票收入超过集团公司门票收入总数的 60%，对周边景区的辐射带动作用也日益显现。2005 年 1 月，鲁迅故里代表浙江省 AAAA 级景区参加了国家旅游局在南昌召开的全国旅游工作会议和授牌仪式，还代表浙江省参加了中宣部在西柏坡召开的全国爱国主义教育示范基地工作会议，荣获了全省爱国主义教育基地先进单位。2005 年年初，又被中宣部、国家发改委、国家旅游局列为全国百个红色旅游经典景区。不少旅游界同人评价，鲁迅故里已成为目前绍兴旅游的集散中心，成为全国发展文化旅游的一个典范。

鲁迅故里的成功启示我们：文物资源乃至历史遗产只有在加强保护的基础上合理利用，自身的价值和效用才能显现；同时，旅游也应该是文物持续存在的最大收益者，用旅游收益促进文物保护是旅游资源本身的再投入，符合旅游发展的客观规律。

从观光游览到休闲度假、从旅游城市到城市旅游

党的“十六大”提出全面建设小康社会的奋斗目标，标志着旅游将作为广大人民群众小康生活的基本内容，成为老百姓的基本生活方式。但是，富起来的游客更多地愿意去有自然野趣、休闲活动的目的地旅游，休闲、度假、参与、感受、体验型的旅游持续升温，并向纵深发展。在绍兴，保护城市遗产，发展城市旅游，已经成为业态发展的必然趋势。对此，我们将进一步坚定产业信心，沿着从资源到产品、从产品到品牌、从品牌到产业、从故居到故里、从景点到景区的发展轨迹，以城市整体为旅游板块，保护利用具有历史、科学、艺术价值的历史街区、历史环境、历史建筑物，有机整合旅游资源及产业要素，努力实现从旅游城市到城市旅游的历史性跨越。

1. 保护水城格局，发展水上旅游，感受“同样的水乡，不一样的绍兴”。

绍兴是一座漂在水上的城市，水是绍兴旅游的灵魂，了解绍兴的人，印象最深的是两个字，一是“古”，二是“水”，对古城的小桥、流水、人家赞不绝口，对以河流为骨架、街坊临河、宅第傍水的水城格局记忆犹新。随着休闲时代的到来，社会各界对保护与利用这一颇具特色的水上旅游资源呼声强烈。对此，建议以七大片历史街区为重点，对城内“一河一路、一河两路、有河无路”的传统河、路、桥格局进行保护改造，实施清水工程，改善两岸设施，协调环境风貌，精心组织、强势运作水城旅游。一是开辟“舟游绍兴”线路。以水上“的士”乌篷船为载体，以七大片历史街区为重点，整合推出流转市区的水上短途旅游、街区休闲旅游和景区观光旅游，向游客展示“一河一路、一河两路、有河无路”的传统水乡风光，让游客感受水中乌篷、水上石桥、水边戏台，以及小桥、流水、人家的浓浓水乡风情。二是设计“醉在绍兴”休闲娱乐项目。注重“亲水性”，突出“娱乐性”，推出画舫式水上餐厅、娱乐性水榭社戏、传统型民居旅馆，开办历史街区沿河茶室、酒楼、黄酒馆、戏曲馆、特色小吃馆、传统工艺展示馆、旅游纪念品购物商店等，打造具有绍兴特色的夜间娱乐休闲项目，制造卖点，放松心情，做成板块，形成气候，发展吸引眼球、留得住客的感受型旅游经济。三是串联市区人文景观。让游客停舟上岸，寻访鲁迅足迹，瞻仰总理祖居，朝拜大禹王陵，凭吊秋瑾遗迹，畅游沈园美景，使游客在亲水的同时，感受古城、古街、古景、古台门。

2. 保护地域文化，展示旅游亮点，体验“台门风情、乌篷神韵、修禊雅集”。

（1）寻访名人足迹，体验台门风情。名人绍兴，凡是房屋比较像样一些的都是台门，且往往聚族而居。鲁迅先生就诞生在绍兴古城都昌坊的周家台门，包括：祖居老台门、故居新台门，以及后来所购买的过桥台门。由于鲁迅先生的关系，绍兴的台门又被赋予了新的意义。绍兴台门的旅游看点有三：一看台门中走出的众多名人。了解他们与台门的渊源，感受他们对台门的感情，寻找他们在台门的足迹。二看台门里的绍兴传统建筑。流传至今的台门是绍兴特有的建筑，从建筑学和民俗学的角度来审视台门构架，了解绍兴风俗。三看台门文化，看它衍生出的一系列绍兴风土人情，从台门来解读绍兴，品味绍兴，感受绍兴，体验文化和旅游完美结合的成果。

（2）享受水上交通，体验乌篷神韵。水城绍兴，乌篷船是一个传统的交通工具，也是一个独特的旅游形象，更是一个迷人的文化载体。它作为绍兴“三乌文化”之一，显现出绍兴水上特有的风情，同时也为城市旅游提供了丰富的形式。“坐乌篷、游东湖、看社戏”、“坐乌篷、游古城、访名居”，“坐乌篷、游运河、观风情”等等，都是以乌篷船为媒介，体验集自然与文化于一体的旅游品牌线路。

（3）忘情曲水流觞，体验修禊雅集。书法绍兴，人们最直接联想到的就是书法圣地兰亭。曲水流觞作为兰亭游览参观中的一项特色活动，仿照当年的形式，赋予特定的主题，感受1600多年前的修禊雅集，把黄酒和书法这两大绍兴最有影响力的品牌有机地融合在一起。树立好修禊雅集的品牌，可以极大地调动游客的参与热情。吸引的不光是高层次的文化人士，更多的是将其定位在广大游客之中，调动其参与积极性、增添其休闲游览性，让原本文人化的曲水流觞大众化、多样化。

3. 保护古迹名胜，深化月亮工程，建设“鲁迅故里、书法兰亭、休闲东湖”。

（1）打造鲁迅故里精品，推进二期、三期、四期工程。重点是实施鲁迅路步行街西段延伸工程，春波弄越文化博物馆工程；建设鲁学文化研究中心，咸亨酒店周边主题酒店、特色餐饮、休闲娱乐中心；修复东咸欢河以北恒济当铺、陈家台门、邹家台门、守安堂等文保单位（文保点）及传统民居台门建筑风貌。使鲁迅故里真正成为世界最著名的名人故里之一、国内历史街区保护的样板工程；成为体味鲁迅青少年时期生活意境、展示鲁迅笔下风情和解读鲁迅作品的独一无二的真实场所，并力争成为全国首批 AAAAA 级旅游景区，使这个已初步形成的绍兴旅游的月亮更大、更亮。

（2）挖掘书法文化底蕴，启动兰亭保护整治二期工程。全面完成逸少轩、大令阁、禊贴汇、艺林馆、书法碑廊、十八缸习字廊、乐池改造等景点工程，规划建设兰亭书法度假村，发展书法文化产业，使茂林修竹、翰墨飘香的兰亭成为中国书法基地，吸引更多的国内外书法家、书法爱好者、专家、学者、中小学生、文化旅游团队等前来休闲、度假，创作、研究，书艺交流，培训和朝圣。

（3）拓展水石盆景外延，实施东湖保护与发展项目。该项目总规划面积 142.93 公顷，计划分三期实施：第一期为核心景区的整治扩建。主要是绕门山山体景观改造及山体以北、104 国道以南越文化村和生态休闲区及景区主入口处的整治和建设。目标是打造休闲、生态和运动时尚的东湖。第二期为景区配套服务设施建设。主要是绕门山以南的东湖度假山庄和沿山时尚运动休闲设施建设。第三期为人民路以南水景园的景观房产开发建设。建成以后将成为市区最有特色的观光休闲时尚旅游胜地。

同时，围绕大禹文化，建设以大禹陵为核心的观光休闲度假区；围绕古越文化，开发以越国遗址为中心的府山越文化中心，并加强对古迹遗址背景环境的保护与管理，使文物保护与旅游发展相得益彰。

4. 整合旅游要素，实施品牌服务，打响“旅游到绍兴，服务找中心”。

从城市旅游的角度来说，绍兴是一个整体，而非星罗棋布的景点景区之和。为此，绍兴以串联“吃住行游购娱”六大要素为目的，组建了集景点展示、信息查询、导游服务、旅游购物、投诉受理、绍兴一日游等9项功能于一体的绍兴市游客中心，提出“旅游到绍兴，服务找中心”的品牌服务理念，重点有三个：一是加强对各个景区的有机整合。推出鲁迅故里、东湖、兰亭、沈园、周恩来祖居等景区景点的绍兴一日游，提供车辆免费接送和导游全程服务，即以鲁迅故里为中心，用乌篷船免费送游客到沈园，用三轮车免费送游客到名人故居，用出租车免费送游客到东湖。二是解决旅游要素分散问题。为游客代订宾馆、餐饮与旅游车辆，提供飞机票、火车票、汽车票代售业务，展示具有绍兴地域特色的旅游纪念品，介绍全市旅游景区分布情况、旅游线路指南，及时提供准确、全面的旅游信息，受理市区旅游投诉。三是建设一支高素质的市区讲解员队伍。改变讲解员只会讲解单一景区的局限，以整个城市资源作为旅游的背景环境，选拔和培养一批全程讲解员，做到“讲不完，问不倒”。

如果说，以文物为重点的城市遗产是绍兴旅游的制高点，那么，以休闲为特点的城市旅游将是绍兴旅游的新高地。只要坚持把文物保护与旅游发展紧密联系起来，使文物及城市遗产保护事业的可持续发展成为旅游可持续发展的可靠基础，旅游可持续发展成为文物及城市遗产保护事业效益不竭的源泉，绍兴一定能走出一条由点到面、由分到合的文物保护与城市旅游和谐发展之路。

案例 7-2

杭州历史文化继承和保护——城市背街小巷改造

杭州市作为国家级历史文化名城，2 200 多年的历史沉淀形成了以街、路、坊、巷、弄、里为一体的完整的城市结构，这种结构一直延续到 20 世纪 70 年代末，随着现代化进程的开始而快速解体。在现代化的城市建设过程中，曾经密如蛛丝，网遍了城市角角落落，留下了无数名流先贤，镌刻了无数历史典故的街、路、坊、巷、弄、里，逐渐淡出了人们的视线，许多已不复存在，更多的则退隐在大道高楼之后成为城市的“背街小巷”。然而，穿行在这些街巷之中，我们依然能强烈地感受到杭州天下独绝的城市空间环境和浓郁的人文气息，城市也因此有了自己鲜明的特色，但也能强烈地感受到这些曾经精致幽雅的街巷空间，因为20年间游离在现代化建设的进程之外而呈现的失落感。

20世纪80年代以来的20年间，杭州城市发展取得了令人瞩目的成就，并实现了小康社会的发展目标，开始向全面现代化的目标迈进。杭州市政府将新目标引领下的城市建设定位为营造“国际休闲大都市”，并从城市空间环境资源保护和利用的层面审慎剖析城市的历史遗存，其中作为历史文化名城和城市生活休闲品质主要载体的历史遗存的街、路、坊、巷、弄、里所隐含的重大价值又一次被重新认识和重视。杭州经过现代化高速扩张和粗放发展后，城市应该更精致、和谐、大气，城市建设要“做细、做深、做精、做透”。背街小巷改造的目标之一正是建设、打造品质之城，所以也称为“里子工程”。

从2004年开始，杭州市决定将背街小巷改造工程列为市政府为民办的10件实事之首，花3年时间，投入3亿多元，改造1 500多条背街小巷，这是杭州市在“33929”、“三口五路”综合整治取得决定性胜利后作出的又一项全面提升城市品位的重要决策，其重点是提升背街小巷的人居环境，完善背街小巷的市政设施，改造背街小巷的交通条件，挖掘背街小巷的人文历史，目前已经使135万市民受益。

杭州是七大古都之一，有着深厚的历史文化底蕴，小街小巷最能体现城市的文化厚度。杭州的背街小巷，同样是这个城市的历史卷轴，蕴藏着这个市的独特内涵。背街小巷改造工程也是对杭州特色的一种深入挖掘。杭州市的背街小巷改造工程是城市环境深度开发与经营的典型例子，其特点是重塑街巷空间的生活活力、激活历史文化遗存和人文信息资源、诠释环境城的休闲品质、持续提升城市空间环境的质量。按照杭州市背街小巷改造工程提出的人文目标，重点是要发掘并整理街巷中积淀的历史文化遗存，利用街巷建筑、设施等空间载体，保护并传承杭州城市的文脉。

在杭州市的背街小巷改造过程中，杭州市将“和谐”始终贯穿于其中，把“历史文化延伸”、“市容景观延伸”、“商业氛围延伸”以及“夜景延伸”等四个方面结合起来，将老百姓的衣食住行和提升文化品位有机地融为一体。如杭州市上城区以历史文化为统领，通过向环境保护、城市规划、工程建设和研究杭州历史文化等方面的专家顾问征询意见，将要改造的街巷按各自特色和人文内涵分成8个圈，一圈一设计。同时，在改造过程中，对街巷原有的空间格局、街巷尺度、文化遗产等历史文化元素进行了综合考虑，使改造后的背街小巷既符合现代化中心城区街巷的功能要求，满足居民的生活需求，又能保持背街小巷的原有风貌。

2003年，杭州市对城市道路进行排查，共筛选出1 200多条背街小巷，其中需要改善的“带病”道路700多条，这些道路普遍存在缺少路灯、雨水污水没有分流、道路坑洼不平、容易积水等问题，杭州市委、市政府花了三年时间，投入三四亿元，解决了这个问题。

以祠堂巷的改造为例，祠堂巷始于南宋，因有于谦故居而著名。古居后改称怜忠祠而有此巷名。1989年，于谦故居整修后恢复为旅游景点。祠堂巷分为南北两段，北段为居住区，南段主要以于谦祠为主形成历史文化区。难得的是巷的南段与杭州著名的历史文化保护街区河坊街相连，处于旅游和特色商业区内。整治前祠堂巷的北端人口十分拥挤，交通混杂。市民的出入极为不便。北段的居住建筑立面杂乱，与南段历史文化区不相协调。南段因于谦祠故居保护而遗存下的历史建筑较完整，但缺乏必要的维护，破损比较严重。整条巷的空间风格和质量不连续统一，缺乏绿化和市民休憩的活动空间。祠堂巷的整治重点是重现隐藏在小巷深处的历史遗迹，以点带面，改善空间环境的整体质量，并根据现代生活的社区要求配置适宜的公共设施。主要的举措是：

（1）北段居住建筑立面的改造。重点是小巷建筑风格和质量的改善，在风格上不是一味仿古，而是利用建筑材质、色彩和形式符号的处理达到与南段历史建筑在风格上既协调又有区别的目的。

（2）公共空间的综合改造。重点是通过路面铺设、庭院灯及小品灯的设置、穿插休闲木椅、配置江南园林植物等营造步行、休闲环境，整治不仅让于谦故居得以重新展现在世人面前，成为河坊街历史文化保护街区的延伸，同时改善了街道的整体形象，同中求异，异中存同，提高了街巷居民的生活品质。

案例 7-3

宁波历史文化遗产的保护和利用

宁波市现有国家级文保单位22处、省级文保单位34处、市县级文保单位240处、市县两级文保点511处、市级以上爱国主义教育基地40处、各类博物馆、纪念馆、陈列馆67处。近年来，宁波市坚持以政府保护为主，发动全社会参与，积极构建文化遗产保护“五大体系”，为文化遗产保护提供强有力的体制保障，文化遗产保护工作呈现出良好的发展态势。

一是构建历史文化名城“点、线、片、面”的全方位保护体系。开展“点”的保护，即开展文物普查，公布各级文保单位和文物保护点，全面启动国保单位、省保单位的专项保护规划和大遗址保护（上林湖越窑遗址、海防遗址），依托国保、省保单位开辟专题性博物馆。实行“线”的联动，即市县联动，保护同类型文化遗存（史前文化、藏书文化、水利文化、建筑文化、名人文化等），挖掘宁波历史文化的丰富内涵，确保整体性。开展“片”的规划整治，即保护城区“最后的遗存”，增补5个历史街区和历史地段，制定规划；结合社会主义新农村建设，公布第一批市级10大古村落，并出台相应管理办法；加强全国历史文化名镇石浦、慈城等名镇古村整治，保护利用相得益彰。加强“面”的整合，即构建以月湖为源头，连接天宁寺塔、鼓楼公园路（永丰库）、永寿街、秀水街、中山广场至三江文化长廊，反映名城发展轨迹的“名城风貌展示线”和反映港口城市特色的“海上丝绸之路”史迹线两条线。

二是构建“一馆两翼”的宁波博物馆体系。以建设中的宁波博物馆为龙头，依托文化遗产开辟专题性博物馆，鼓励各部门、各行业开辟行业博物馆，构建反映宁波地域文化特质的博物馆体系。目前全市企业、私人博物馆发展态势良好，钱业会馆、市总工会旧址等行业博物馆正投入建设。国有馆藏文物通过考古发掘、部门（海关等）移交、标的征集、文物鉴定、社会捐赠等途径，总量达到7.48万件，其中一级文物184件，全面完成了珍贵文物建档工作，即将着手建设全市国有馆藏文物数据库。

三是构建文化遗产社会化保护网络体系。该市从20世纪80年代开始就建立了业余文保员队伍，目前已建立了以街道—社区、镇—村为单位的两级管理网络，全市现有业余文保员1 200余名。此外，该市还在中小学校建立了6个非物质文化遗产传承基地。建立了民间收藏协会组织、非物质文化研究中心等一批民间艺术社会团体，各大专院校、社区、企事业单位也培养了一大批文化遗产保护志愿者，宁波城市投资公司等企业在实施慈城、东钱湖开发的同时，也建立了相应的文化遗产保护组织。

四是构建水陆考古工作体系。宁波市文物考古研究所具有国家授予的团体考古领队资格，可以独立从事学术考古，并与国家博物馆水下考古中心合作，联合建立了国家水下考古宁波基地。天一阁、保国寺等单位还与中国社科院、清华大学等国内一流科研院校建立起了长期合作机制。

五是构建文化遗产保护法制化体系。在深入贯彻实施《文物保护法》等国家、省有关法律法规的同时，注重加强地方性配套立法工作，规范各类文化遗产使用管理行为。《宁波市历史文化名村管理办法》已经实施，《宁波市文物保护点保护条例》已列入宁波市人大立法调研计划，并于2007年8月审议通过。在规划立法、规划编制上，积极吸纳文物调查研究、抢救性城市考古等成果，将文化遗产保护全方位融入城市发展建设中，先后制定出台了《宁波市城市规划管理条例》，编制了《宁波历史文化名城保护规划》、《宁波城市紫线规划》，以及各类历史文化保护区规划、文物保护单位规划等，对涉及文化遗产保护的城建项目，坚持以规划为指导，充分协商、论证。此外，建立了文物执法队伍，文化、海关、工商、公安等部门通力协作，依法查处和打击文物走私、盗掘等各类违法犯罪行为，确保文化遗产的安全。

案例 7-4

舟山的地域文化遗产保护

联合国教科文组织在1972年11月公布的《保护世界文化和自然遗产公约》中指出，所谓文化遗产，是指从历史学、美学、人类学、艺术或科学观点看来具有突出普遍价值的文物、建筑群和名胜地。

人类是文化动物，所以珍视作为人文环境内容之一的文化遗产，若从人类本性的角度出发加以探究，至少可以作以下两方面分析：第一，人类离不开文化的多样性。从人类的历史来看，正是在不同的文化长期交融和碰撞过程中，才得以产生今天的地球文明。从现代人类的行为方式来看，今天的人类正以前所未有的兴趣、规模和方式，积极开展各种旅游和探险活动，急切地希望了解和接触其他文化或前辈遗留下来的文化遗产，这从内心深处表现出对文化多样性的渴求。世界各地的文化遗产正是“文化多样性”的一种生动体现。第二，人类是有记忆的，并需要不断地通过各种不同形式的“怀旧”手段，来抚慰心灵和抒发情性。历史文化遗产保留着现代都市人的历史记忆，“我们从哪里来？……我们是什么？……我们往哪里去？”第二、三个问题的答案，取决于对第一个问题的回答，要走向未来、把握现在，必须先理解过去。文化遗产为人类连接过去和现在架设了桥梁，也为从今天走向明天提供了不可或缺的精神食粮。

历史文化名城是由文物古迹、历史街区、古城风貌格局、名优特产、民俗风情、传统文化艺术等要素组成的多功能有机体。历史文化名城是历史文化的重要载体，一个城市的历史文化遗产通常显示着这个城市以往文化创造的精华。定海古城作为一种海洋历史文化遗产，作为中国唯一的海岛省级历史文化名城，有其独特的人文价值。定海古城曾是明代抗倭前线，清代鸦片战争战场，还是近代民族工商和外贸史上扬名海内外的宁波商帮的发祥地。1991年定海之所以能够获得“浙江省历史文化名城”称号，其主要条件有二，一是其在中国历史上，尤其是中国近代史上有着非常重要的地位，这是一座曾经浴血抗击列强侵略、具有民族正气的英雄城市；二是古城中大部分民国以前由传统民居和深宅大院组成的含有丰富历史文化信息的街区保存完整，有着底蕴深厚的以建筑物、遗迹遗物为外在表现形式的人文信息和人文环境。

鉴于历史文化遗产在历史村镇中的大量客观存在，我国政府也开始将历史文化名镇（名村）纳入遗产保护范围中。2002 年新出台的《文物保护法》中明确提出历史文化村镇的概念，并以法的形式确认了名镇（名村）在我国遗产保护体系中的地位。东沙镇是岱山县的古老渔镇，也是舟山群岛历史上的著名渔港，更是清朝民国时期东部沿海的繁华商埠，史称“东沙角”。东沙古镇不论是在总体规模、街区格局、建筑特征方面，还是在文化积淀、传统风貌、文物遗存及保存现状等各方面，在全国范围内已难以见到。东沙古镇所具有的清末民初时期古渔镇传统风貌和海岛民俗特色，是人们研究海洋文化、领略古渔镇风貌、品尝海岛民俗风情不可多得的地域文化遗产，保护和利用好这笔历史文化遗产，将产生良好的生态效益、社会效益和经济效益。

岛屿文化是一种极具典型性、丰富性的地方特色文化，为研究舟山海岛地区社会、经济、文化的发展提供了大量实物资料。特别是分布在整个舟山群岛为数众多的海岛古村落，成为岛屿文化的载体，它保留了保存完好的古牌坊、古祠堂、古民居、古桥、古塔、古亭等，是重要的文化遗产和不可再生的人文景观。这些古村落多为明清时期的遗存，集建筑、环境、传统文化为一体，选址、布局、建设既考虑了物质因素，更注重精神要求。海岛古村落建设大多依山傍水，体现人与自然和谐统一的思想。古村落建筑考究、风貌统一、布局自然，体现出了极高的设计创作水平，也体现了舟山地域历史文化发展进程当中一段重要历史时期的文化积淀，具有极高的历史、艺术、科学价值。但在过去的岁月里，这些古村落不同程度地受到自然侵蚀、战乱等人为破坏和现代文明的冲击，有的早已面目全非。剩下保存较为完整者，如马岙史前遗址、金塘大鹏山古村落、册子丁氏古村落等，也面临着越来越大的保护压力。因此，对有历史、艺术、科学价值的古村落和文物古迹进行规划保护，以保持古村落的传统风貌格局、历史信息及其所蕴涵的优秀传统文化，显得日益迫切。

舟山地域文化遗产是舟山先民几千年来创造的人类文明的载体，是祖先留给我们的极其珍贵的历史文化遗产，有着较高的现代文化价值。如何保护好舟山的古城、古镇、古村落，恢复舟山的海洋海岛历史文化资源，重新展示它的历史感和特有的文化魅力，有着极大而深远的意义。

案例 7-5

京杭大运河杭州段的保护与利用

京杭大运河，又名南北大运河，是世界上最长的运河，中国古代伟大的水利工程。它北起北京，南至杭州，经天津、河北、山东、江苏、浙江等省市，贯通海河、黄河、淮河、长江、钱塘江五大水系，全长1 794千米。开凿至今，经历了2 400余年的历史。运河路线随着历代京都的改变和黄河的改道，曾几经变迁。隋朝以后，京杭大运河成为中国东部沟通内河、联系海港的南北水运交通干线，并兼有灌溉、防洪、排涝之利，对历代的政治、经济、军事和文化发展曾起了重要作用。大运河始凿于春秋末期。公元前486年，吴王夫差为了争霸中原，利用长江三角洲的天然河湖港汊，疏通了由今苏州经无锡至常州北入长江到扬州的“古故水道”，并开凿邗沟（自扬州到江水，东北通过射阳湖，再向西北至淮安入淮河）。秦、汉、魏、晋和南北朝继续施工，延伸河道。隋代开通济渠、永济渠、江南运河，由今镇江引江水经无锡、苏州、嘉兴至杭州通钱塘江。至此，建成以洛阳为中心，由永济渠、通济渠、山阳渎和江南运河连接而成，南通杭州，北通北京，全长2 700余千米的大运河。唐、宋、元、明、清时期也对大运河进行了疏浚整修。运河沿岸逐渐形成名城苏州和杭州、造船工业基地镇江和无锡、对外贸易港口扬州等重要城市。

京杭大运河以其深厚的历史文化内涵，被誉为“古代文化长廊”、“古代科技库”、“名胜博物馆”和“民俗陈列室”等。

京杭大运河杭州段北起余杭塘栖，南至三堡船闸，途经余杭、拱墅、下城、江干4个区，全长39千米，沿途皆为城市繁华地带。千百年来，京杭运河与杭州城市发展唇齿相依，古运河两岸曾经一派繁华，但这些旧日盛景如今都已湮灭。为了发挥运河旅游、历史文化、生态等城市化功能，弱化市区河段的货运功能，把运河建成一条贯穿城市的绿色走廊，杭州市区的 31 座规模小、设备落后、噪音扰民、带有腐蚀性和危险性的码头 2003 年底前完成搬迁。北星桥至义桥铁路桥之间的公用码头和大型企业的专用码头得以改造。

1999 年 9 月 28 日，浙江省重点建设工程——全长 100 千米京杭大运河浙江段运河改造竣工验收。改造以后，钱塘江与大运河得以沟通。此间，毛昭晰、陈洁行、韩幼叔等专家在不断研究和实践中提出了运河“品质保护”的概念。杭州市建委李国忠梳理出运河的“运输功能、纳污功能、水利功能、生态功能、文化旅游休闲功能”，运河的文化价值以及浙江的“经济强省”、“文化浙江”战略使得运河的“生态功能”、“文化旅游休闲功能”日渐得到重视，运河作为世界上最早的伟大工程是杭州的一项重要文化遗产。杭州不光有美丽的西湖，更有着古老的京杭大运河和气势磅礴的钱塘江。杭州市政府早在 2000 年 8 月就提出：“不仅要做好西湖的文章，还要做好运河、钱塘江的文章。”

政府对运河实施综合保护工程，将其提高到了与西湖、西溪同等的高度，明确提出打造世界级旅游产品，“还河于民”、“还河于游客”。中共杭州市委书记王国平在《确立京杭大运河保护新理念》中指出：杭州的运河综合保护工程，必须牢固确立以下理念：保护历史文化遗产就是保护生产力，就是最大的政绩；保护历史文化遗产人人有责，保护与发展“鱼”与“熊掌”可以兼得。运河保护是一项复杂的系统工程，必须坚持截污、清淤、驳坎、配水、绿化、保护、造景、管理八位一体，齐头并进，整体推进。只有这样，才能把运河真正打造成具有时代特征、中国特色的景观河、生态河，实现“还河于民、申报世遗、打造世界级旅游产品”三大目标。

2000 年 8 月，杭州举办首届运河文化艺术节，并将其作为一个固定的模式延续至今。2001 年 7 月，总投资达 9.4 亿元、服务区域为 70 平方千米的运河杭州段截污工程全面建成并开通。2001 年 7 月，“挖掘运河文化”被杭州市政府列入“旅游西进”战略，召开运河文化研讨会。拱墅区专门成立了“运河文化建设领导小组”，行程数百里，实地考察了运河沿岸27个城市，收集整理了30余万字的文字资料与一批珍贵图片资料，并与浙江大学等高校合作，进行运河文化可持续发展的研究。

2002年11月，一个体现大杭州城市格局、着眼于挖掘运河文化内涵、高起点开发建设运河杭州段的战略构想《京杭运河杭州段整治与保护开发战略规划》由杭州市规划局编制完成。杭州市政府投资30亿元，着力建设运河文化风景线，其中，拱墅区段为运河的昨天，着重展示运河的历史遗存和传统风貌；下城区段是运河的今天，展示的是杭州繁华的都市风光；而江干区段则着眼运河的未来，展现城市未来的建筑和风貌；余杭郊区段展示自然农业生态风光；余杭塘栖镇区段则以江南水镇为特征，沿运河边发展观光旅游、度假居住，重振江南水乡声誉。规划的最大亮点是针对运河杭州段的空间特征，打造“运河新十景”：江河流霞、艮新秋韵、武林新姿、夹城春红、江桥忆昔、三河环月、拱宸怀古、东塘野渡、古桥双曲、水北渔歌。“新十景”将运河两岸联成了一条风光旖旎的旅游带。

近几年来，运河杭州段综合整治与保护开发被列入杭州城市建设的“十大工程”，以“一馆二带二场三园六埠十五桥”为重点的运河系列景观建设也已完成。而构建运河旅游景观带，就必须改变运河航运功能。为此，杭州按三级（1 000吨级）标准实施运河二通道建设。按照交通局的方案，运河二通道南起杭州八堡，向北经过余杭、海宁、桐乡至建德五龙桥，全长约40千米，按照三级航道标准（1 000吨级）建设，总投资约50亿元。计划2010年完工。同时计划新建改建运河周边道路15条、跨河桥梁21座、搭建亲水平台6座，全线打通运河两岸游步道，开通运河“水上巴士”。目前，8条道路、15座桥梁已完成整治或正在施工中，5个亲水平台已完成或正在施工中；运河主城区段两岸游步道全线贯通；运河“水上巴士”运行已两年多，加上运河杭州段原有的江南水乡的独特风韵，如拱宸桥、广济桥等古迹，夹城夜月、皋亭积雪、江桥暮雨、白荡烟村等景观，茶楼曲艺、百戏杂剧等运河戏曲文化，我们有理由相信，在强有力的政策支持之下，在摸清运河历史文化遗存“家底”的基础上，一定能够修复人文生态，发挥“修旧如旧、似曾相识”的理念，有计划、有步骤地推进运河旅游资源的开发。

在运河两岸，兴建了信义坊步行街，现行的水上巴士路线中途停靠信义坊码头，为运河旅游功能的扩展和融入新的资源进行了尝试。商业休闲特色街区的打造离不开与本土文化的结合，通过特色街区旅游特色商品营销扩大休闲旅游收入，在信义坊增设体验型、参与型的娱乐休闲项目，真正实现“游、购、娱”在一条街内的完美结合。以拱宸桥为核心的北片以拱宸桥为标志，综合反映运河文化，重点表现民居街巷和近代杭城工业发展史；依托小河历史地段及其衍生用地的中片——以在传统商业社会中诞生的会馆文化为核心，以“一河会五水”来勾画本段景观特征；以江涨桥为纽带的南片综合反映沿河的特色商贸文化、宗教文化、仓储文化。通过10年建设，运河两岸的景观还有大运河博物馆、传统工业主题公园、运河旅游文化休闲城、运河生态公园、康熙乾隆下江南的遗址等。在京杭运河杭州段的北部尾段建设江南水乡特色区，让游人尽兴而归，使千年大运河重新焕发出古老文化的迷人魅力。

第 8 章　浙江城市旅游目的地的产品创新

8.1　城市社会资源的转化

国际上城市旅游发展的经验和趋势表明，整合一个城市的社会公共资源并把它转化为旅游观光产品，是增强城市吸引力的重要途径，也是挖掘城市自身历史与功能内涵，实现城市形象由平面的宣传向多层次、多角度的立体展示转变的重要切入点。

目前，由于全国各地在旅游发展水平和城市发展程度上的不平衡，人们对于社会资源转化为旅游产品还普遍缺乏足够的认识，旅游开发仍然处在以景点为主体的发展阶段。杭州市首推社会资源转化为旅游产品，加快改变传统旅游的单一化模式，这在全国范围内是具有先进性和典型意义的。中国旅游业正处在由传统旅游向现代旅游过渡的阶段；而现代旅游终究要由一种时尚的产物演变成为主流模式，这种趋势成为摆在人们面前必须要加以重视的新课题。杭州这样的由“旅游城市”向“城市旅游”快速转化的成功做法和经验，值得向全国推介。

“精致和谐、大气开放”是杭州市提出的一句口号，同时又是杭州人倡导的一种人文精神。简短的 8 个字，浓缩了这座城市自我认定的品格形象，也反映了杭州人面向未来的精神境界。杭州确实让世界看到了精致与和谐。在这里，人们积淀了工作与休闲浑然一体的生活方式。以自己最喜欢的方式工作与休闲，是大多数杭州人的理想境界。杭州人的这种理想境界从某种程度上来说也是人类共同的理想境界。因而，当世界各地的游客，尤其是对生活品质要求较高的西方游客走进这座城市，从精致和谐的氛围中发现了自己所喜欢的实质内涵时，产生了进一步了解杭州人的生活，做一番深入探究的愿望也就不足为奇了。

2004 年年底，杭州市旅游委员会向社会各界宣布，将向海外旅游市场推出

100 个“新型旅游产品”，该产品包括城市公共服务设施、工农业旅游示范点、社会生活、社会政治、市民生活、节庆会展等 6 个大类，涉及公共交通、农贸市场、特色街区、工业旅游、农业旅游、教育、体育、文化设施、法庭、社保中心、市民康体生活、专业收藏、社区家庭、监狱等 27 项，总共 100 个点，分 3 批推出。此次将杭州社会文化生活的各个方面推向海外旅游者，大大突破了传统的观光旅游产品的概念，一个真正意义上的“大旅游”呼之欲出并在全国首开先河，因此，此消息一经发布，立刻在社会各界特别是旅游行业产生了较大反响。

那么，这个被命名为“城市社会资源转化为旅游产品”工作 （以下简称社会资源整合工程）是如何考虑和操作的呢？

8.1.1 城市社会资源整合工程的背景

当前是杭州旅游实现跨越式发展的机遇期，旅游国际化作为杭州的一项重要战略，是提升杭州知名度和竞争力的重要抓手，也是今后相当长时间内的努力方向。但是，旅游国际化、风景旅游城市、中国首批命名的历史文化名城及中国首批优秀旅游城除了能够加大海外旅游促销力度，对传统旅游产品进行整合提升，优化旅游接待环境等三大作用外，还缺乏一个抓手。这项最终被称为“城市社会资源转化为旅游产品”的工作，是基于以下考虑。

1. 市场的需求

我们去国外、去异地旅游，除了如画风景带来的视觉享受，去参观一些世界级的旅游景点外，更希望能感触到这个城市独特的文化历史背景和人们真实的生活状态，如果这样，旅途会变得格外立体、丰满。越来越多的游客有这样的感受，尤其是海外游客，期望体会真实的中国。国际游客出游的一个重要兴趣，在于更多地了解和体验一个地方的社会生活、文化特色和百姓生存状态。把城市社会资源转化为旅游产品，便是希望国外游客通过亲身了解和体验，进一步丰富杭州的旅游内涵，增加杭州旅游新的兴奋点，吸引更多的海外游客。

2. 杭州自身的条件

杭州在创建文明城市过程中涌现了一大批在全国都叫得响的品牌；杭州的

社会经济发展已经达到一定阶段，社会文化的方方面面都有一些可供参观和学习的示范点，社会资源整合工程具备了基本的产品条件和环境条件。

3. 杭州旅游国际化的氛围已经形成

实施以城市为核心载体的杭州旅游业国际化战略，已经成为全市上下的共识，杭州市委、市政府《关于推进杭州旅游国际化启动方案》的颁布以及推进旅游业国际化领导小组的成立，标志着杭州旅游国际化工作走向规范化、正轨化；从近期推进旅游业国际化工作的进展看，各有关部门和区（县、市）正按照“旅游业国际化20条”提出的要求进行实施，各项工作进展相对顺利；其中，“推进旅游国际化20条”中的第6条对旅游资源整合提出了明确的要求：“推进公共设施转化为旅游产品，即梳理城市道路、桥梁、河流、场馆、学校等设施，按照旅游产品要求，增加观光游览功能”。

4. 杭州要为中国城市旅游发展提供样本和典型经验

杭州作为全国重点风景旅游城市，中国首批命名的历史文化名城及中国首批优秀旅游城市，要在城市旅游产品开发和旅游资源整合方面为全国树立模范。要积极思考结合杭州正在积极实施的旅游国际化战略，开发推出一批富有自身特色的城市旅游产品，树立城市个性化品牌，进一步提升旅游业的国际地位，实现杭州旅游从单纯的观光型向观光与休闲度假、商务会展三位一体的转变。

从旅游产品国际化的要求出发，杭州的旅游重点工程对于建设国际风景旅游城市发挥了重要的积极作用。特别是西湖综合保护工程的实施，大大提升了杭州在国际、国内旅游市场上的竞争力。西溪湿地旅游区的建设也将提供一个新的拳头旅游产品……杭州的旅游硬件产品可以说上了一个很大的台阶，下一步应当在整合城市社会资源，开发社会旅游产品方面做文章。

8.1.2 城市社会资源整合工程的立足点

1. 目标

把“社会资源整合工程”作为深度推进杭州旅游业国际化启动方案的一个

重要突破口，在全国率先开辟新的开发模式，引发业内外关注，开发注意力经济，成为展示杭州社会经济发展和精神文明建设的窗口、对外交流的平台、吸引海外游客的载体、发展入境旅游业的重要抓手。

结合杭州城市形象的展示，全面反映杭州改革开放的成果；树立东方休闲之都、中国最幸福城市的形象，反映幸福城市的不同侧面，展示杭州居民幸福生活的点点滴滴。

2. 立足点

（1）选点要真实。立足于展示一个真实的、立体的、鲜活的杭州城市。真实的东西是最美的。要将真实的杭州、真实的中国、真实的社会、真实的百姓，以最自然的一面展示给游客。我们不是一定要把好的东西给人家看，而是要把最真实的一面给人家看；多展示一下自己的侧面，可以打造更富有人情味、更具亲和力的旅游城市形象。

（2）市场有卖点。既然强调推进国际交流旅游市场的开发，就要使推出的各个点要有“卖点”和“售量”。为此，杭州市旅游委员会充分听取了国际旅行社的意见，最后整合的资源点实际上成为由组团社根据市场需求组合产品。例如，教育资源的旅游产业化利用就是过去旅行社一直无法有效解决的一个重要问题，旅行社对外招揽游客的“菜单”，通过本次整合，一大批包含大学、中学、小学、职业学校、特色学校在内的教育设施进入国际旅游接待市场，被包装进入入境旅游产品中，很好地解决了这一难题。

（3）原有功能保持不变，各项工作基本不受打扰。把社会资源转化为旅游产品，不等于放弃原有的功能，而是在原有功能保持不变的基础上增加的一项功能，为此，旅游产品的设计要做到其本身的各项工作基本不受干扰，绝不能顾此失彼。毕竟，接待旅游者这项工作是一种附加功能，是一个衍生品。何况，一旦失去其原有的功能，就成为了名副其实的“造假”产品。

（4）产品要有可操作性。由于各个社会资源点隶属于不同的部门，职能不同，主管部门不同，旅游主管部门只能通过其主管部门进行协调，因此，各资源点和上级主管部门的积极性和主动性是至关重要的。有了积极性，还要看场地、文化特色等是否具备开放条件。例如最初把 110 指挥室列入开放点，由于公安部门办公大楼的可进入性不够，最终被放弃。

3. 相关措施

（1）时间表。从2006年开始，分3批将100个社会公共资源点转化为城市旅游产品。杭州市财政局“以奖代拨”予以支持。城市社会资源转化为旅游产品是深度推进旅游国际化战略的一个重要突破口。整合一个城市的社会公共资源并把它转化为旅游观光产品是增强城市吸引力的重要途径，也是挖掘城市自身历史与功能内涵、实现城市形象宣传由平面向立体转变的重要切入口。杭州市旅游委员会成立“推进旅游国际化领导小组办公室”，根据国际国内旅游市场的需求情况，广泛征求各相关部门、区县（市）政府、部分国际旅行社的意见，编制了杭州市城市社会资源转化为旅游产品实施方案。把城市的100个具有明显吸引力的社会公共资源点整合转化为旅游产品。使城市的各个地域、各个领域、各个侧面都成为满足海内外游客旅游文化交流需求，展示全市城市化、社会建设和精神文明建设重要成就的窗口。借此举措，杭州全面构筑起一个开放的、可进入的、具有亲和力和真实感的、精致和谐的、大气开放的国际风景旅游城市。

（2）五个一。对于拟推出的社会资源点，按照“五个一”的基本要求进行了产品的准备工作，包括：一名分管领导、一名解说员（或接待人员）、一名对外联络人、一部对外公布的联系电话、一条合理的参观路线。有条件的地方制作了专门的宣传小册子。对参观设施进行适当的整修，增加图片、实物、多语种标识等，特别是增加了安全设施和一些安全提示标志。

（3）预约服务。由于绝大多数资源点开放之后主要接待海外入境旅游团队，因此会提前预约。预约时，向受约接待单位明确接待的对象、规模、时间、要求等。

（4）经费安排。建设经费主要由各单位自筹，根据接待情况，按照“以奖代拨”的原则，每年年底对优质服务单位进行奖励。为此，要求各接待点及时向市旅游委员会通报相关情况、报送相关数据。

（5）收费原则。按照经营单位收费，社会公共资源原则上不收费。一些资源点可以适当收取一些成本费（如茶水、设施使用费等）。

（6）先易后难。由于该项工作在全国尚没有成型的做法可供借鉴，因此，在具体操作时，本着先易后难的原则逐步实施，当然，最初的时间也会因为推广原因而难以形成规模化。

（7）宣传推广。作为一项国际化的重要举措，要想在市场上产生较大的号召力，就必须大范围进行推广，起码要做到让海外的组团社能够知晓，因此，宣传推广工作至关重要。一是通过国际旅行社进行推广，要通过他们告知与自己密切联系的海外组团社；二是通过网站进行宣传；三是杭州市旅游委员会将相关消息介绍给海内外的组团杜；四是编印宣传手册，在海内外广泛散发。

8.1.3　城市旅游发展的新趋势

1. 城市旅游发展的三个阶段

按照“由表及里”的发展“脉搏”，城市旅游大致可以分为三个阶段，即：城市旅游等同于城市景点的阶段、城市公共设施进入城市旅游的阶段、城市旅游渗透到社会精神文化领域的阶段。

第一个阶段是目前世界范围内绝大多数城市的发展模式，以世界文化与自然遗产、城市公园、城市博物馆、城市自然风景资源等为依托。它所展现的是“城市之表”，是城市的外形，带给人的是对于城市景区（点）的认识，所以留给游客的印象并不深，例如很多国外游客就往往把杭州与苏州混同在一起。一位日本游客就讲自己没有到过杭州而是去过苏州，但他又说对西泠印社（位于杭州）印象很深，在西泠印社购买的一只印章是他最珍贵的珍藏物。千篇一律的中国城市形象已经很难让不熟悉中国城市的外国人将之区分开来。

第二个阶段一般出现在旅游景点较少而传统的建筑又很有特色的城市，例如中国的大连，它把广场、传统建筑、女骑警、大草坪、特色街、有轨电车等开辟为城市观光点，由于不收门票又很有特色，城市就很有魅力。在国外，很多城市的桥梁、高校、大型购物中心等成为观光客人的参观点。上海、深圳等城市在建筑的景观化和街区的风景化方面也有成功的实践。如“八号桥”——这个坐落于上海卢湾区建国中路8号至10号的由废弃的厂房改造的地方，成为上海时尚界一个新的风向标和上海著名的工业旅游景点。国家旅游局推出的城市工农业旅游示范点也应当属于这个阶段的范畴。

第三种类型在国内外并不多见。但一些国外城市已经开始尝试，到议会拜见议长，到政府拜访市长，到法院参观庭审，到工厂参观、购物等，只不过面还不是很广。

2. 推出城市社会文化旅游产品是当今世界城市旅游发展的必然趋势

对现代国际游客的出游规律、出游兴趣的调查表明，国际游客更多地关注一个城市的社会生活、文化的方方面面，而不仅仅是风景旅游点的观光考察。也就是说，原生态的城市生活成为国际旅游者的兴致所在，通过旅游，要让他们了解这个城市和地区的风土人情和经济、社会发展的状态，了解这个城市的管理体制、机制，乃至老百姓对这个城市和国家的态度。

南京路被称为“上海第一路”。为了使这条马路更加具有魅力，上海市在新的城市改造中，本着“马路要比商品好看，晚上要比白天好看，不仅要有万种商品，也要有万种风情”的理念，对南京路进行步行改造，增加了休闲、餐饮、娱乐功能，设立了时尚的酒吧、咖啡、茶楼等服务设施，还定期举办大中型的活动以积聚人气。

国际上城市旅游发展的经验和趋势也表明，整合一个城市的社会资源并把它转化成旅游产品，是增加这个城市吸引力的重要途径。由于是在原有的社会资源正常运转的基础上仅仅增加了旅游接待功能，投入的成本不高，因此已经成为许多城市的努力方向。国家旅游局推出的工农业旅游示范区实际上就是一个资源整合的具体案例。但在目前，我国各城市普遍对开发风景人文资游十分重视，而对社会资源的开发还不够。大连在对城市设施的旅游利用方面走在了全国的前列，杭州在城市社会资源的旅游利用方面走在了全国的前列，不能不说这是城市社会进步的表现。此外杭州市还推行了杭州市区两级人大、政府、政协三套班子的领导参与国际旅游团队的接待工作的举措，让他们来代言杭州的开放，促进杭州与海外的政治交流。

把城市社会资源推向海外旅游者，可以说是一种互动的转化，一方面推动了一个城市旅游国际化的步伐，另一方面城市的文明素质也会在被欣赏、被了解的过程中得到提升。这其实也是旅游业对社会的一个重要贡献。

3. 推出社会旅游产品需要注意的几个问题

第一，要考虑市场需求。由于社会资源开放主要是以接待海外入境游客为主（旅游是购买文化差异的产业，对于国内旅游者而言这些兴趣不大），因此，接待海外旅游者特别是外国人的规模是至关重要的。如果外国游客的数量达不到，推出的产品没人买，就失去了其原本的意义。第二，要考虑城市社会经济发展阶段，量力而行。城市的富裕程度并不十分重要，重要的是一个城市的文明程度、社会开放的意识以及安全、礼貌、文明、繁荣等要素，而这与一个城市的社会经济发达程度密切相关。

8.1.4 城市公共设施的旅游产品功能开发

城市旅游发展进入第二阶段的主要特征是城市的建设类公共设施增添旅游观光功能。城市在历史的发展过程中所形成的特色建筑、城市风格、城市文化设施、城市产业等城市物质文化遗产，是城市旅游可以利用的重要资源。将这些设施转化为旅游产品是国际上常用的手段，既区别于仅仅以传统的旅游景点为依托的城市旅游，又可以以较少的投资增添城市的魅力和旅游竞争力。

1. 国内成功案例

上海都市旅游的“资源本底”是城市建设类资源遗产。在这样无山无水的非传统资源型旅游目的地，上海发展观光、休闲旅游资源有赖于社会资源，尤其是伴随着城市建设日新月异所带来的都市风光，铸就了上海都市旅游的独特本质（陈建勤，2004 年）。构成“时尚上海”的元素，大多是广场、高楼、高架桥等城市建筑。

上海新天地是大都市的另一个时尚场所。它利用老石库门为原型，在不改变外观的情况下，经香港瑞安集团的神来之笔，成为最受游客欢迎的晚间休闲场所。

东方明珠塔本来是一个电视转播塔，却充分发挥了其城市观光功能，观光电梯、餐饮、娱乐设施和观景台等一应俱全，与位于一层的上海历史陈列馆交相辉映，成为一个年利润过亿元的 AAAA 级景点。

上海金茂大厦是另一个十分成功的案例。这座由中国上海对外贸易中心股份有限公司独家投资 5.6 亿美元建设的一座 88 层的超高层大厦，位于上海浦东新区陆家嘴金融贸易区黄金地段，与著名的外滩风景区隔江相望。其功能的划分如下：主楼 1 至 52 层为办公用房，53 至 87 层为五星级宾馆，88 层为观光层，裙楼为金融、商业、服务、康乐等多功能设施。其中，金茂大厦观光厅位于大厦的第 88 层，高度为 340.1 米，面积达 1 520 平方米，是目前国内最高、最大的观光厅。游客可以乘坐堪称为“时光穿梭机”的两台高速电梯，以每秒 9.1 米的速度，仅 45 秒的时间就能被平稳地从地下一层送至 88 层观光厅。观光厅也是中国最高的“空中邮局”，为游客提供珍贵的邮品和特色服务。数码摄影服务可以为游客留下永久的纪念。在观光厅，灿烂迷人的朝霞落日、瞬息万变的蓝天白云、浦江两岸的都市风光、长江口的壮丽景色以及层层叠叠、流光溢彩的金茂凯悦大酒店的中庭尽收眼底。

2. 可增加旅游功能的公共设施

根据陈建勤等的研究，以下城市建设项目可以开发旅游功能：基础设施，包括城市街道、轨道交通、高架道路、水道等；地面、空中或地下的设施；文体场所，包括为大众服务的各种文化体育场馆，如博物馆、纪念馆、体育场馆、赛车场、展览馆、学校等；小型聚落形态，包括社区、小型城镇、乡村等；景观街区，指对一些新建或者已有街道、社区的景观化建设；公共场所，指大众聚会的场所；生产经营性设施，包括农田、工厂、商店等；建筑单体或建筑群等（陈建勤，2004 年）。这些项目原本不是旅游项目，只是因为其蕴藏着观光功能而对其实施旅游功能建设，即旅游功能多是在原有主功能之外的附属功能，是原有功能的一种延伸和深入挖掘。

需要说明的是，像世博会、奥运会之类的场馆在建设初期就应当附载旅游功能，在进行策划和设计的时候就应当及早考虑旅游功能。

3. 城市建设项目向旅游观光产品的转化

对城市建设项目的改造，需要添加一系列旅游设施方可满足游客的观光需求。从技术上看，一是强化景观观赏价值；二是添加游客服务设施，包括停车场、厕所、餐厅、标志系统和说明牌、游步道（含残疾人通道）、购物点、邮局代办点（可以与购物点结合）、公用电话等；三是添加旅游服务点，如咨询点、导游服务点、书刊服务点、照相点等：四是配套交通，包括公交车等；五是提供相关的旅游手册、导游书。有条件的可以建设与建筑物配套的游客中心、小型博物馆、展览馆等。安全设施是至关重要的，除了相应的警示标语外，对于容易出现险情的地方要进行特殊化处理，增加安全设施。

总之，在对城市建设项目进行旅游功能改造的过程中，一定要注重景观化、特色化、人性化，注意维护历史遗迹，传承城市历史文脉。

8.2 城市商业街与城市旅游发展

旅游街区，从字面上理解就是用于旅游活动的街区，但是基于城市旅游特别是城市游憩学理论的发展，国内外许多城市都出现了大量的游憩街、精品街、特色街等，美国、加拿大、法国等国家都具备形式各异的游憩街区，如墨西哥城的起义者大街、纽约的百老汇大道、苏黎世的班霍夫大街、蒙特利尔的萨布洛克大街、巴黎的香榭丽舍大街，国内也有诸如上海的南京路、北京的王府井、苏州的观前街、云南丽江的洋人街等。这些原本为方便市民的街区，逐步在国内外许多旅游学者的关注之下，注入了更多的旅游元素，增加了街区的旅游功能，完善了街区的各项设施，成了外地游客眼中的“亮点”。据有关人员统计，在上海南京路上的大多数都是海内外的旅游者，甚至有这样的说法：不逛南京路，不算到上海。逛南京路是在上海进行旅游活动的重要项目之一。

然而，迄今为止，国内外并没有提出“旅游街区”的概念，况且，随着城市旅游活动的丰富和发展，并不是简单地将旅行社、饭店，甚至是商店集中起来的街区就是旅游街区，因此需要对此下一个定义。笔者认为，所谓旅游街区，应该是具有某种城市景观，通过表现城市的文化、历史背景，同时配备旅游多项功能和设施，形成一定规模和知名度，从而满足旅游者观光游览、休闲消遣、娱乐购物等需求的街区。

从全球商业街的发展阶段来看，国际上有着百年历史的商业街一般都经历了 7 个时期，即：集市贸易时期；店铺格局时期；小型商业中心时期；大型商业街时期；大型商场和超市加盟时期；商业街发展低谷时期；综合发展时期（从单纯的购物功能向购物、休闲、展示、文化、娱乐等功能转化）。商业街作为城市文化的有机组成，既传承了历史，又提升了城市的旅游吸引力，成为现代人理想的购物、休闲、旅游、娱乐场所。借用历史街区进行商业街文化的创造，在国内外有许多成功的案例，可以有效解决城市历史的保护问题和历史建筑的生存与延续问题。

古老的商业街区往往是一个城市中最具地方传统特色的景点，经营具有地方特色纪念品和传统风味食品的商业街常常是游客最愿意光顾的场所；同时，经过改造的商业街，成为城市的一道亮丽的风景线，充分满足了人们休闲享受的需要。此外，其文化功能使商业街显示着城市的人文特色，丰富了人们的精神生活，促进了城市的文化建设。

链接 8-1

上海八号桥，沪版的精致极地

上海市建国中路重庆南路口的“八号桥”，过去的工厂现在是一间艺术家的工作室，其前身是上海汽车制动器厂 15 000 平方米的旧厂房。经过精心的改造，原来那些厚重的砖墙、林立的管道、斑驳的地面被保留了下来，使整个空间充满了工业文明时代的沧桑韵味；同时，从大门口处法国艺术家创作的大型雕塑《绿门》，到灰砖外墙上鲜亮的玫瑰红色块，以及内部歌剧院般的层叠式休闲吧，无不体现出创意风尚。难怪从动工至今，“八号桥”已如磁石般吸引了众多创意类、艺术类及时尚类的企业入驻，包括海内外的知名建筑设计、服装设计、影视制作、画廊、广告、公关、媒体、顶级餐饮等公司。对这些企业来说，这里最为独特的是园区设计中留出了很多“租户共享空间”。比如商务中心、员工餐厅、休闲后街、阳光屋顶、小花园等，提供了许多互动的空间，使不同领域的艺术工作者和各类时尚元素可以互相碰撞，更能够激发灵感和创意。“八号桥”的建设方香港时尚生活策划咨询（上海）有限公司的总裁黄瀚泓说道：“作为上海中心城区卢湾区重点打造的精品特色现代化园区，我们希望‘八号桥’的建设可以为上海中心城区实现从传统工业向现代服务业的跨越提供参考。”

2007年9月扩建以后，原来12 000平方米的废弃汽车配件工厂总建筑面积达到18 000平方米。“八号桥”变成了建筑、家居、艺术、广告、软件、电影、出版、时装设计等新兴产业的会聚中心，并且吸引了SOM、B+H、HMA、AEDAS、ALSOP等诸多知名的国际创意机构，注入时尚、创意的元素。“八号桥”形象上是每一座建筑物都有天桥相连；内涵上，它是连接国内外各创意咨询专业服务团队的沟通之桥，“八号桥”已成为现代城市景观的新景象。

链接8-2

巴塞罗那的兰布拉大街

巴塞罗那位于西班牙东北部的地中海沿岸，是西班牙的第二大城，也是西班牙加泰罗尼亚自治区的首府，通行西班牙语和加泰罗尼亚语两种语言，它也是工商业、文化艺术非常发达的城市，有“地中海曼哈顿”和“伊比利亚半岛的明珠”之称。西班牙现代艺术巨匠如毕加索、米罗、达利等人都诞生于此，是西班牙的骄傲和世界上最美丽的城市之一。要认识巴塞罗那，最好的办法便是光临以花团锦簇著称的兰布拉（Rambla）大街。

当罗马人到达这里时，兰布拉大街还是一条淤泥充塞、流动迟缓的河流，Rambla在阿拉伯语中就是“沙子”的意思。兰布拉大街是巴塞罗那市所建的第一条宽阔的大街，街边林立着一排排用来遮阳的悬铃树，现在，它已经成为欧洲最著名的林荫大道之一，从加泰罗尼亚广场向下一直延伸到港口区的这条长长的“缎带”共有1 800多米长，主要分成5段，尤以花卉街和乌市所在的街段最为有名。

巴塞罗那周末的夜晚有着活跃的气氛，各大俱乐部和迪斯科舞厅一直开业到早上五六点钟。酒吧通常营业到两三点。爱上巴塞罗那，是因为爱上它的浪漫美丽，爱上它的风情万种。无须前往著名景点，你仅走在巴塞罗那的街头就能从那些不经意间出现的风景和建筑上感受到惊喜。

在欧洲，流浪是艺人们一种很常见的生活方式，而加泰罗尼亚则把这个概念推到了极致。兰布拉大街更为人所熟悉的称呼就是“流浪者大街”。不同种族和语言、来自世界各地的流浪者和艺人云集此地，将所谓“街头艺术”的精髓演绎得淋漓尽致。

兰布拉大街天生就是流浪者的乐园。饿了，走几步就是欧洲最大的有顶集市博盖利亚市场，在那里，只要 1.5 欧元就可以买到一大盒的新鲜水果沙拉；渴了，兰布拉大街靠近加泰罗尼亚广场的那头就是神奇的卡纳雷特斯喷泉。在海边走的话，你会和那个世界上最大牌的流浪汉遭遇——当年哥伦布从意大利一路流浪过来，寻求航海援助，最后得到伊莎贝女皇的赞助，终于在巴塞罗那港口扬帆出海。

兰布拉大街本身就是一出永远也演不完的戏，各路流浪艺人进行着各种游艺表演，五花八门的“真人雕塑”沿街林立，吸引着来自各地的游客。这些流浪艺人真可谓是抖出百般花样，使尽各种心智：一个拉手风琴的艺人旁蹲着大大小小、胖胖瘦瘦的几只可爱的猫咪，猫咪穿着衣服，脖子上还挂着奶瓶子。且不管这艺人手风琴拉得怎样，光是看着要养活这么“一大家子”的份上，人们就不禁纷纷解囊了。涂脂抹粉、衣着鲜艳的各种造型的“真人雕塑”，脚下放着装钱的盆子，游人给他（或她）钱，他们便挤眉弄眼动一动，否则看上去真是难分真假。已经成为商业区的街道两旁，书报亭、花店、食品亭鳞次栉比，把街道装点得五彩缤纷、生机勃勃。耸立在兰布拉大街附近的各种宫殿古迹、广场、市场、剧院、博物馆，多得让人目不暇接，云游其中，浑然忘记了时间的流逝。

案例 8-1

“一路时尚，满街风情”——武林路时尚女装街

武林路起源于隋代。京杭大运河贯通后，渐渐地就有了武林路。乘船走京杭大运河，船抵余杭门入杭州城内，必经一条车马路。宋代，余杭门的米市已经颇有规模。余杭盛产的稻米除在米市交易外，有的就经余杭门运入城内入库，这余杭门至钱塘门的车马路就是今天武林路的雏形。车来人往，武林路就成为杭州城南北向三大交通主干道之一。

翻阅那些记载武林路历史的杭州典籍，有一个蛮有意思的现象，那就是武林路上的风流蕴藉，总是那么富于吉祥色彩——其深厚的历史文化底蕴在于它总是和福瑞、财富联系在一起。南宋时，武林路南侧建有景灵宫、太乙宫。每年春夏秋冬四立日皇帝必率群臣在此举行隆重仪式，祀奉五福太乙神，以求五谷丰登，乃聚福之意。宋亡后，太乙宫改名长寿寺，明永乐十二年(1414年）又更名寿圣寺。明朝，淳祐仓、常平仓（粮仓、物料仓）以及盐仓、酒库等众多官仓集中于此，乃聚财之意。清雍正八年（1730年），在寿圣寺旧址并民地10亩建宝浙钱局，开炉铸币。乾隆五年（1740年），浙江巡抚卢焯修葺钱局堂宇、炉房十座，谓“帝德乾坤大皇恩雨露深”字号，乃聚宝之意。可以说，武林路历来是占尽天时地利的风水宝地。清末民初，武林路俗称西大街。街两侧开设了众多店铺，演变为遐迩闻名的近代商贸型街区。

2002年，武林路在杭州市、下城区政府的推动下，经整治改造，成了一条集购物、休闲、旅游、娱乐为一体的特色商业街——时尚女装街，其范围包括主干道武林路（南起教场路口，北至体育场路口，全长1680米）；支路有凤起路（延安路至环城西路段）、狮虎桥路、龙游路、孩子巷，形成“非”字形街区，它东与杭州商贸中心——延安路闹市相连接，西经龙游路与美丽的西子湖畔湖滨商贸区贯通一体，形成了回廊式购物休闲格局，南端衔接历史保护地段——石库门里弄林氏家宅（林氏家宅主人林鹤堂是“梅妻鹤子”林和靖的后裔）。至2007年，街区内共有以服装为主的各类商家800余家，全街区总营业面积约5万多平方米，就业人数约5 000余人，2006年实现销售额约15亿元，曾先后获得了“浙江省十大商业街”、“浙江旅游消费推荐单位”、“中国最具升值前景商业街”、“清洁杭州示范街”、“洁美窗口”、全国“百城万店无假货示范街”等荣誉。

武林路是以女性服饰商品为主要经营内容的，具有个性鲜明、景观独特、内涵丰富、功能完善的，集购物、美食、商务、健美、休闲、观光、娱乐于一体的，富于女性精神和艺术气质的大型现代商业文化街区。沧海遗珠的历史人文遗存古武林门、古钱塘门、近代石库门建筑、都锦生丝织厂、沙孟海故居、龙兴寺经幢（唐代古迹）、梅鹤堂（林和靖后裔居所）等，如星光般闪烁。“浪漫一身”、“秋水伊人”、“蓝色倾情”、“江南布衣”、“西门町”等杭州女装品牌又如一朵朵艳丽的奇葩。历史与现实相融合，传统和时尚相协调。以“中国第一时尚风情女街”为主题概念，武林路具有高格调的经营环境、高品位的商业气息和高层次的人文内涵，焕发出了独特的魅力。

经过几年的建设与营运，武林路时尚女装街已经形成了自己的特色和品牌，成为杭城众多商业特色街中的后起之秀，先后被评为“浙江省十大商业街”、“清洁杭州示范街”、“杭州市对外传播采访基地”、“国际旅游访问点”、“中国最具升值前景商业街”和“全国‘百城万店无假货’活动示范街”等多项荣誉称号。据统计，武林路已从开街最初的273家商户增加至今天的791家，其中国内、国际品牌、精品专卖店达301家，占总商户数的38.05%，街区年销售额已达15亿元，税收总额也从2002年的3 804万元跃升至1.3亿元。武林路时尚女装街不仅成为众多追逐流行时尚人们心目中的购物天堂，而且成为辐射周边、享誉杭城的诚信示范街；在如今全国争相绽放特色街的经济时代，武林路已经走出了一条属于自己的特色道路，在建设上铸造国际“花园式商业街”，在管理上享誉“百城万店无假货示范街”称号，在经营中不断完善“时尚与女性”的特色，在品牌推广中打响了业内最顶级的时尚盛宴“武林衣秀”。正是因为武林路建设与管理上的不断创新，武林路女装街的今天才格外耀眼，成了代表杭州城市形象的“城市地标”，“生活品质之城”示范街，可圈可点的“金名片”。

案例8-2

温州五马街

五马街是温州旧城古老的街道之一，也是著名的商业街。东起解放街与公园路相接，西至蝉街与府前街相交，长400米，宽12米。据唐时《古今风俗通》载：“王逸少（王羲之字逸少）出守永嘉，庭列五马，乡鞍金勒，故永嘉有五马坊焉。”宋绍圣二年（1095年），温州知州杨蟠改定温州36坊，五马坊列为其中之一。杨蟠《百咏五马坊诗》云：“相传有五马，曾此立踌躇。人爱使君好，换鹅非俗书。”清时改坊为街，街两侧拥有14条小巷。1934年，由6米拓宽为12米，改名中山路。旧时这里商贾云集，绸布庄、百货店、铜锡器皿行、中西药店、钱庄等鳞次栉比。新中国成立后，又恢复五马街之名，1974年改为沥青路面。1984年4月五马街定为步行街，为温州市标志性购物步行街。五马街集购物、商贸、文化、娱乐、休闲为一体。1999年3月份被国家有关部门命名为“全国百城万店无假货”示范街。2000年，五马街改造工程被温州市政府列入《温州文化升位计划》，并于当年改造完毕，五马街西面入口处还设立了《五马奔腾》雕塑。

五马街是温州旧城商业文化氛围最为浓厚的地域，两旁建筑基本保持原有西洋风格，有五味和、金三益、老香山3家百年老店和百货商店、温州酒家等。这些老店大都创办于清代和民国期间，不少店铺的历史在百年以上。

1. “五味和”——甜酸苦辣皆调和。

矗立在五马街口的“五味和”是温州市历史最悠久的一间副食品商店。它始建于清朝光绪六年（1880年），系宁波商人杨正裕与同乡冯伯祯等十来位宁商集资创办的。初为蜜饯店，址在馒头巷西段，即现鼓楼街78号，两侧书有楹联“蜜饯海味各种药酒南北果品罐头茶食”，门楣上横书“五味和”店号，又以一方青石板刻上梅调鼎原笔“五味和”三个大字。冯伯祯与清末著名书法家梅调鼎有旧，遂请梅题写店名招牌。经梅调鼎先生推敲再三，认为在原店名“五味”之后增一个“和”字为好，取甜、酸、苦、辣、咸五味调和之意，于是写下了“五味和”三个苍劲有力的大字。清光绪廿九年（1903年），杨正裕之子杨直钦继承父业，在五马街口增设分店（即现在五味和店址），称五味和新号。五味和在杨直钦经营期间迅速发展，尤以瓯柑畅销京津北方而获利甚丰。民国廿一年（1932年），温籍股东林敏卿任新店经理，因经营有方，五味和经营业务不断扩大。老店于1940年歇业，新号从此独树一帜。1956年实行公私合营时，有同仁和、元昌、福旭等附近南货店并入，遂重建店房，扩大门面与规模。1966年转为国有企业，改称地方国营新风副食品店，1979年恢复原店名。五味和十分注重经营特色，除了供应、南北货外，兼营糟、醉、腊、海味、鲜果，还自办作坊，聘请名师制作蜜饯腌腊货、糕点、炒货等食品，以选料考究、加工精细、货真价实、风味别具而闻名，尤以糟制鱼生、虾酱、醉蟹、香螺、腊肠、酱油鸭、五味香糕、山楂糕与五加皮药酒为特色。知名度最高的要数美味鱼生（即白鳎生），制作工艺已有 80 余年的历史，独具色鲜、条匀、不糊、味美、耐贮五大特色。除供应本地市场外，曾用龙泉青瓷罐精装远销香港。旅居台湾的著名报人马星野得到一罐乡亲们送的五味和美味鱼生后，欢欣之余，曾赋诗一首："拜赐莼鲈乡味长，雁山瓯海土生香。眼前点点思亲泪，欲试鱼生未忍尝。"小小鱼生勾起了游子的无限乡思。

2. "金三益的绸缎恁"。

五马街中段的金三益服装商场原为金三益绸布店，始建于清朝咸丰九年（1859 年），由湖州吴兴县金绪宝三兄弟合资在鼓楼下开设专营苏湖绸缎商号。初名金同益，后更名金三益，寓意金氏三兄弟都得益，以经营高中档精粗纺呢绒、丝绸、纯棉布料为主。几年后迁五马街现址，扩大店面，进货渠道扩大到上海等地。旧时绸布店门面是四间屋墙门，中间两爿门进出，门台横额上挂着"金三益"金字招牌，门旁有竖式招牌，上书"金三益绸缎局"。金氏兄弟家乡湖州盛产优质绸缎、湖绉，他们便轮流往返于湖州、温州两地进销货物。由于乡情关系，他们店绸缎、湖绉的进价比别人低。货到温州，因质量好、价格廉，能随到随销，两头得利，因此收入丰厚。经过几代人的努力，到民国时期，已成为远近闻名的绸布号大户，被誉为"金字招牌立地"的商店。湖州丝绸名闻全国，那时候，在温州要买到正宗的绸缎，非金三益莫属。金三益店内的店员服务态度之好也是有口皆碑。只要你进得店来，保准你不会空着手回去。老温州人说的"金三益的金字招牌"，用现代人的话，就是"诚信"品牌。过去温州还有一句俗语，叫做"金三益的绸缎恁"，形容事物的完美无缺、称心如意。当时温州曾流传这么一句顺口溜："头顶东桂芳（帽），脚踏余顺康（鞋），身着金三益绸布庄。"足见金三益的声誉。

3. "华大利"——百货、戏院、餐饮三业一体。

现五马街 13 号是原云博商场旧址，1927 年由温州著名实业家许漱玉

（1880—1967年）创办。许漱玉，名云章，以字行，瑞安人，光绪十八年（1892）到温州益大布店当学徒，光绪二十七年（1898年）便独资在曹仙巷租赁房屋开设“许云章的绸布店”。稍有积蓄后，于1917年买下五马街东段十余间矮屋，仿照上海南京路上绸布店，改建成两座毗连砖木结构三层楼店面，东首为“云章洋货行”，西首为“云章绸缎局”。两店贯通，门楣上写着“许云章”三个大字，俨然上海大商号气派，曾轰动一时。经过苦心经营，资金积累颇为可观，遂买下旧王家祠堂周边一爿旧屋，偕建筑师参观上海各大商场建筑造型，回温州后兴建四层钢筋混凝土楼房，开设商场。商场建筑面积3 700平方米，以三、四层为主体，局部五层，平面布局充分利用街面，立面处理则利用大小凹凸面，采光效果良好，实为温州近世最好之建筑。1925年取名“博瓯百货商店”。1933年，许漱玉先生在“云章”、“博瓯”二店后面买下30余间旧房拆建，同时将原先砖木结构楼房换成钢筋水泥建筑，将几座楼房联成一体，部分楼层还加高为五层，水磨铺面，装潢一新，形成现今规模建筑群。许漱玉以三、四层为剧院，取名“中央大戏院”，即后来的大众电影院。座位近千个，分特别、正厅、包厢、花楼四等。舞台为半圆形，照明设备较为先进，外地来温之名角均在此演出。抗战时期的话剧与宣传节目也大多在此对外公演。时为温州结构、设备最佳的剧院。二层及三层9间楼房出租给青田归侨陈俊民开设餐馆。陈善于烹饪，其妻系意大利人，会做西菜，取店名“意大利”。二楼供应中餐，三楼供应西餐、西点，聘请名厨徐岩池掌勺，是当时浙南第一餐馆。第二次世界大战爆发后，陈偕妻离温出国，将店面转让给徐岩池等三人，更名为“华大利”。他们将店堂餐厅重新装修，布置得豪华气派。华大利专做堂吃生意。由于经营有方，且特色鲜明，因此名噪一时，官绅富贾每有宴筵，必在华大利餐馆举行。老温州有句话叫做“面皮厚华大利板砧恁”，虽属戏谑之语，也可以想见华大利当时在温州家喻户晓的盛况。解放后，华大利餐馆迁往四顾桥，再迁至道前桥，其余部分全部辟为百货商场，称“云博商场”，即今温州一百的前身。

说到近代五马街的开发，不能不提到温州著名的爱国实业家吴百亨，他也是从五马街起步发家致富。吴百亨 1921 年在五马街开设“百亨药房”，自制肺乐霖、血之母、疯痛露、千金丹等。有了一定积蓄后，于 1926 年在药房店堂后面创办“百好炼乳厂”，注册商标为“擒雕”。稍后，他又创办了西山造纸厂、西山窑业厂、远东蛋粉厂及酿造厂、奶糖厂等。他的宅第也安在五马街。

旧时五马街除了上面提到的商铺外，还有老香山、乾宁斋、元昌、葆大等参茸药号及徐德昌、正丰和、同人和等大商铺。

如今的五马街，一些延续至今的老店仍很热闹，又集聚了康奈、奥康、吉尔达皮鞋，报喜鸟、庄吉服饰，大虎打火机等温州众多新兴名牌轻工产品的专卖店。店肆毗连，商品琳琅，商业繁华，魅力不衰，五马街依然是温州最繁忙的商业街。

案例 8-3

杭州“西湖天地”

西湖天地位于西湖南岸的涌金池畔，紧邻柳浪闻莺，整个项目结束后，面积达到 5 万平方米。第一期为“园林篇”，十多幢建筑都是杭州有来历的浙派民居，设计师巧妙地将现代元素与传统建筑完美结合，既保留了粉墙黛瓦、雕梁画栋，又采用大面积的落地玻璃窗来传递窗外美景。它充分借用了西湖的自然风光，把屋顶、墙用玻璃来装饰，大玻璃将园林美景延伸进屋，这样坐在里面就感觉这层建筑隔膜全都消失了，游客仿佛在大自然中。老建筑的内部的商户虽不多，却经过了千挑万选而最终确定。云集了世界知名的咖啡馆、会所、餐厅、娱乐场所和商铺。

有人说西湖天地是上海新天地的翻版，因为二者是相同的开发商和设计师，经营方式也基本上雷同，彰显的都是时尚与先锋，但实际上，西湖天地的设计风格与上海的新天地完全不同：上海是老楼老住宅，西湖天地则给人的感觉是新楼新住宅，而且西湖新天地借着西湖的湖光山色，把杭州的山水园林特色发挥得淋漓尽致，成为了杭州小资和时尚人士的聚会之地。

西湖天地的成功表明，单纯克隆上海新天地是不可能成功的。其中的原因并不是资金，而是当地的地域文化、环境特征和人们的消费水平。上海新天地临近繁华商业街，是中西文化的融合，商业味更为浓厚；西湖天地则依山傍水，有着得天独厚的环境优势：面湖而立，绿树成阴，繁茂绿色中夹杂着杭州传统的老式建筑。这些老建筑的结构都没做太多改动，白墙黛瓦、檐角雕花、九曲长廊等老建筑元素，都被完好保留了下来。老建筑又通过大而透明的玻璃窗融合进现代元素。这种通过湖面、园林、历史遗迹的有机组合，不露痕迹地将现代时尚元素融合进来，以现代手法传达出杭州特有的山水园林建筑氛围，突出了杭州的园林特色，是对“西湖文化”的一种新的诠释。

8.3 杭州市城市社会资源转化方案解析

1. 城市社会资源转化为旅游产品的现实意义

城市社会资源转化为旅游产品可以进一步展示杭州社会经济发展和精神文明建设成果，成为对外开放的新窗口，对外交流的新平台。此外，通过城市社会资源转化为旅游产品，还可以进一步丰富杭州的旅游内涵，增强杭州的吸引力。

2. 城市社会资源转化为旅游产品的主要目标

城市社会资源转化为旅游产品旨在通过发现、整合、规划城市社会和公共资源，调动和协调社会各方面开发城市旅游产品的积极性，通过 1 到 3 年的努力，把杭州市的部分社会资源转化为可供接待海内外游客的国际旅游产品，满足海内外游客的旅游文化交流需求，展示杭州城市化、社会建设和精神文明建设的重要成就，全面构筑起一个开放的、可进入的、具有亲和力和真实感的、精致和谐、大气开放的国际风景旅游城市。

3. 城市社会资源转化为旅游产品的项目安排

根据着眼长远、立足现实，逐步整合、逐步包装，成熟一批、推出一批，边实践边摸索经验的原则，从易到难实施城市社会资源转化为旅游产品项目的计划。具体项目如下。

（1）城市公共服务设施。

① 公共交通：京杭大运河水上巴士。相关要求：增加沿途景点介绍，对国际、国内旅游团开放。

② 道路桥梁：钱塘江大桥。相关要求：按照旅游产品的要求进行适当改造，增加观光设施、停车场，开放茅以升纪念馆等。

③ 农贸市场：古荡农贸市场、东山弄农贸市场。相关要求：管理层交流，对国际旅游团开放。

④ 医院：市中医院。相关要求：特辟中医、推拿、针灸、足浴等中医特色诊疗服务，开展医学交流，对国际旅游团开放，提前预约。

⑤ 特色街：清河坊、南山路、丝绸城特色街、武林路女装街、信义坊特色街。相关要求：商务洽谈、管理层交流，对国际、国内旅游团开放，提前预约。

⑥ 购物设施：杭州大厦、银泰百货、杭州百货大楼、解百新世纪。

⑦ 杭帮美食：楼外楼、知味观、花中城、张生记、王润兴、奎元馆、黄龙世纪喜乐、红泥砂锅。相关要求：管理层交流、厨艺交流、商务洽谈，对国际国内旅游团开放，提前预约。

⑧ 高尔夫球俱乐部：富阳富春山居酒店、高尔夫俱乐部。相关要求：陪同参观、休闲度假理念交流，对国际旅游团开放，提前预约。

（2）工农业旅游示范点。

① 工业旅游产品：娃哈哈下沙工业园、农夫山泉淳安生产基地、杭钢、东方通信、传化集团。相关要求：商务洽谈，对国际国内旅游团开放。

现代制造业基地：下沙工业城、滨江高新工业园区。相关要求：商务考察，对国际旅游团队开放，需要提前预约。

杭派精品服装市场。相关要求：品牌展示交流、商务考察，对国际、国内旅游团开放。

民族工艺品牌：张小泉剪刀厂、王星记扇业有限公司、都锦生丝绸、青春宝药业、万事利集团。相关要求：民族工艺展示、商务交流考察、对国际旅游团开放。

② 农业旅游产品：传化大地、浙江（中国）花木城、梅家坞茶文化村、蜂之语蜜蜂王国、生态园、千岛湖有机鱼休闲观光园区、白马湖渔村、晶星都市园、绿景休闲观光农业园区、永安高山农庄、巴比松度假庄园、杭州生态园、景芳休闲温业快乐庄、都市农业园、华丰农业生态园、双流农庄、龙井村休闲观光园、滨江山一村生态观光农业园、狮子山休闲农业园。相关要求：商务交流、技术交流，对所有游客开放。

③ 农家乐产品：第一批 15 处基地 400 家农户；第二批 10 处基地 350 家农户；第三批 5 处基地 250 家农户，共 30 处基地 1 000 户农户。开辟专门的乡村旅游网站，对所有游客开放。

（3）社会文化。

① 教育设施：大学，包括浙江大学、中国美术学院、下沙大学城。相关要求：校园参观、师生交流、科研考察，仅对国际旅游团开放，提前预约。

中小学，包括学军中学、中策职校、采荷初中、绿城育华教育集团、崇文实验、天长小学、新华实验幼儿园、市政府机关幼儿园、杨缓子（聋哑）学校、杭州高级中学、杭二中、旅游职校、文澜中学、保俶塔实验学校、安吉路实验学校、学军小学、求是教育集团、东园婴幼教育中心、紫荆花（聋哑）学校。相关要求：教学交流、学生交流，对国际旅游团开放，提前预约。

② 体育设施：陈经伦体校。相关要求：参观、交流，对国际旅游团开放。

③ 文化设施：杭州老年大学、市青少年活动中心、杭州大剧院、杭州艺校、少儿图书馆。要求：师生交流，艺术交流。对国际国内旅游团开放，提前预约。

④ 新闻媒体：杭州日报社。参观交流，对国际旅游团队开放，提前预约。

⑤ 佛学院：杭州佛学院。佛学交流，对国际旅游团开放，提前预约。

⑥ 购物设施：杭州大厦、银泰百货、杭州百货大楼、解百新世纪。相关要求：管理层交流、商务洽谈，对国际国内旅游团开放，提前预约。

⑦ 节庆会展：西博会、休博会考察。相关要求：模型图片展示、施工现场参观、交流。对国际国内旅游团队开放，提前预约。

（4）社会政治。

① 派出所：长庆派出所。相关要求：参观、警技交流，对国际旅游团队开放，提前预约。

② 法庭：西湖区法院。相关要求：法庭参观旁听、法律交流，对国际旅游团队开放，提前预约。

③ 养老院：杭州市社会福利中心。相关要求：参观考察、爱心乐助，对国际旅游团队开放，提前预约。

④ 儿童福利院：相关要求：参观考察、爱心乐助，对国际旅游团队开放，提前预约。

⑤ 12345 市长公开电话：相关要求：典型案例介绍、交流，对国际旅游团队开放，提前预约。

⑥ 社保中心：萧山社保中心（含就业市场、培训中心）。相关要求：社保交流，对国际旅游团队开放，提前预约。

⑦ 社会政要：市人大、市政府、市政协领导。相关要求：接见座谈形式，对国际旅游团队开放，提前申请。

（5）市民生活。

① 康体娱乐：西湖晨练，包括太极拳、木兰拳；西湖白堤水写书法。相关要求：参观、交流、切磋。

② 专业收藏："青上阁"石雕艺术馆、刘小平根雕工作室、杭州佳音乐器厂。参观、交流、切磋。

③ 社区与市民家庭：小营巷、德加、珠儿潭小区、东新园社区、灯芯巷社区。每个社区 10 户家庭。相关要求：社区参观、管理交流。对国际旅游团队开放，可体验生活，提前预约。

4. 城市社会资源转化为旅游产品的基本要求

城市社会资源转化为旅游产品的基本要求有：第一，各有关社会公共资源在原有功能不变、各项工作基本不被干扰的前提下，各单位的管理部门应当按照"五个一"的基本要求满足旅游观光功能，即确定每个参观点有一名分管领导，配备一名解说员，一名联系人，一部对外公布的联系电话，设计一条合理的参观线路，有条件的参观点还应当编印一册中英文的游览参观介绍手册。第二，各参观点对旅行社旅游团队（重点为国际游客）开放，分收费项目和不收费项目。只对国际旅游团队开放的参观点须提前预约。第三，各参观点要对参观设施进行适当整修，增加图片、实物、多语种标识等，增加必要的安全设施和安全提示标志。不具备安全条件的暂不向游客开放。第四，各参观点每月应书面向市旅游委员会报告有关情况，包括准备工作情况、游客接待情况、游客反映情况等。

5. 城市社会资源转化为旅游产品的保障措施

城市社会资源转化为旅游产品的保障措施有：第一，由杭州市推进旅游国际化工作领导小组办公室负责对社会资源整合工程的领导和监督，研究确定城市社会资源转化为旅游产品的各项工作。第二，政府各相关部门负责领导和指导本单位所属参观点的产品建设工作。第三，成立城市社会资源转化为旅游产品研发技术小组，以市旅游委员会有关职能处室牵头，吸收部分专家参加。第四，由市旅游委员会牵头，各相关职能部门参与城市社会资源转化为旅游产品的宣传推广工作。各城区商贸旅游局、县市风景旅游局负责本辖区的城市社会资源整合和推广工作。第五，落实专项经费。在推进旅游业国际化专项经费中落实部分资金，一是用于扶持部分大项目的建设；二是用于奖励成绩突出的单位，对接待人数多、接待质量好的参观点进行奖励。

第 9 章　浙江城市旅游目的地的信息化建设

9.1　浙江城市旅游目的地信息化现状

随着信息技术和旅游事业的飞速发展，旅游信息化已成为全球瞩目的又一新兴行业。全球旅游信息化已连续 5 年以 250%以上的速度增长。作为信息最为密集的行业之一，旅游业应用先进的信息化科技手段为自身插上腾飞的翅膀，成为时代发展的必然趋势。据预测，2020 年中国接待境外游客将达到 1.3 亿人次，有望成为世界上第一大入境旅游接待国。浙江省旅游资源丰富，其质量和总量居全国首位。经过多年的发展，浙江省旅游生产力基础和旅游供给已达到较高水平。一方面，产出水平不断提高，对经济发展的贡献率日益扩大。另一方面，旅游产业规模迅速扩大。作为国家旅游局首批三个“金旅工程”试点省份之一，浙江省全力打造“浙江一流，全国先进”的旅游信息化平台。

9.1.1　实施“金旅工程”，建立旅游信息化基础

在 2001 年浙江省旅游业信息化发展规划（浙江旅游信息化“金旅工程”）制定出台后，浙江建立了省旅游政务网、省旅游商务网、省旅游资源网等一批网站。全省各地市县都有旅游企业已经建立了企业网站；大多数地市级和过半数的县市级旅游主管部门都已经或初步实现了电子政务；全省除个别县市外，都建有当地的旅游门户网站，像杭州、宁波、绍兴等旅游发达地区已出现一批专业旅游网站。旅游者通过网络可以了解浙江省的旅游统计情况，假日旅游预报，还可以了解各个旅游目的地的各种旅游信息，包括旅游景点，旅游路线，天气交通等。企业方面，大多数旅游企业都意识到了信息技术给旅游业带来的发展契机，纷纷抓住机遇，应用信息技术实现科学的经营管理。

9.1.2 联合多方力量，营造信息化发展环境

浙江省旅游局先后与浙江联通、浙江移动、浙江电信、浙江省农业银行等单位建立了旅游信息化战略合作伙伴关系，充分利用合作伙伴的资金、技术优势来改善旅游信息化发展环境，加快旅游信息化发展步伐。如与联通公司合作推出了全省旅游虚拟网、视频宽带会议系统；与省移动公司合作推出移动随身游手机网上查询、预订系统、旅游欢迎短信系统、商旅通平台、旅游彩信报；与浙江电信、旅游之声广播电台共同举办网上旅交会，开通运营全国第一个具备旅游咨询、旅游投诉、旅游救援、旅游商务、旅游信息发布、个性化游程设计等功能的96118旅游综合服务平台，在宾馆、景区推出“数码e房”、“全球眼”系统；与浙江省农业银行合作发行金穗旅游卡；与杭州网通信息港合作，在数字电视中开通旅游频道；与山东、北京、四川、福建、江苏、河南、黑龙江等省市成立区域旅游信息化联盟，在网站宣传、资源共享、金穗旅游卡推广等方面进行全方位合作。

9.1.3 普及旅游咨询中心，提供公益性旅游信息咨询服务

旅游咨询中心为来到其所在地的旅游者提供游览、交通、住宿、餐饮、购物、娱乐、急救和保险等多种旅游信息，提供全方位咨询和预定服务。目前杭州市拥有19个旅游咨询中心，宁波23个，温州11个，嘉兴10个，湖州5个，绍兴市12个，金华市6个，衢州市2个，舟山市3个，台州市13个，丽水市6个，义乌市1个。

9.1.4 以服务为宗旨，全力建设电子政务

电子政务是政府职能转变和管理创新，提升管理和服务水平的重要途径，是信息化建设的重中之重。浙江省旅游局将电子政务建设的重点定位于旅游公共服务和旅游行业管理。目前，浙江省已建成省、市、县三级旅游政务网络。浙江旅游政务网（www.tourzj.gov.cn）拥有旅游目的地指南、网上办公、政务公开、互动交流等栏目，能够开展网上交互式办公，为公众提供及时、准确的旅游信息服务，已成为旅游政务公开的窗口，网上办事的平台，便民服务的桥

梁。旅游统计、“黄金周”假日旅游预报、星级饭店评定与评价、旅游资源评定与评价、导游管理、旅行社管理审批、旅游企业年检年审、旅游投诉、浙江省旅游卫星账户、电子地图、办公自动化等系统在旅游行业管理中得到广泛应用，实现了旅游行业管理网络化，办公无纸化，极大地提高了旅游行政管理部门的工作效率，方便了旅游企业办事。目前浙江省绝大部分行业管理工作都通过网络进行，浙江省已成为全国旅游行业业务管理信息化程度最高、规模最大、时间最早的省份之一。

9.1.5 以电子商务为主线，实施多元化发展战略

随着信息技术的发展，旅游电子商务已成为全球电子商务的第一大行业。近几年，浙江省在旅游电子商务方面不断进行积极有益探索。针对浙江省旅游企业尤其是旅行社存在的小、弱、散的特点，为进一步提高旅游企业信息化水平，降低旅游企业交易成本，浙江省通过建立“浙江之旅”商务网站（www.tourzj.com），举办网上旅游交易会等形式，为旅游企业提供功能强大的电子商务交易平台。经过多次改版的“浙江之旅”商务网站平均日点击量超过 70 万，页面浏览量超过 30 万，已经成为我国旅游门户网站访问量排名较前的核心站点。游客通过网站可以实现在线订房、订票服务，旅游企业通过网站可以发布各种旅游动态信息，进行网上交易。与省农行共同发行的金穗旅游卡可以为持卡旅游者提供 1 000 多家签约的旅游单位的消费打折、金融支付服务。与 114 号码百事通、e 龙、携程等著名电子商务公司合作，为旅游者提供方便、快捷、周全的订房、订餐、订票服务。与省电信、移动、联通等运营商合作，打造一个覆盖全省的集旅游咨询服务中心、旅游电话呼叫中心、无线移动服务中心和网络服务中心为一体的 96118 综合旅游服务平台，并依靠成熟的金融系统做强有力的结算支持，为浙江省旅游管理部门、旅游企业和游客提供从咨询、预订、消费、结算、售后反馈的一条龙服务，使浙江省旅游电子商务工作迈上一个新台阶。

“十五”期间，实施省委提出的“八八战略”、“平安浙江”，坚定不移地坚持“以信息化带动工业化”发展战略推进“数字浙江”和环杭州湾信息产业基地建设。根据国家统计局和信息产业部最新数据，浙江省信息化水平评价指数为 60.44，位居全国各省、区第一（位居北京、上海、天津之后），电信业的规模总量

位居全国第二位；信息产业规模实现了5年新增3 000亿的历史跨越，进入了全国信息产业大省行列。信息化已成为推动浙江省国民经济和社会发展的重要力量。

9.2 浙江旅游信息化建设成果

2000年9月，浙江正式开通了省内最大的旅游门户网站——浙江之旅（www.tourzj.com），这标志着浙江旅游电子商务的兴起。2004年9月，省委、省政府召开了全省旅游发展工作会议；11月又出台了《关于建设旅游经济强省的若干意见》。该文件要求："各级党委、政府……切实把旅游业作为国民经济的重要支柱产业来培育。"该文件还对浙江电子旅游的发展作出了明确指示，提出了"把旅游信息化建设列入"数字浙江"规划，加快建设省、市、县三级旅游信息平台，推动旅游目的地营销系统（DMS）建设，大力发展旅游电子商务、网上咨询和预订服务"。正是在这样的大背景下，2000年7月由当时的杭州市旅游局（现在的杭州市旅游委员会）牵头，成立了杭州旅游电子商务有限公司，并依托已有资源推出了主要服务产品——三个网站一个中心，即"中国酒店预订热线"、"相约江南"、"杭州旅游网"，以及旅游服务呼叫中心（96123），为旅游者提供信息咨询服务。然而，由于缺乏必要的资金投入和没有一个可行的运营模式，也由于中国当时信息化水平的制约，网站许多当初规划的功能并未得到实现，市场运作无法进行，只能勉强维持。杭州旅游委员会也认识到了这类问题，开始着手进行"三网一库"的新一轮信息规划。从2003年开始，对原有资源进行规划重组，将"杭州旅游网"域名更改为www.gotohz.com，作为对外旅游信息发布与宣传的政府门户网站，并在此基础上建立了杭州旅委的政务网站。同时，杭州旅游综合数据库建设也开始纳入新一轮的信息规划体系，"三网一库"初具雏形。

除了由政府牵头主办的官方网站外，由杭州的旅游企业、IT企业等创办的旅游网站也纷纷建立起来。到目前为止，杭州的旅游网站建设已经具备一定的规模（见表9-1）。这些网站中，"浙江之旅"拥有旅游六要素信息105 000余条，日信息更新50余条，与省外1 000余家和省内数百家旅游企业及民航等交通部门有进行合作的预订栏目或机制。网站日点击量超过 42 万次，每日页面浏览量超过 15 万，在各旅游门户网站中名列前茅。

表 9-1　杭州部分旅游网站

性质	网站名称	提供的服务	存在的问题
官方网站	杭州旅游网 www.gotohz.com	●全面及时发布杭州旅游相关信息 ●提供旅游统计指标查询、网上旅游调查以及详细的气象预报等服务 ●为游客提供在线交流服务	●缺乏自助旅游线路设计、GIS 行程导航和虚拟旅游等特色服务 ●没有网上预订与支付等电子商务功能
	杭州旅委政务网 www.gotohz.gov.cn	●旅委政务内容的展示和相关政策法规的发布 ●旅游数据统计与调研 ●与浙江省旅游部门简单的数据传送	●缺乏交互和网上政务处理的高级功能，网上办公无从实现 ●与上下级部门缺乏开放的数据接口，难以进行数据交换和信息共享
	西湖博览会 www.xh-expo.com	●以杭州为主的浙江地区的会展信息发布 ●西博会信息与管理机构介绍 ●与杭州旅委网站链接，为用户提供杭州旅游信息查询	●信息缺乏，很多重要信息只搭建了框架而无数据，用户不能从中了解到展会的具体情况 ●针对参展商的信息稀少，厂商无法通过网络完成申请流程
商业网站	中国酒店预订热线 www.hotelonline.com.cn	●收录多家酒店信息，通过网上进行酒店信息发布供用户查询 ●提供酒店与游客间的交易平台，为会员提供网上预订和价格优惠	●信息更新不及时 ●提供的信息形式单一，内容贫乏 ●未开展与会员之间的互动交流和在线帮助的服务
	相约江南 www.meetravel.com	●为企业提供电子商务解决方案 ●提供旅游景点、线路及住宿的查询与预订服务	●信息久未更新，不能为游客提供及时准确的旅游信息服务，针对旅游企业的电子商务服务也不尽如人意
	杭州商务旅行网 www.998e.com	●为旅游企业提供网络市场开发解决方案 ●提供目的地旅游信息查询并设计了自身的预订与支付系统 ●全天候的在线咨询系统	●提供服务内容单一，依然是千篇一律的旅游线路，酒店的查询与预订，没有针对用户的个性化设计 ●采用在线预订、离线支付的方式，没有实现真正的电子商务功能

9.3 浙江城市旅游信息化建设存在的问题

旅游信息化使得浙江省旅游业有了更快的发展，但是也存在一些薄弱环节，主要表现在：旅游信息化基础建设比较落后，信息处理的自动化程度低，旅游信息的实时更新和监控尚有待加强；信息化在景区内的运用，如景区解说系统、游客导向系统等方面虽有应用，但是效率有待提高。浙江省旅游业存在的管理体制不顺、旅游开发总体水平不高、内部结构不尽合理、区域发展不平衡、网络建设不健全等问题，都需要利用信息化技术加以解决。由于网络技术的缺乏，浙江省分时度假产品开发也受到了限制，这导致浙江省丰富的旅游资源难以通过组建分时度假交换网络进入国内和国际实现异地度假交换。

信息化建设是旅游业发展的必然趋势，旅游信息化是旅游业的重要组成部分，也是浙江省旅游业快速发展的有力保障。浙江省旅游相关部门逐步意识到信息化建设的重要性，努力建设满足旅游者个性需求的实用型信息平台，走出一条“政府主导、市场运作、资源共享、多方参与”的富有浙江特色的旅游信息化建设道路。

结合近两年来杭州在旅游业信息化发展进程中遭遇的困难，可将杭州旅游信息化存在的问题大致归纳为如下几点。

1. 网站内容重复建设严重，缺乏自身特色

杭州目前几乎所有的网站都千篇一律地泛泛介绍同样的旅游景点、线路、饭店等。而旅游网站要想成功只有两条路，或以价格取胜，或针对专题市场以差异取胜。因此，杭州的旅游网站不是每个都要做成综合性、全方位的门户网站，重要的是要有自己的特色。

2. 信息服务缺乏吸引力，不能促成目标客户的网上消费行为

根据 CNNIC 调查显示，我国目前互联网用户需求市场具有低收入、低消费的特点，因此，旅游网站所提供的服务应尽量满足这种需求。但目前的情况是，

网站中有针对性的服务几乎一片空白，有的网站为用户提供了网上预订服务，但没有意识到网络旅游并非单纯是消费者可以在网上订购机票、酒店等，最关键的是消费者是否在网上获得比传统旅游方式更优惠、便捷与优质的服务。杭州的网上旅游预订在这方面并不具备明显优势，因而也得不到消费者认可。

3. 网站之间缺乏资源共享机制，造成信息交流不畅，资源浪费

虽然杭州从政府到企业建立了无数的旅游网站，但每个网站各自为政，基本上还是一个个的信息孤岛，相互间缺乏资源共享的机制，因而无法从根本上提高整个行业的工作效率。

4. 缺乏主持信息化工作的专业人才

负责杭州旅游信息化建设工作的杭州市旅游委员会目前还没有设置专门的部门和专业的IT人才来主持信息化工作，主要通过规划发展处几个工作人员和采用外包服务方式进行信息化建设，网络建成后，技术支持、应用软件完善、信息更新维护等事务都无法责任到人。

5. 旅游管理部门的信息化水平亟待提高

根据杭州旅游委员会负责旅游信息化工作的人员介绍，旅游委员会工作人员对信息技术的利用还处于初级阶段，同时又缺乏具有针对性的系统培训，无法激发大家上网的热情，已经建成的内部办公网络与OA系统形同虚设，网络办公的优势无法体现。若旅游管理部门的日常事务处理的信息化水平都得不到提高，旅游行业的信息化则更无从谈起。

6. 相关的旅游配套设施需要进一步完善

多媒体信息查询系统、旅游咨询服务点、免费索取旅游宣传册的信息亭、旅游解说系统等的建设都未得到充分重视，与打造国际旅游城市的目标不相符合。

9.4 浙江城市旅游信息化建设思路（以杭州为例）

1. 建立旅游管理综合数据库，提高信息与服务质量

数据库的建立是旅游信息化建设的基础与核心，信息资源的整合、信息内容的丰富与特色化等问题的根本解决都必须以数据库为依托，它应该是包括所有旅游资源以及所有与旅游六要素相关的数据信息的综合数据仓库。建立该数据库必须以全行业有关部门的网络互联互通，并建立一套信息共享机制为前提，使该数据库在全行业共建共享，保证数据的动态更新与维护。

根据杭州旅委新一轮的信息化规划，以及目前的旅游网站对各个信息模块的划分，可以将旅游综合数据库中各类应用数据库综合分类为 4 个概念型数据库，统称为旅游管理核心数据库，随着信息服务功能的改进和补充，再根据具体应用构架应用数据库，从上至下逐步细化，结构如图 9-1 所示。

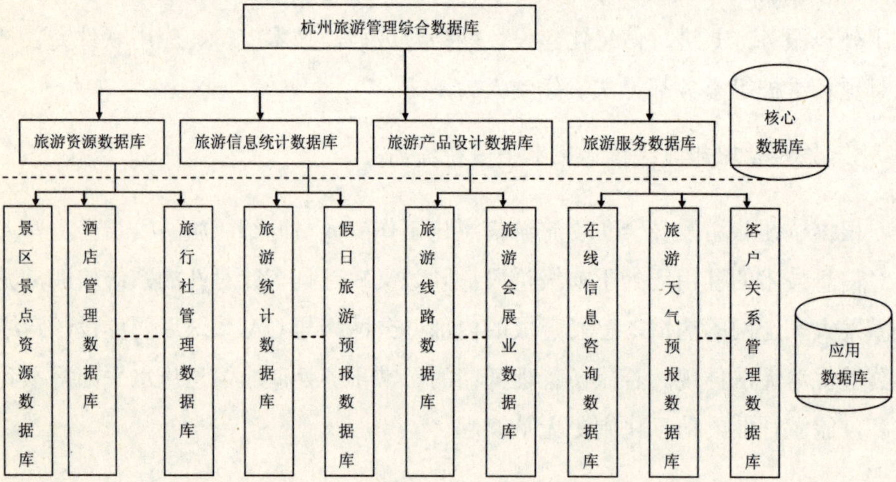

图 9-1　杭州旅游综合数据库系统框架

2. 充分发挥旅委的主导作用，完善旅游电子政务建设

杭州旅委政务网站（www.gotohz.gov.cn）目前还停留在政策发布和数据统计的功能上，没有具备真正的电子政务网站功能。旅委要发挥旅游信息化的领

头羊作用，就必须以杭州旅委政务网的电子政务建设为突破，以用户对其服务的需求为导向组织网站内容，并使之具备强大的交互和网上处理功能；同时，与旅委的内部办公网、旅游相关管理部门（如西博办网站、旅委下属的区县旅游管理部门等）网站进行整合，提供开放的数据接口，并确定统一的数据格式、传输标准和相应的网络安全系统，实现行业内部相关责任部门间的数据交换和信息共享，提高行业管理水平，以旅游政务的信息化带动整个旅游行业共同参与到新一轮的旅游信息化建设中来。

3. 以杭州旅游网的电子商务建设为突破口，实现杭州旅游经营信息化

首先，要不断完善网站的内容建设，将杭州旅游网培育成为杭州面向消费者的旅游门户网站，为游客提供权威、及时和全面的旅游信息。但仅做到这些是不够的，作为杭州的门户网站，还应紧跟信息技术发展的步伐，为游客提供目的地虚拟旅游、GIS 行程导航、在线旅游咨询等多种形式的信息内容，以加深他们对旅游目的地的形象感知。

其次，旅游网站要有市场，必须注重挖掘不同的目标消费群体的实际需求，提供特色化服务，而不是千篇一律地将传统旅游企业的旅游景点、线路、饭店等信息照搬上网。应通过全面收集、整理、提炼不同消费者的消费需求信息，建立客户关系管理数据库，有针对性地提供相应的产品和服务。例如针对网上年龄偏低、喜欢猎奇、对价格敏感的消费者，网站可以提供航空公司特定时段的打折机票、青年旅馆、小旅店等信息和专为年轻人设计的徒步旅行、野外探险、漂流等旅游线路预订；针对主观随意性较强的网上游客，则可通过 BBS 等模式进行个性化自助旅游线路设计服务，帮助他们作出选择。

最后，完善杭州旅游网的信息与服务，并以此作为旅游电子商务平台，发展杭州的旅游电子商务。根据杭州旅游信息化建设的实际情况，杭州的旅游电子商务建设可以采取“政府规划、企业运作”的模式，具体做法可以是由旅委规划电子商务发展方向，并牵头发起，由 3～5 家传统旅游企业和 IT 企业参股组建电子商务公司，全面负责杭州旅游网资源的整合提升、网络的宣传促销和旅游电子商务平台的日常运作。这种模式因由主管部门发起而具有协调成本低的特点，而这种公司的组建形式又可以结合传统企业的批量价格优势、专业经验和 IT 企业

的技术优势，吸引投资，从而提供有竞争力的网上住宿预订、票务预订、旅游线路和产品预订等来吸引游客购买。以杭州旅游网为电子商务交易平台的各参与主体之间的关系如图 9-2 所示。图 9-2 中，杭州旅游网将作为整个旅游电子商务交易的平台，可由杭州旅游电子商务股份有限公司负责运营。首先，旅游者通过注册和认证，进入杭州旅游网浏览旅游信息，并根据自己的出游需求进行旅游线路、交通、住宿等产品组合，确认服务内容后与旅游企业开始 B2C 的电子交易。同时，旅游企业经认证后通过杭州旅游网这一平台向旅游者提供旅游产品与促销信息并提供咨询，同时为旅游者提供网上预订服务。预订完成后，进入银行支付管理环节，即旅游者和旅游企业分别将自己和所预订产品的信息送到银行认证中心进行数字签名认证并登记，最后通过双方的代理银行进行清款和票据传送。旅游管理部门则对旅游企业之间的的业务往来进行协调、监督和管理，并受理旅游者投诉，同时通过对旅游者的信息收集开展旅游调查与统计工作。

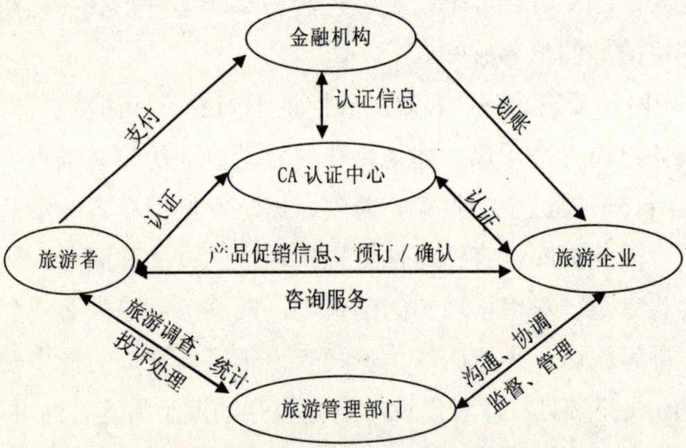

图 9-2　旅游电子商务中各参与主体之间关系

4. *以完善旅游信息咨询服务网络为标准，推进杭州旅游咨询服务信息化*

在城市的各大宾馆酒店、主要游客集散中心设立咨询点或自助式多媒体查询系统，将这些信息咨询的配套设施作为传统旅游咨询中心的延伸，从而建立起以杭州旅游网为龙头，由多个宾馆酒店的旅游触摸屏和景区（点）多媒体查询系统构成的旅游信息咨询服务网络，借助公共信息网络实现相互联网互通（如

图 9-3 所示），为游客提供便捷的信息服务。

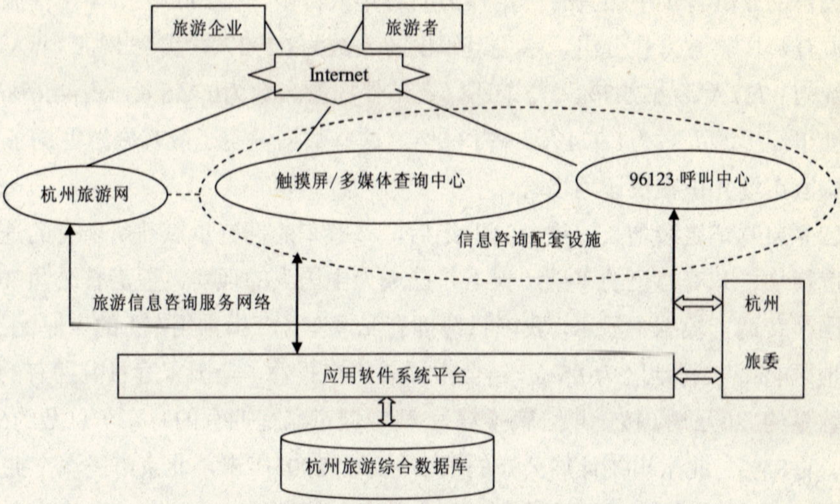

图 9-3　旅游信息咨询服务网络结构及用户示意图

9.5　建立与完善信息系统 为自助式个性化旅游创造条件

自助旅游是一种时尚的旅游方式，即以“张扬个性、亲近自然、放松身心”为目标，旅游者完全自主选择和安排旅游活动，且没有全程导游陪同的一种旅游方式。这种旅游不排除通过包括旅行社在内的中介机构进行预订，尤其是交通及住宿设施，同时游客的自主性强，能够按照自己的意愿灵活地确定游程。可以简单地总结为游客自由随意安排和完成旅游活动，侧重于“自主与自由”。

1. 我国自助旅游的现状

（1）散客旅游快速增长。随着消费观念的改变和经济收入的提高，旅游人员构成广泛，各行各业和社会阶层都有相当数量的人加入到自助旅游队伍的行列中，虽然有农民外出旅游、亲朋好友结伴出游、独自背包云游四海等方式，但多数自助旅游者集中在具有一定体力的青年人群中。据2005年中国国内旅游抽样调查，按旅游方式分组，单位组织出游人数为2 292人，占15.8%；个人出游人数为3 727人，占25.7%；与亲朋好友结伴出游人数为6 456人，占44.6%；旅行社组织出游人数为1 974人，占13.9%。这些数据说明了散客旅游占据了大半的旅游市场并正在快速地增长。

（2）自驾车旅游增长。进入21世纪后，私家车的拥有量以前所未有的速度大幅度增加，开着自己的车游历天下，已成为中国人的现实。盖洛普公司2004年中国消费调查数据中显示，我国目前拥有私家车（专指乘用车）的家庭比例，城市地区4%，农村地区为0.5%，结合中国总人口推算，全国家庭目前拥有的私家车数量约720万辆（按一户一辆推算），其中城市家庭拥有的私家车总数约610万辆，占85%。北京市统计局公布的数字显示，2005年末，北京市民汽车拥有量达到214.6万辆，比上年末增长14.7%。私家车的增长让自驾车旅游成为当今自助游客首选的旅游方式。

（3）家庭旅游占多数。在自助旅游市场中，家庭休闲游占有相当份额，而且多为去往周边地区，一般在2.5天～3.5天左右，双休日和公休假日是他们旅行出游的高峰，“一日游”也占有很大比重。因此，自助游无疑是解决家庭游客旅游需要的最有效的方法。

2. 措施建议

在旅游客流迅速扩大和旅游需求日益多样化的今天，积极推进旅游信息化建设，建立城市旅游信息系统，发展网上广告、网上咨询、网上订货、网上服务等网上“自助旅游”电子商务，完善各类旅游预订服务，健全信息调查制度和旅游预报制度，建立旅游咨询服务机构，为旅游者提供便捷的智能化网络联系方式和高度透明的全天候服务，使城市旅游资讯的展示、搜集和储存方式进入“随心所欲”的地步，迅速地将城市旅游产品展现给全球的旅游者，让人们足不出户就能领略城市各种风景名胜和人文风情，激发前往旅游的冲动，并根据客流情况和个人爱好，合理确定出游时间和线路，预订宾馆客房、往返飞机票（车、船票）和旅游景区（点）门票，扩大旅游者的娱乐空间和行为自由度，实现真正的潇洒旅游。

旅游城市应该在机场、车站、码头等重要交通枢纽和市中心建立访客中心，为旅游者提供交通、住宿、饮食、娱乐、大型活动安排、景区（点）等各类信息，帮助游客制订完整的旅游计划。游客也可以在访客中心通过网络查询自己所需的旅游资讯。在访客中心、饭店大堂、机场、车站、码头、景区等明显处应该摆放种类丰富、数量众多的旅游宣传手册、旅游地图，向游客介绍旅游景点、旅游服务、旅游活动、旅游购物、旅游交通、表演预告、旅游娱乐等。此外，在主要景区或旅游者较为集中的地区要设立内容丰富、形式活泼、外观醒目的旅游标志（最好配有地图），安装问询电脑、触摸式电脑、租车问询电脑、自动售票机、电子导游机等，充实服务信息和服务内容，让游客感到前所未有的满足感。同时，应该定期举办大规模的文化节庆、文物精品联展、旅游工艺博览会、文化名人和纪念性活动、学术会议和文化旅游活动，充分展示城市文化魅力。

参 考 文 献

［1］ 尹乐．论城市旅游景观视觉形象的影响因素——以扬州市为例［J］．资源开发与市场，2008/02.

［2］ 孙瑞红，叶欣梁，吴国清．美国旅游地可持续发展现状及启示［J］．商业研究，2005/17.

［3］ 诸大建，邱寿丰．城市营销的研究现状和未来突破方向［J］．同济大学学报（社科版），2005/01.

［4］ 王晓娜．城市旅游产业竞争力评价研究——以我国沿海旅游城市为例［D］．中国学位论文全文数据库，2007/06.

［5］ 臧晓．青岛城市旅游空间结构及其优化研究［D］．中国学位论文全文数据库，2006/06.

［6］ 李致磊．城市目的地旅游者满意度理论与实证研究［D］．中国学位论文全文数据库，2006/01.

［7］ 崔凤军．城市旅游的发展与实践（20个命题研究）［M］．北京：中国旅游出版社，2006.

［8］ 卞显红，王苏洁．长江三角洲城市旅游空间一体化分析及其联合发展战略［M］．北京：经济科学出版社，2006.

［9］ 卞显红．城市旅游空间分析及其发展透视［M］．北京：中国物资出版社，2005.

［10］ 胡小武，张鸿雁．传承与升华——城市旅游开发与营销战略［M］．南京：东南大学出版社，2008.

［11］ 王昆欣．中国旅游客源地和目的地概况［M］．北京：高等教育出版社，2005.

［12］ 周少雄．生态旅游热点产品的科学营构［J］．商业经济与管理，1999/01.

［13］ 郝东恒，王殿茹，赵淑芹，任巍．环渤海西岸城市群资源环境与经济发展研究［M］．北京：北京大学出版社，2007.

［14］ 桂林市建设现代化国际旅游城市的标准和发展战略课题组．桂林市建设现代化国际旅游城市的标准和发展战略［M］．北京：中国旅游出版社，2007.

［15］ 齐文娥．区域经济一体化与区域营销［M］．广州：广东经济出版社，2006.

［16］ 李蕾蕾．旅游目的地形象策划——理论与实务［M］．广州：广东旅游出版社，2006.

［17］ 王继庆．中国乡村旅游可持续发展问题研究［M］．哈尔滨：黑龙江人民出版社，2008.

[18] 周慧玲．城市居民旅游目的地偏好的差异性研究——以长沙为例［J］．商业研究，2008/01．

[19] 成洪波．肇庆市旅游目的地发展战略框架研究［J］．肇庆学院学报，2007/06．

[20] 王洁平．构建“市即旅游”格局［J］．江南论坛，2005/06．

[21] 侯子建．桂林市旅游产品优化创新与发展对策探讨［J］．市场论坛，2007/06．

[22] 夏宇尘．城市旅游及其发展对策浅析［J］．科技咨询导报，2007/01．

[23] 宋河有．浅论中国优秀旅游城市的旅游发展［J］．市场论坛，2006/02．

[24] 保继刚．城市旅游驱动力的转化及其实践意义［J］．地理研究，2005/02．

[25] 熊礼明．基于利益相关者理论的城市旅游形象战略探讨[J]．商业时代，2007/22．

[26] 李山．中国城市居民旅游感应空间研究——以上海为例[J]．旅游学刊，2001/01．

[27] 邱丹．旅游城市散客整体服务体系的构建［J］．城市问题，2002/02．

[28] 黄晓弘．旅游资源再认识与我国城市旅游开发的新思路［J］．安康师专学报，2003/01．

[29] 刘佳慧，杨新军．城市旅游的拓展研究——以西安为例［J］．内蒙古科技与经济，2005/05．

[30] 颜丽丽，朱海森．促进我国城市旅游可持续发展的新思考［J］．社会科学家，2004/02．

[31] 马晓龙．区域旅游系统空间结构：要素分析及其优化——以西安地区为例［D］，西北大学，2004．

[32] 程柯．基于游客感知满意度的景区形象营销研究［D］．湖南师范大学，2005．

[33] （英）史蒂芬·威廉姆斯/杜靖川，曾萍等译．旅游休闲［M］．昆明：云南大学出版社，2006．

[34] 于英士．把北京建成现代化国际旅游城市［J］．旅游学刊，1994/01．

[35] 宋家增．发展都市旅游之我见［J］．旅游学刊，1996/03．

[36] 张广瑞．简谈国际旅游城市应具备的条件——兼谈北京作为国际旅游城市还缺什么［J］．旅游学刊，1994/01．

[37] 吴本．发展环渤海区域旅游合作［J］．环渤海经济瞭望，1996/05．

[38] 王兴斌．休闲与都市旅游［J］．新东方，1996/01．

[39] 陈传康，吴承照．都市旅游的理论和实践探讨——上海都市旅游国际研讨会综述［J］．地理学与国土研究，1996/01．

[40] 彭华．试论经济中心型城市旅游的商务主导模式——以汕头市为例［J］．地理科学，1999/06．

[41] 彭华. 汕头城市旅游持续发展驱动机制研究 [J]. 地理学与国土研究，1999/03.

[42] 彭华，钟韵. 创建优秀旅游城市的思考：旅游开发与城市建设一体化 [J]. 旅游学刊，1999/02.

[43] 彭华，钟韵. 关于旅游开发与城市建设一体化初探 [J]. 经济地理，1999/01.

[44] 张跃西. 风景区旅游业发展模式的探讨——兼论旅游城镇的布局与发展 [J]. 人文地理，1996/01.

[45] 张跃西. 论发展竹文化旅游业 [J]. 旅游学刊，1996/04.

[46] 保继刚. 主题公园发展的影响因素系统分析 [J]. 地理学报，1997/03.

[47] 卢晓. 针对上海大都市地位，上海旅游资源产品化的一般模式研究 [J]. 旅游科学，2000/01 .

[48] 李力，崔卫华. 城市旅游节庆的构成要素及牵动效应 [J]. 桂林旅游高等专科学校学报，1999/02.

[49] 董雅文，赵荫薇. 城市现代化发展的生态防护研究——以南京市为例 [J]. 城市环境与城市生态，1996/01.

[50] 王大悟，蒋一帆. 上海都市旅游的新视角 [J]. 旅游学刊，1996/02.

[51] 窦文章，杨开忠，杨新军. 区域旅游竞争研究进展 [J]. 人文地理，2000/03.

[52] 杨英宝，钱乐祥，苗长虹. 旅游竞争研究的回顾与展望 [J]. 世界地理研究，2002/02.

[53] 薛莹. 城市旅游研究的核心问题——一个理论评述 [J]. 旅游学刊，2004/02.

[54] 薛莹. 论上海旅游集散中心的形成与发展 [J]. 旅游科学，2004/02.

[55] 周少雄. 金华旅游形象的设计与建设 [J]. 浙江学刊，1996/04.

[56] 保继刚，甘萌雨. 改革开放以来中国城市旅游目的地地位变化及因素分析 [J]. 地理科学，2004/03.

[57] 杨丽丽，徐淑梅. 城市旅游发展问题研究——以大连市为例 [J]. 亚热带资源与环境学报，2006/02.

[58] 卞显红，沙润，杜长海. 长江三角洲城市入境旅游区域内流动份额分析 [J]. 人文地理，2007/02.

[59] 徐红罡. 城市旅游与城市发展的动态模式探讨 [J]. 人文地理，2005/01.

[60] 臧冠荣. 大城市旅游功能强度研究 [D]. 华东师范大学，2005.

[61] 曹丹. 跨文化视野下的中国世界文化遗产研究及其意义 [D]. 四川师范大学，2005.

[62] 胡平. 中国旅游人口研究 [D]. 华东师范大学，2001.

[63] 郭静．关于发展我国文化旅游的几个问题［D］．湖南师范大学，2003．

[64] 姚金亮．大连老虎滩海洋公园创新营销模式研究［D］．大连海事大学，2005．

[65] 王辉．大连旅游资源开发初步研究［D］．西南师范大学，2004．

[66] 丁正山．城市旅游流的空间结构与集散研究［D］．南京师范大学，2004．

[67] 李祥妹，刘键，钟祥浩．基于市民旅游倾向的都市近效旅游业发展——以武汉市洪山区为例［J］．乐山师范学院学报，2004/02．

[68] 刘颖．城市公共空间的整体性建构［D］．天津大学，2004．

[69] 杨丽娟，戴光全．城市体育旅游产品及其产品策略研究［J］．桂林旅游高等专科学校学报，2005/05．

[70] 龚伟．国内城市旅游驱动机制研究综述[J]．桂林旅游高等专科学校学报，2006/03．

[71] 陈军飞．城市生态系统诊断预警研究［D］．河海大学，2005．

[72] 卢玲．论城市旅游文化资源的开发［J］．桂林旅游高等专科学校学报，2006/06．

[73] 梅亮．论城市旅游文化资源的开发策略——以历史文化名城镇江为例［J］．江苏科技大学学报（社会科学版），2007/02．

[74] 郑芳，王乃昂．近几年国内城市旅游研究进展分析［A］．//中国地理学会2006年学术年会论文摘要集［C］，2006．

[75] 卞显红，章家清．“点—轴”渐进扩散理论及其在长江三角洲区域旅游空间结构研究中的应用［J］．江南大学学报（人文社会科学版）．2007/02．

[76] 邓运员，刘沛林．近十年我国城市旅游研究述评［J］．衡阳师范学院学报，2006/06．

[77] 左学金．长江三角洲城市群发展研究［M］．上海：学林出版社，2006．

[78] 靖学青．长江三角洲地区城市化与城市体系［M］．上海：文汇出版社，2005．